독재 군주의 최후

독재 군주의 최후

이한 지음

나쁜 왕은 어떻게 나라를 망가뜨리는가

청아출판사

나쁜 왕은
어떻게 나라를 망가뜨리는가

이제는 많이 사라지긴 했지만, 기억에 남는 말이 있다.

태정태세문단세예성연중인명선……

조선 왕의 묘호에서 한 글자씩을 떼어 나열한 것으로 왕의 순서를 외우는 것이다. 이런 걸 왜 외웠을까. 그야 시험에 나오기 때문이지만, 다른 한편으로 과거 역사의 시대는 왕의 치세로 나누어졌기 때문이다. 지금까지도 역사의 어떤 시대를 말할 때 '어느 왕이 다스리고 있었다'를 기준으로 삼는다.

어째서 왕을 시대의 기준으로 삼게 되었을까. 그게 가장 편하고 이해하기 쉬운 탓도 있겠지만, 왕이 그 시대에 미치는 영향이 적지 않기에 그렇게 된 게 아니었을까. 그래서 민주주의 국가 대통령과 달리, 왕조 시대의 왕은 훨씬 더 막강한 권력을 지녔다. 화려한 궁궐에 살면서 여러 비빈을 거느리고 갖은 산해진미를 맛볼 수 있었다. 그리고 웬만하면 정해진 임기 없이 죽을 때까지 왕으로 있을 수 있었다.

그러나 이렇게 많은 권한을 가지고 있어도, 역사의 책임에서 벗어날 수는 없었다.

군이 유교 경전의 고리타분한 이야기를 꺼내지 않더라도, 우리나라나 동아시아뿐만이 아니라 세상 어느 곳이든, 어느 시대든 왕은 나라를 번영시키고 백성을 잘살게 해야 하는 책임이 있었다. 많은 왕은 바로 그 목표를 이루고자 애썼다. 그래서 좋은 왕의 이야기는 참으로 많이 이야기한다. 본받을 것이 많기 때문이다.

좋은 왕의 시대는 보통 모든 것이 아름답게 그려진다. 왕은 백성을 사랑하고, 신하들은 나라를 위해 온몸을 바쳐 일하고(가끔 과로사의 위험도 있지만), 백성은 열심히 일하며 태평성대를 노래한다. 그런 의미에서 성군들이 하는 일은 대체로 비슷비슷하다. 마치 성실하고 공부를 잘하고 예의 바른 모범생을 보는 것처럼 말이다.

그런데 나쁜 왕도 있었다. 나쁘다는 것에는 여러 가지 의미가 있겠지만, 역시 나라를 망치는 것이 가장 나쁜 게 아닐까. 잘하려고 애를 썼지만 잘 풀리지 않았다는 운 나쁜 경우가 아니다. 철저하게 이기적이고 무책임하며 욕심에 찌든 인간이 왕이 될 때가 있었다. 역사 속에는 그런 나쁜 왕이 몇 명이나 있었고, 그들이 다스리는 동안 나라는 어지러워졌으며, 망할 뻔하기도 했다. 왕이라 해도 일개 사람일 뿐인데 그 커다란 나라를 어떻게 망칠 수 있겠어, 하는 바람을 간단히 배신하고서 말이다.

역사에서 폭군으로 남은 이들의 기록을 보면, 마치 쓰레기통 속의 가장 더러운 부분을 자세히 보고 있는 듯한 마음마저 든다. 폭군은 나쁜 짓에 몹시 유능했고, 주변에 모여든 간신들도 자기 욕심 채우는 데 천재적이었으며, 이로써 세상은 도탄에 빠진다. 기록을 자세히 보면 볼수록, 악의 꼼꼼함과 창의성에 넌더리가 난다. 보는 것만으로도 고통스러운 그 시대를 대표하는 것은 당대를 다스리던 왕, 바로 폭군이었다.

그 진실에 돋보기를 들이대고 자세히 살펴보려고 했다. 폭군이 왜 폭군인지, 그들이 무슨 짓을 하고 어떻게 나라를 망가뜨렸는지, '이래서 나쁘다'라고 확신할 수 있는 악행들을 찾아보았다. 그렇기에 이 책은 고통스럽다. 영화나 드라마에서처럼 사연 많고 아픈 과거를 가지고 있는 악당은 없으며, 어디까지나 지질하고 한심한 나쁜 왕들이 있으니 말이다.

다행한 사실을 먼저 이야기하자면 많은 폭군 이야기의 끝은 우리의 해피엔딩이다. 폭군은 쫓겨나 비참하게 죽고, 나라는 폭군의 몰락위에서 다시금 부활한다.

 이 책을 통해 고통을 겪을 분들은 부디 마음 단단히 먹으시라. 이것은 역사의 쓰레기통 속 전혀 본받아선 안 되는 '말종' 지도자의 이야기니!

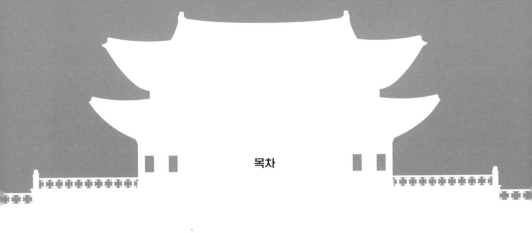

목차

실패한 왕들

- 처형당한 부여의 왕
- 비난당한 왕들
- 왕의 악덕
- 시대의 희생자인가, 자업자득인가

처형당한 부여의 왕

옛 부여의 풍습에서는 비가 오지 않거나 곡식이 제대로 익지 않으면 번
번이 왕에게 책임이 있다고 해서, 어떤 이는 당연히 왕을 갈아 치워야 한
다고 했고, 어떤 이는 죽여야 한다고 말했다.

舊夫餘俗, 水旱不調, 五穀不熟, 輒歸咎於王, 或言當易, 或言當殺.

《삼국지》〈위지 동이전〉의 기록이다. 부여에서는 날이 가물어서
농사나 목축의 결과가 신통치 않으면, 왕이 잘못해서 하늘이 비를 내
려 주지 않은 것이라고 하여 왕을 갈아 치우거나 혹은 왕을 죽여야
한다고 말했다. 고작 그런 이유만으로 나라의 지도자를 바꿀 수 있었
던 것인가. 그래도 괜찮았던 것일까.

먼저 부여라는 나라를 알아보자. 부여는 사방 2천 리의 영토에 궁
전이 있고, 창고가 있으며, 감옥도 있었다. 부여 백성은 흰옷을 즐겨
입었으며, 도둑질하면 훔친 물건의 12배로 변상해야 했고, 목축업을
숭상해서 벼슬에 가축 이름을 붙였다고 했다. 여기까지만 보면 어느
정도 규모를 갖춘 굉장히 평화롭고도 한가한, 그러면서도 조금은 원
시적인 나라 같다. 왕성 한복판에서 소와 말이 뛰어놀고, 냇가에는
빨랫감이 그득하게 쌓여 있는 풍경이 일상적일 것만 같은.

그리고 날이 가물면 왕의 잘못이라며 왕을 죽여야 한다고 여기는 것은 원시의 상징처럼 들린다. 이 얼마나 무식하고 비합리적인가. 날씨와 왕이 무슨 상관이 있단 말인가? 지금 사람들은 비가 오지 않고 재해가 벌어지면 온난화, 더 나아가 환경 오염을 탓하지, 대통령이 정치를 잘못했기 때문이라고 하지 않는다. 학교에서 배운 기본적인 과학 지식만으로도 날씨와 현실 정치는 아무런 상관관계가 없다는 사실을 충분히 알기 때문이다.

왕이라 해도 평범한 인간이다. 아무리 왕이 어리석고 끔찍한 폭정을 펼친다고 해도 인격을 가지지 않은 하늘이 화를 내거나, 가뭄을 초래할 수는 없다. 마찬가지로 정치를 잘못한 왕을 끌어내어 목을 치든 말든, 갑자기 없던 구름이 나타나 비가 내리지는 않는다. 만약 부여 왕이 밧줄에 꽁꽁 묶여 형장으로 끌려 나오고, 망나니의 칼이 목을 베어 땅에 피를 뿌린다 해도 갑자기 먹구름이 끼고 억수 같은 비가 쏟아지는 극적인 일은 영화에서나 나올 것이다. 그러므로 정말 궂은 날씨를 탓하며 왕을 죽이는 것이 부여의 풍습이었다면, 왕이 죽고 또 새로운 왕이 즉위한다고 해도 재해가 끝나지 않는 한 계속 비난당하고 혹은 죽임당해야 했을 것이다.

이런 부여의 기록을 남겼던 〈위지 동이전〉의 저자는 그런 풍습이 신기했기에 기록했던 것이리라. 몇 달째 비가 오지 않고 땅이 거북등처럼 쩍쩍 갈라지는 흉년, 부여 사람들이 삼삼오오 모여 이게 다 왕이 나쁜 탓이라느니, 갈아 치워야 한다느니 외치는 소리를 들었던 것인지도 모른다. '특이하다. 어떻게 그런 말을 할 수 있을까'라고 생각하며 기록한 게 아니었을까? 현대에 사는 우리가 기록을 보면서 느꼈던 것처럼 말이다.

그러니 이런 나라가 어떻게 유지될 수 있었을까. 왕의 교체는 정치뿐만 아니라 사회 메커니즘에 좋든 나쁘든 큰 충격을 가져오며, 그러는 와중에 사회 혼란이 따라올 수도 있다. 예를 들어 만약 나쁜 날씨를 이유로 대통령을 계속 탄핵한다면, 국민투표와 선거전 등이 거듭되면서 정당끼리의 다툼은 지금보다 몇 배로 더 지독해질 것이고, 정치가 폭주해서 사회 혼란이 극심해질 수 있다. 옛날이라 해서 그런 소란이 없을 리 있겠는가. 그런데도 거리낌 없이 왕을 죽일 수 있었다면, 정말 그랬다면 과연 부여는 어떤 나라였을까.

부여의 역사서는 현존하는 게 없다. 중국 역사서 끝에 쥐꼬리만큼 실린 동이 열전을 싹싹 뒤져도 앞에서 소개한 단편적인 내용이 전부로, 마치 성의 없이 짜깁기한 AI 글을 연상하게 한다.《삼국사기》가 만들어진 고려 시대에는《북부여기》라는 역사서가 남아 있었다고 하지만 지금은 존재하지 않는다. 이제 우리는 부여가 어떤 나라였는지 자세히 알고 싶어도 알 수 없다. 사료도 없고, 부여 영토는 중국 땅 한복판인 터라 고고학 발굴로 연구하는 것도 어렵다. 그러니 과연 부여를 우리나라 역사 속에 넣어야 할까 망설이는 사람이 있을지도 모르겠다. 아무래도 부여보다 부여와 치열하게 싸운 고구려가 훨씬 더 '우리나라 역사'로서 친근감이 드니 말이다.

하지만 고구려를 세운 동명성왕 주몽의 아버지 해모수는 천제의 아들인 동시에 북부여의 왕이었다. 주몽이 태어나고 자랐던 금와왕의 나라는 동부여였으며, 대소를 비롯한 왕자들의 탄압을 견디지 못하고 달아난 주몽이 도착한 곳은 졸본이다. 이 졸본의 정확한 이름은 졸본부여였다. 그래서 고구려는 때로 중국으로부터 '부여의 별종'이라거나, 아예 '부여'라는 이름으로 불리기도 했다. 이런 명칭이 딱히 잘못된 것도 아니다. 고구려 역시 부여의 한 갈래이며, 부여의 후손이었기 때문이다.

삼국 시대의 또 다른 주역인 백제는 어떨까.《삼국유사》는 주몽의 첫째 아들인 유리가 아버지가 남긴 칼 조각을 품고 동부여에서 찾아와 태자가 되자, 온조는 자신을 따르는 사람과 더불어 남쪽으로 내려가서 나라를 세웠다고 전한다. 그렇게 만들어진 나라, 백제는 마한의 다른 나라를 야금야금 집어먹으면서 고대 국가의 기틀을 마련했는데, 이때 스스로 남부여라고 칭했다. 백제의 유력한 귀족 성씨 중 하나가 바로 부여씨였고, 지금도 백제의 수도 사비는 부여라는 이름으로 불린다. 이는 단순한 우연이 아니다. 먼 옛날 한국 고대사의 물줄기를 차근차근 거슬러 올라가다 보면, 그곳에서 부여를 발견할 수 있다.

어쩌면 부여가 있었기에, 부여가 애써 일구었던 기틀이 있었기에 그것을 바탕으로 고구려, 백제의 씨앗이 무럭무럭 자라날 수 있었다. 그런 의미에서 삼국 시대 나라들은 부여의 자식이었고 많은 것을 물려받았으리라.

다시 한번 질문을 던져 보겠다. 부여는 어떤 나라인가? 날씨가 나빠질 때마다 왕을 죽이느니 살리느니 떠들어 댔다는 야만적인 풍습과 흰옷을 좋아하는 평화로운 나라라는 사실은 안 어울린다. 하지만 중국인이 부여 역사를 왜곡해서 기록했을 가능성은 크게 걱정하지 않아도 된다. 가뭄이 들거나 혜성이 나타나는 등 유별난 자연 현상이 지도자가 정치를 제대로 못 하거나 간신이 들끓기 때문에 나타난 것이라고 해석하는 재이설(災異說)은 따지고 보면 중국이 원조였으니 말이다.*

우리가 왕의 살해라는 말에서 가장 먼저 느끼는 감정은 거부감일 것이다. 구체적으로는 불충(不忠)이나 하극상이 떠오른다. 무리도 아니다. 한 사회의 정점에 서 있는 지도자, 왕의 죽음이란 그만큼 큰일이고, 그만큼 큰 충격을 가져오게 된다. 그런데도 백성은 아주 오랫동안 자신들의 왕을 살해해 왔다.

신화학의 오랜 고전으로 프레이저의 《황금가지》라는 책이 있다. 장장 12권에 달하는 방대한 내용의 이 책은 고대 로마의 한 사제 이야기에서 시작한다. 로마의 동쪽, 디아나 여신을 모시는 네미의 사제는 '숲의 왕'이라고도 불렸다. 그는 성스러운 겨우살이나무를 밤낮없

---

* 이것은 중국만 그런 것이 아니고 세계적으로도 그렇다. 신화와 역사를 불문하고, 멀리 멜라네시아나 아프리카의 원시 부족부터 자신들의 왕을 단두대에 올린 프랑스와 영국에 이르기까지, 백성은 온갖 황당한 이유를 들어 왕을 비난하고 책임을 물었다. 마침내 정말로 왕을 죽이거나 쫓아내는 일도 간혹 벌어졌다.

이 계속 지킨다. 그러다가 누군가가 그 나무의 가지를 훔치면 사제와 '왕의 자리'를 놓고 결투를 벌이게 되며, 패자는 죽임을 당한다. 잘린 나뭇가지, 이것이야말로 황금가지다. 황금가지를 놓고 벌어진 싸움에서 승리한 사람은 새로운 숲의 왕이 되거나 혹은 계속 왕으로서 나무를 지킨다. 다시 나뭇가지를 도둑맞기 전까지.

날씨가 나쁘다는 이유로 목숨을 위협받는 부여의 왕과 가지를 도둑맞아 살해당하는 황금가지의 왕. 상황과 시대, 장소는 다를지언정 이들은 모두 신하들에게 목숨을 위협받는 처량한 신세의 왕이라는 것은 같다. 이 외에도 부족의 힘 그 자체를 상징하기에 나이가 들어 쇠약해졌다는 이유로 자살을 강요당하는 등 목숨을 위협받는 왕은 의외로 많이 있다.

때로 다른 나라 역사에서 우리와의 공통점을 발견할 때가 있다. 좋은 사람은 어디에서나 좋고 바보는 어디에서나 바보라는 것과 마찬가지로, 설령 지구 반대편에 살고 있다고 해도, 인간들은 어디서 보고 들은 듯한 공통점을 찾게 된다. 어쩌면 그것이야말로 인간의 본성일지도 모른다.

황금가지를 지키던 숲의 왕은 왜 살해당했을까? 사람들이 야만적이니까? 인권, 아니 왕권이 허약했으니까?

'숲의 왕'은 네미의 사제에 붙은 별명에 불과했지만, 좀 더 이전에는 사제가 아니라 진짜 왕이었을 것이다. 아주 먼 옛날의 왕은 통치자이면서 동시에 무당이었다. 우리나라만 해도 인간과 곰 사이에서 태어났다는 단군왕검이 정치적이고도 종교적인 지도자를 겸하지 않았던가. 그럴싸한 용어로 말하자면 샤먼킹(shaman-king)인 고대의 왕들은 그저 정치적인 지도자가 아니라 하늘이나 신의 뜻을 받들어 사람들을 인도하는 정신적인 지도자이기도 했다. 이때의 왕은 신의 총애를 받아 특별한 힘을 가진 초인으로, 이 세상에 풍요를 가져다주고 백성이 더 나은 삶을 살 수 있도록 인도해 준다.

지금이야 위대하신 지도자가 솔방울로 수류탄을 만들고 가랑잎을 타고 태평양을 건너갔다고 말하면 콧방귀를 뀌겠지만, 옛사람에게 그건 진실이었다. 왕은 위대한 신의 대리자이며, 보통 인간은 가지지 못하는 신통력을 발휘한다고 믿었다. 그래서 백성은 그를 칭송하며, 자신이 가진 것을 아낌없이 바치고, 왕이 엄청난 부귀와 사치를 누리게 했다. 그가 가져다줄 번영과 행복을 기대하면서.

하지만 왕은 완벽하지가 않다. 차츰 늙어 가고 힘이 없어지며, 때로는 실수를 할 수도 있다. 하지만 왕의 잘못은 그럴 수도 있다며 너그럽게 이해할 수 있는 게 아니다. 일반 백성의 잘못과는 비교도 안 될 만큼 엄청난 영향력을 가졌기에 많은 희생을 초래한다. 특히 신과 인간을 연결하는 통로인 왕이 제 역할을 못 하면 백성도 쇠퇴와 몰락의 길을 걷게 되며, 마침내는 나라 자체가 멸망할 수도 있다.

그래서 백성은 왕을 살해했다. 잘못된 왕을 내버려두면 사회 모두가 죽게 되니까. 그 전에 왕을 죽이고 그를 대신할 생명력 넘치고 힘이 센 새로운 왕을 맞아들인 것이다. 이는 야만이나 불충, 혹은 정치적인 야욕과는 상관없이 나라와 백성 모두가 살아남기 위해 왕 한 사람을 희생하는, 당시 기준으로 당연하고도 합리적인 선택이었다.

사람들은 왕을 옥좌에서 끌어내어 그가 두른 값비싼 옷을 벗기고, 그의 머리에서 황금 관을 벗겨 내며, 가장 비참한 죄수로 만들어 형장으로 끌고 간다. 그의 목이 잘리고, 피가 땅에 뿌려지는 순간 조금 전까지 그의 백성이었던 이들은 환호하고 기뻐한다. 이들이 무자비해서가 아니다. 이건 세상의 존속과 안정을 위한 희생 제의니까. 왕의 피가 제단에 뿌려짐으로써 이 세상의 모든 재앙은 사라지고 희망찬 새 시대가 오는 것이다. 그렇기에 왕은 가장 훌륭한 희생 제물이었다. 그런 의미에서 부여는 나라와 백성의 존속을 위해 왕을 희생시켰을 뿐, 그리 특별하지도 별나지도 않은 나라였다.

하지만 신화의 시대가 끝난 뒤 많은 것이 바뀌었다. 왕권과 종교는 분리되고, 나라의 조직은 복잡하고 치밀해졌으며, 왕의 권위는 크게 높아지고 또한 견고해졌다. 왕은 무당의 지위를 벗고, 스스로를 하늘의 아들, 살아 있는 신이라는 등의 이야기로 치장하고, 수많은 신하와 군대까지 거느린 막강한 권력자가 되었다.

그렇지만 여전히 왕은 완벽하지 않았다. 역사의 시대가 되면서, 그 전에는 없었던 새로운 문제가 생겼다. 인간 사회는 훨씬 복잡해지고 체계화되었다. 왕이 더욱 늘어난 권한과 힘을 활용해서 성군이 될 수 있다면 참 좋겠지만, 왕은 여전히 완벽하지 않았다! 오히려 왕이 잘못된 판단을 내리거나 고집을 부리면 강력해진 왕권을 제어할 수 없어 폭주할 수 있었다. 이제 비가 오지 않는다거나 신성한 나뭇가지를 빼앗겼다는 사소하고도 불합리한 '미신'이 아니라 정말 왕이 잘못해서, 잘못된 정책을 벌인 탓에 나라를 망치거나 백성을 괴롭히는 폭군이 등장하게 된 것이다.

비난당한 왕들

인간이 역사를 기록하기 시작한 이래, 많은 왕조가 만들어지고 또 무너졌다. 나라는 무엇으로 망하는 걸까. 심각한 전염병의 유행, 부패한 정치, 지독한 경제난, 반란과 적국의 침략 등 이 중 하나가 원인일 수도 있고, 여러 가지가 복합되기도 한다. 하지만 여기에서 빠질 수 없는 조건 하나는 바로 포악하거나 어리석은 왕이 나라를 다스리는 것이다.

전설상 중국의 첫 왕조였다는 하, 상, 주는 이런 정석을 차근차근 밟아 멸망했다. 역사에 길이 이름을 남길 만큼 번영했던 왕조는 잔인하고 지지리도 못난 폭군이 들어서서 백성을 괴롭혔고 마침내 나라를 망하게 했다.

하나라의 마지막 왕인 걸왕, 상나라는 주왕 그리고 주나라는 유왕이 왕조를 결딴낸 폭군이었다. 이들의 폭군 레퍼토리도 제각각이고 엽기적인 정도도 대륙적인 스케일이다. 왕의 잘못을 말리는 충신을 감옥에 가두거나 가슴을 갈라 심장을 꺼내 죽이기도 했고, 사랑하는 비가 비단 찢는 소리를 좋아한다며 산더미 같은 비단을 찢거나(걸왕), 고기를 나무에 걸어 두고 연못을 술로 채우는 주지육림(酒池肉林)을 만들었다(주왕). 웃지 않는 비를 웃게 하겠다며 봉화를 시도 때도 없이 올려 신하들을 골탕 먹이는 양치기 소년이 된 왕도 있었다(유왕). 그들 덕분에 나라는 망하고 새로운 나라(시대)가 들어섰다.

이들 세 왕의 이야기는 실제로 있었던 역사라기보다는 한없이 신화에 가깝다. 그래도 네미의 '숲의 왕'이나 부여의 왕과 달리, 자연재해를 이유로 생명의 위협을 받지는 않았다. 이들은 진정한 왕이었으며, 자기 마음대로 권력을 휘두르고 나라를 망치다가 자리에서 쫓겨났다. 그래서 폭군인 것이다. 폭군의 몰락과 더불어, 찬란하던 왕조는 썩은 나무처럼 주저앉았다. 한때 눈부시게 발전하던 나라들은 왜 멸망했는가? 이런 폭군들의 전설이 전하는 메시지는 곧 '나쁜 왕이 나라를 망친다'라는 것이다.

이것은 중국만 그런 게 아니다. 우리나라 역사를 살펴보자. 신라가 멸망할 즈음 그리고 고구려, 백제, 고려, 조선까지 나라 말기를 살펴보면 대체로 사회나 경제 멀쩡한 것 하나 없어서 '아, 이러니 나라가 망하는구나'라는 생각이 절로 든다. 그리고 또 한 가지, 왕조의 마지막 왕은 폭군이거나, 어리석고 우둔하기 짝이 없는 인물이었다. 물론 한 왕조의 마지막 임금이 유능하면 그것도 이상한 일이겠지만. 이런 실패한 왕의 이야기는 보는 것만으로도 복장을 터지게 하는 답답한 무언가가 있다.

　백제의 마지막 임금은 31대인 의자왕이다. 660년, 신라는 당나라와 손을 잡고 각각 3만, 5만 군대를 동원해 백제를 협공했다. 결국 백제는 멸망하고 의자왕은 포로가 되어 중국으로 끌려간다. 여기까지는 역사적인 사실이다. 그런데 《삼국사기》는 백제가 멸망하기 직전인 660년, 그러니까 의자왕이 왕이 된 지 20년 되던 해, 백제 곳곳에서 이상한 징조가 나타났다고 적고 있다. 갑자기 도성의 우물과 강물이 핏빛으로 변하거나 벼락이 치고, 갑작스레 돌풍이 불거나 개를 닮은 괴상한 괴물이 나타났다. 여기까지는 어떤 유별난 자연 현상이라고 애써 넘길 수 있을지도 모르겠다. 하지만 어느 날엔가 귀신이 궁궐로 들어와 "백제가 망한다, 백제가 망한다."라고 외쳤다. 이윽고 귀신은 땅속으로 들어가 홀연히 사라졌고, 의자왕이 그곳을 파 보게 했더니 세 척(尺) 그러니까 대략 1미터 아래에서 거북이 한 마리가 나왔다. 그런데 거북의 등에는 '백제는 둥근 달과 같고, 신라는 초승달과 같다'라는 글이 쓰여 있었다. 귀신이 나타난 것도 그렇거니와 거북의 등에 쓰인 글귀에는 어떤 의미가 있었을까. 의자왕은 이 말의 뜻을 무당에게 물었다.

　무당의 대답은 이랬다. 둥근 달, 만월은 곧 기운다는 것이고 초승달은 아직 차지 않은 것이다. 차지 않은 것은 점점 가득 차오르게 될 것이다. 즉 백제는 점점 쇠퇴하게 되고 신라는 발전하게 된다는 말이다. 귀신이 백제의 멸망을 외쳤던 것을 생각하면 꽤 그럴듯한 해석이었다(실제로 망하기도 했으니). 이 말을 들은 의자왕은 크게 화를 내며 무당을 죽였다. 하지만 거북이의 글귀는 우리가 잘 아는 역사가 되었다.

여기까지는 그나마 전설이라고 하자. 백제 멸망을 예언했던 또 하나 유명한 이야기는 바로 성충(成忠)의 권고였다. 집권 말년, 환락에 빠진 의자왕은 앞서 중국의 세 폭군이 그랬던 것처럼 충신 성충을 감옥에 가두었고, 단식 끝에 숨을 거두게 만들었다. 하지만 성충은 죽기 직전 마지막으로 권고했다. 만약 전쟁이 벌어지면 전략적 요충지인 탄현과 기벌포를 막으라고. 당연히 의자왕은 귀담아듣지 않았고, 실제로 신라군과 당나라 군대가 침입했을 때 제대로 막지 못했다. 그래서 나라를 잃고 달아나던 의자왕은 이렇게 말했다고 한다.

"성충의 말을 듣지 않아 이 지경에 이른 것을 후회한다."

그런데 앞서 말한 설화들의 밑바닥을 살펴보자. 만약 의자왕이 하늘의 경고를 현명하게 알아차렸더라면? 그리고 성충의 말에 따라 계백을 시켜 탄현과 기벌포를 막았더라면? 그러면 백제는 멸망하지 않았을지도 모른다는 기대와 소망이 은근슬쩍 배어 있는 것이다. 결국 이 모든 이야기는 백제의 멸망에 짙은 아쉬움을 표하는 한편, 모든 결과의 책임이 의자왕에게 있다고 돌리는 것이다. 의자왕이 하늘의 징조를 무시하고 충신의 말을 듣지 않았기에 백제가 망했다, 의자왕이 잘못했으니까 백제가 망했다는 결론으로 이어질 수 있다.

그런데 머리를 식히고 생각해 보자. 어쩌면 부당하고 불공정한 이야기일 수도 있다. 설령 의자왕이 성충의 말을 따랐다고 해도 전쟁에서 이긴다는 보장이 어디에 있는가. 백제는 의자왕이 즉위하기 전부터 많이 쇠약해진 나라였다. 먼 옛날 개로왕 때 한강 유역이라는 노른자위 영토를 고구려에 빼앗겼고, 신라 진흥왕에게 성왕이 살해당하기도 했다. 내부 정치 세력의 분열도 심각해서 귀족 싸움으로 왕이 여러 차례 암살당했다. 이미 백제는 어지럽고 힘없는 나라였다. 그런데도 백제의 멸망을 전하는 설화들은 의자왕의 무능함을 본격적으로 강조한다.

과연 나라는 왕 한 사람 때문에 망할 정도로 허약한 것일까? 불세출의 영웅이 있다 한들 혼자서 나라를 구할 수는 없으며, 마찬가지로 나라 하나를 혼자서 망칠 수도 없다. 왕이 무능하더라도 더 유능한 신하가 있을 수 있고, 수많은 신하가 톱니바퀴처럼 체계적으로 배치된 사회 시스템도 정비되어 있으며, 더 많은 백성이 있다. 그런데도 왕 한 사람의 잘못으로 나라가 위기에 처하는 것은 그렇게 쉬운 일이 아닐 것이다. 더군다나 설화는 늘 그렇듯이 듣기에는 재미있지만, 정말인지 의심 가는 내용도 많이 있다.

하지만 의자왕이 쓴 누명(?)이 억울하다거나, 하늘의 징조, 성충의 일화가 꾸며 낸 이야기라는 말을 하려는 것은 아니다. 적어도 성충의 간언을 의자왕이 저버렸고, 이로써 백제가 멸망의 길로 빠져들었다는 전개는 오랫동안 사실로 받아들여졌다. 사람들은 백제가 망한 것을 의자왕의 무능 탓으로 돌리고, 그에게 가장 무거운 책임이 있다고 여겼다. 중요한 것은 그것이다. 나라가 망하면 그 책임은 왕에게 있다는 것. 그런 생각이 후세까지 널리 받아들여지고, 믿어져 왔다.

설화는 결코 객관적인 사실만을 전하지는 않는다. 그 내용을 전하는 사람들의 생각을, 원하는 소망을 담고 있기도 하다. 의자왕 무능 전설을 전하고 듣는 이들이 마음속으로 이렇게 생각했을 수도 있지 않은가. 의자왕이 제대로 했다면, 성충의 충언을 들었다면, 하늘의 징조를 보고 의미를 깨달았다면. 그러니까 백제는 의자왕 때문에 망했다는, 단순하면서도 위험하고 비약됐으나 백성 입장에서는 지극히 당연한 '원망'을 의자왕은 듣고 있다. 의자왕뿐만이 아니라 멸망한 왕조의 그리고 위기에 몰린 나라의 왕들도 마찬가지로 매도당하곤 한다.

과연 이런 비난은 정당한 것일까? 때로는 왕이 어쩔 수 없는 나라의 병폐도 있는 법이다. 귀족들이 아귀다툼을 벌이거나, 나라 자체가 너무 오래되어 나쁜 관행이 굳어져 있을 수도 있다. 이건 왕의 잘못이 아니고, 해결하기도 어렵다. 새로운 왕이 즉위하여 무언가를 해결해 보려고 해도 이미 때가 늦었을 수도 있다. 그러니까 나라가 멸망할 때, 어쩌면 왕은 그 자신이 저지른 것 이상의 죄를 뒤집어쓰기도 한다. 그리고 여기에는 공정함이나 이성보다 감정과 군중 심리가 강하게 작용한다. 이래서야 왕의 잘못 때문에 비가 오지 않으니 왕을 처형해야 한다고 외치던 부여의 사람들과 다를 바가 무엇인가. 이것은 시대에 뒤떨어진 신화시대의 구습인 걸까?

하지만 나라의 멸망이 왕 때문이라고 하면 간단하고 이해하기 쉽다. 당나라 현종 때 벌어진 안녹산의 난(안사의 난)을 예로 들어보자. 젊어서는 '개원의 치세'를 이룩한 성군으로 이름을 날리던 현종이었지만 늘그막은 파란만장했다. 그가 양귀비와의 사랑에 빠져 신선놀음을 하는 사이에 나라 사정은 점점 더 나빠졌다. 하동 절도사였던 안녹산이 일으킨 반란은 장장 755년부터 763년까지 이어졌으며, 결국 진압됐지만, 당나라에 막대한 피해를 주었다. 당나라 현종은 멀리 서쪽의 촉 땅으로 피난 갔고, 백성은 도망가거나 전쟁에 휘말려 살해당했고, 혹은 그전에 굶어 죽었다.

역사학계에서는 안사의 난이 벌어진 원인을 당시 당나라의 상황에서 찾는다. 당나라 서쪽 변경의 위구르족이 세력을 확장하면서 군사 충돌이 거듭됐고, 농민 경제가 붕괴해 각지에서 유민이 발생하고 사회가 불안해졌다. 또 재정 악화로 국가 군대 제도의 근간이었던 부병제가 유명무실해졌고, 이것을 보완하기 위해 지방 절도사들의 권한이 증가했다. 절도사들은 자신의 부하들과 부자 관계를 맺음으로써 결속력을 증진했고, 이렇게 형성된 세력을 토대로 당나라에서 갈라져 나와 반란을 일으켰다는 것이다. 하지만 이보다는 '당 현종이 양귀비와의 로맨스에 빠져 나랏일을 내팽개치는 바람에'라고 하면 훨씬 간단하게 정리된다. 완전히 틀린 정리도 아니며, 무엇보다도 이걸 사실로 받아들이는 사람이 꽤 많다.

그렇다면 당 현종은 억울한 걸까? 왕이 잘못한 게 아니라 당나라의 관리들이 부패해 있었고, 체제의 한계 때문에 반란이 일어난 것이지 그의 잘못은 없었던 걸까? 하지만 당 현종이 요즘 시대처럼 기자회견이라도 열어서 나라의 혼란이 자신의 잘못만은 아니라고 주장한다면, 과연 당나라 백성의 반응은 어떨까. 절대로 좋진 않을 것이다.

이쯤에서 다른 이야길 해 보자. 당 현종 시대에는 마침 두 명의 위대한 시인이 있었다. 한 사람은 이태백이요, 다른 한 사람은 시성(詩聖) 두보이다.

"사람의 아비로서 어떻게 자식을 굶어 죽게 하느냐."

이렇게 통곡했던 두보는 스스로가 지독한 가난과 고초에 시달리면서, 당시 백성의 삶을 처절하게 묘사했다. 추운 겨울날 길바닥에 얼어 죽은 시체가 널려 있는 풍경을 그리고 그의 어린 아들이 굶어 죽은 일까지 시로 노래했다.

그의 또 다른 시 〈석호리(石壕吏)〉에서는 관리가 부역을 징발하려고 가난한 집에 들이닥치는 상황을 그렸다. 세 아들은 모두 전쟁터에 끌려가서 전사했고, 입고 나갈 치마마저 없는 며느리와 갓 태어난 손자만 남아 결국 노파가 관리를 따라가는 내용을 담고 있다. 노파가 떠난 뒤 남은 가족이 무사할지, 아니면 또 다른 징발이 들이닥칠지 알 수 없다. 〈석호리〉는 천 년 전에 지어진 시이지만, 지금 읽어도 처절함은 여전하다. 당시 당나라가 얼마나 형편없는 나라였고 백성이 고통받았는지를 엿볼 수 있게 한다.

다음 시대의 백거이는 〈장한가〉에서 당 현종과 양귀비의 사랑을 소재로 했다. 지금 어느 시가 더 낫고 나쁘고를 말하자는 게 아니다. 다른 장르, 다른 목적의 시니까. 하지만 두보의 시를 한참 읽다가 〈장한가〉를 읽으면 마음이 불편해지고 답답해진다. 가난 때문에 굶어 죽는 민초의 삶을 보다가, 황금 궁궐에서 끝없이 잔치를 벌이고 환락을 즐기며 "너 없이 어떻게 살겠느냐, 우리는 비익조 연리지." 하고 외치는 두 남녀를 본다면, 더구나 이 두 시가 같은 시대를 다루고 있다는 것을 생각하면 이걸 뒤엎겠다는 말이 절로 나온다.

백거이가 당 현종의 생활을 과장했을 수도 있지만, 두보는 시체 너머 궁전에서 노랫소리가 울려 퍼지고 기름진 안주 냄새가 진동하는 풍경을 묘사했다. 이 얼마나 기가 막힌 상황인가. 물론 현종이 양귀비와의 호화찬란한 연애를 자제하고 놀고먹는 예산을 줄인다 한들, 그 돈으로 모든 백성을 가난에서 구하거나, 나라의 어려움을 해결할 수는 없을 것이다.

하지만 두보의 시를 읽으면 씻을 수 없는 불쾌감이 남는다. 천국과 지옥이 이렇게나 가까이 자리할 수 있었다. 정치적이거나 도덕적인 문제를 넘어서서 어떻게 이럴 수가 있을까. 그리고 현종에게도 화가 난다. 어떻게 한 나라의 지도자가 그럴 수 있을까! 당대 사람들도 그러했다. 비록 신화의 시대는 끝났을지언정, 백성이 왕에게 거는 기대는 변함이 없다. 나라를 좀 더 좋게 만들어 주기를, 백성의 삶을 더 편안하게 해 주기를.

이러한 기대는 동서양을 막론하고 존재했다. 그리고 이를 저버린 왕은 어김없이 백성에게 비난의 대상이 되었다. 앞서 말한 당 현종도 그랬지만, 서양에서는 프랑스의 왕비 마리 앙투아네트가 했다는 "빵이 없으면 과자(브리오쉬)를 먹으면 되지."라는 말이 유명하다. 이는 사실 그녀가 했던 말이 아니라 왜곡된 것이라고는 하지만, 당시 굶주림에 시달리던 프랑스 백성은 이 소문을 듣고 왕비에의 증오를 불태웠다. 그녀의 남편이었던 루이 16세도 마찬가지였다. 프랑스 혁명이 벌어지고, 파리 광장으로 끌려 나온 프랑스 왕은 목이 잘리기 직전 "나는 죄 없이 죽는다."라는 유언을 남겼다. 하지만 프랑스 백성, 혹은 군중이 그 말을 듣고 연민을 느끼기에는 너무도 많이 분노해 있었다. 그리고 어떤 변명을 해도 루이 16세와 마리 앙투아네트가 잘못이 없는 억울한 희생양이었다고 할 수는 없다. 그들은 왕이자 왕비였고, 분명 나라를 잘 다스려야 할 책임이 있었으니까. 게다가 그들이 체포된 것은 프랑스를 벗어나 외국의 군세를 끌어들이려는, 명백한 국가 반역죄를 저질렀기 때문이다.

다시 당나라의 이야기로 돌아가서 안사의 난이 벌어지고 황제가 피난 갔을 때, 당 현종의 명령으로 양귀비는 자살했다. 하지만 당 현종이나 양귀비가 스스로 결정을 내린 게 아니라, 황제를 지키던 병사들이 사태의 책임을 양귀비에게 돌리고 그녀의 처형을 요구했기 때문이다.

과연 이 모든 게 양귀비의 잘못이었을까? 원래 아들 수왕(壽王)의 비 그러니까 며느리였던 양귀비를 빼돌려 자신의 아내로 삼은 것도 현종이고, 그녀의 친척들에게 막대한 권력을 내린 건 현종 자신이었다. 정말 목을 매야 했던 것은 당 현종이었을지도 모른다. 어쨌든 양귀비는 죽었고, 그녀의 희생을 뒤로 하고 피난 행렬은 평온을 되찾았다. 현종은 죽지 않는 대신 황제 자리에서 물러났으며, 그의 손자 덕종은 난을 진압하고 장안을 수복한 뒤 '대백성 사과'로 성난 민심을 달랬다.

　당나라는 안사의 난과 그 혼란기를 가까스로 넘기고 이후로도 수백 년간 더 이어졌지만, 지난날의 영광을 완전히 되찾지는 못하고 쇠락의 길로 천천히 접어들었다. 그래도 아름다운 여인 때문에 나라가 망했다는 이야기는 어쩐지 로맨틱하게 느껴지는 모양이다(두보를 비롯하여 그 피해를 온몸으로 받았을 당나라의 백성에게는 전혀 안 그랬겠지만). 나라를 망치게 할 정도로 아름다운 미인을 두고 경국지색(傾國之色)이라고 하건만, 사실 나라를 망하게 한 것은 여인이 아니다. 여인에 빠져 자기 임무를 잊은 왕에게 진정한 잘못과 책임이 있다.

　그래서 현종은 마냥 억울한 피해자는 아니다. 그는 잃은 것 이상으로 많은 것을 누렸다. 당나라 곳곳에 굶어 죽어 가는 사람들이 있어도 현종은 사치스러운 연회를 쉬지 않고 벌일 수 있었고, 반란군이 쳐들어왔어도 군사들의 호위를 받으며 안전하게 달아날 수 있었다. 그는 왕이었으니까. 반란이 진압된 뒤로 다시 장안에 돌아와서 황제는 아니더라도 상황(上皇)으로 대접받으며 잘 살았고, 죽어서는 황릉에 묻혔다. 죽을 때까지 왕이었으니까.

　그러나 현종의 삶은 성공적이지 않았다. 왕에게는 막강한 권력과 부가 주어지는 대신, 사회적이고 도덕적인 책임이 있다. 즉 권리에는 책임이 따른다. 나라를 망친 왕이 아무리 억울해서 자신의 어쩔 수 없었던 사정을 나열한다고 해도, "그래도 당신은 왕이지 않느냐."라는 간단한 반박 앞에서는 무너질 수밖에 없다. 왕은 군림하는 것뿐만이 아니라 나라를 다스리며, 백성을 안전하고도 밝은 미래로 인도해야 하는 임무가 있다.

시골 마을에 사는 촌부가 갑작스레 닥친 나라의 환란을 예견하지 못했다면 그건 큰 잘못이 아닐 수 있다. 혹은 어쩔 수 없는 비극이었다고 동정받을 수 있다. 하지만 왕은 그렇지 않다. 개인의 능력을 훨씬 뛰어넘는 재력과 권력, 정보망을 가진 왕은 이를 충분히 잘 활용해 훨씬 정확하고 효과적인 판단을 내려야 하며, 국가 멸망의 위기가 닥치더라도 그 사태를 해결할 가능성을 쥐고 있다.

그 때문에 왕이 잘못을 저지른다면, 그걸 어쩔 수 없는 실수로 이해하고 넘기기엔 너무나도 큰 피해가 생긴다. 자신을 망치는 것을 넘어 나라를 도탄에 빠지게 하고, 이로써 신하들은 물론 수많은 백성마저도 불행하게 만든다. 그러니 어쩔 수 없는 환란을 만났다고 해도 그래서 저지른 잘못보다도 더 큰 오명을 쓰게 된다고 해도 왕은 자신에게 쏟아지는 비난을 변명할 처지가 아니다.

여기에는 짓밟힌 희망도 있다. 왕이라면 이런 어려움을 어떻게든 해결해 줄 수 있을 것이라는 백성의 기대가 있었다. 하지만 왕이 제대로 부응하지 못한다면, 좀 더 나은 미래로 이끌어 가지 못한다면, 희망은 절망으로 바뀌고 마침내 원망과 증오가 된다.

지금이야 자유와 평등을 근간으로 하는 민주주의 덕분에 일정 기간이 지나면 국민 투표를 통해 지도자를 새로이 뽑는다. 이 통치자는 태어나는 즉시 혈연과 왕권으로 다스렸던 지배자(ruler)와는 당연히 다르다. 그렇기에 지금 시대에《한비자》나《군주론》에 실린 동서양의 고전적인 제왕 통치론을 들어 말하는 것은 대단히 시대에 뒤처진 것일 수 있다. 하지만 과거의 일은 현재와 다른 상황에 놓여 있으니 아무 상관이 없다고 하면, 역사에서 배울 교훈은 없을 것이다.

게다가 과거와 현재를 나란히 놓고 비교해 보면 때때로 닮은, 심지어 좀처럼 변하지 않는 모습도 보인다. 가끔은 인간이 정말 발전한 게 맞는지 의문을 던지고 싶을 만큼 어리석은 일이 반복되기도 한다.

이 자리를 빌려 이야기하는 것은 그중 하나인 파멸할 만큼 어리석은 지도자이다. 실패하거나 무능하거나 나라를 잘못 다스린 왕들이 걸었던 길을 조명해 보면, 신기할 정도로 닮았다. 자신에 대한 과신, 빈약한 현실 인식, 도움이 안 되는 측근들, 현실 도피의 자화자찬, 뻔히 보이는 위협 등등. 그래서 이들을 보다 보면 납득하게 된다.

'아, 이러니까 그 나라, 그 왕은 망할 수밖에 없었구나.'

그러니 역사 속 나쁜 왕들의 이야기를 공부해서 손해는 없을 것이다. 옛날의 나쁜 왕은 지금 시대에 대통령이 된다고 해도 마찬가지로 나쁜 대통령이 될 것이기 때문이다. 통치자로서, 한 사회 집단을 이끌어야 할 때 반드시 필요한 덕목들은 시대가 바뀌어도 크게 변하지 않으며, 그 반대의 나쁜 덕목들도 마찬가지이다.

그래서 영국의 시인 콜리지는 "인간이 역사를 통해 배울 수 있다면 우리가 얻을 수 있는 교훈이 얼마나 많았겠느냐."라고 한탄했다. 아쉽게도 많은 왕이 그렇지 못한 채 멸망의 절벽을 향해 전력으로 달려갔다.

왕의 악덕

좋은 임금이 백성을 사랑하고, 신하들을 아끼며 업적을 쌓아 가는 것만큼이나, 나쁜 임금이 반드시 저지르는 몇 가지 잘못들이 있다. 윗자리에 있는 사람이라면 결코 저질러서는 안 되는 일들 말이다. 이것을 악덕(惡德)이라고 하자.

종류는 굉장히 다양하다. 사치, 잔인함, 자기 과신, 고집, 집착, 소수만을 위한 정치, 광기, 의심, 불신, 무능함, 편애, 맹목, 변덕 등등……. 옥좌에서 쫓겨나거나, 사형대에서 목이 떨어지거나, 운 좋게 왕의 자리를 지켰을지언정 후세에 나라를 망쳤다고 비난을 받은 왕들은 이 중 몇 가지 잘못을 거듭 범하면서 나라를 망쳤다.

여기서는 나쁜 왕이 가장 저지르기 쉬운 악덕 중 두 가지만을 골라서 말해 보자. 하나는 편애이고, 다른 하나는 자만심이다.

편애

왕은 혼자서 나라를 다스리지 않는다. 아무리 뛰어난 왕이라도 나라의 모든 것을 혼자 해결할 수는 없다. 그래서 나라를 다스리는 왕은 언제나 자신을 도와 일해 줄 일손이 필요했다.

이때 가장 중요한 것은 수많은 백성 중에서 어떤 인간을 어떤 방법으로 골라 어떤 자리에 앉히느냐이다. 당연히 특정 분야에서 가장 뛰어난 재주를 가진 사람을 골라 그 사람이 가장 잘할 수 있는 직책을 내려야 하지만, 현명하지 못한 왕은 언제나 사람을 골라 쓰는 데 서툴렀다. 이로써 나라에 심각한 피해를 주었다.

물론 왕도 사람이니 모두를 평등하게 대하기는 불가능하다. 좋아하는 사람이 있고 싫어하는 사람이 있을 것이다. 그리고 좋아하는 이에게 하나라도 더 집어 주고 싶은 것이 인간의 마음이다. 하지만 왕이 자기 욕망에 충실한 인선을 했다가 국가적 재난을 초래한 예는 너무 많아서 하나하나 예를 들기 어려울 정도이다.

서기 1년 즈음, 중국에 한나라가 세워진 지 이미 200년이 지나 슬슬 말기에 접어들고 있었다. 이때 한나라를 다스리던 12대 황제 애제(哀帝)는 그다지 적절하지 못한 로맨스로 역사에 이름을 남겼다. 그는 동성애자였고, 동현(董賢)이라는 미소년을 지극히 총애했는데, 그 때문에 생긴 폐해가 온 나라를 말아먹을 지경이었다. 그래서 이들의 사랑은 불후의 로맨스가 아니라 국폐(國弊)로 역사에 기록되었다.

애제는 사랑하는 동현에게 많은 것을 주었다. 꽤 높은 벼슬인 대사마(大司馬)를 내리고, 더 나아가 상서(尙書)의 권한도 주고, 그것도 모자라 집과 각종 보물을 듬뿍 선물했다. 그러던 중 흉노의 선우가 수도로 찾아와 황제를 만났다. 그런데 선우는 새파란 동현을 보고 의아해하며, 어떻게 이런 젊은 사람이 높은 벼슬에 있느냐고 물었다. 그러자 애제는 친히 동현을 위한 변명을 했다.

"대사마는 나이가 어리지만, 대단히 현명하므로 그 자리에 있는 것이다."

흉노의 선우는 그런 변명을 진심으로 믿은 모양인지, 황제가 현명한 신하를 둔 것을 축하했다고 한다.

이것은 정말로 한심한 사건이었다. 오죽했으면 이 일을 역사서에까지 기록했을까. 애초에 이 일은 황제가 나서서 변명할 만한 게 아니었으나, 애제가 했던 변명은 듣기에는 꽤 그럴싸했다. 비록 나이가 어려도 그 사람의 능력이 뛰어나니 걸맞은 자리를 줘서 활용한다는 것이다. 여기에서 '나이'라는 항목에는 신분이나 집안 내력, 괴팍한 성격 등등 다양한 결점이 대신해서 들어갈 수 있다. 그러니까 사소한 결점이 있어도 사람이 뛰어나면 좋은 자리를 줄 수도 있지 않을까? 실제로 똑같은 이유로 무리한 인사를 진행한 왕이 또 있었다.

바로 조선의 제4대 왕 세종이다. 그는 원나라 출신 기술자와 관기 사이에서 태어난 천민 장영실을 발탁했다. 재주가 뛰어나다는 이유 때문이었다. 그래서 천민 신분에서도 벗어나게 해 주고, 국비 장학생으로 중국에 유학 보냈으며, 벼슬까지 내리는 등 웬만한 양반도 누리기 어려운 갖은 혜택을 베풀었다. 하지만 신하들, 특히 원칙을 중시했던 이조판서 허조는 기생을 어머니로 둔 천민에게 벼슬을 내릴 수 없다며 반대했다. 허조의 주장에도 일리는 있었다. 양반과 양인, 천민으로 나뉜 신분 제도는 곧 조선 사회의 기반이자 질서를 유지하는 기틀이었다. 아무리 뛰어난 실력이 있다고 해도, 그 이유만으로 신분을 바꾸면 사회의 근간이 통째로 뒤흔들릴 수도 있었다. 적어도 당시 조선 사람들은 그렇게 믿어 의심치 않았다.

이렇게 장영실의 신분 상승 프로젝트가 반대에 부딪히자 세종은 영의정 황희와 좌의정 맹사성을 불러 놓고 그가 쓸 수 있는 최고의 핑곗거리, 아버지를 활용했다. 세종은 당시 이미 고인이었던 아버지 태종이 원래 장영실의 재주를 아꼈기 때문에 자신도 효도 차원에서 그를 아끼고 있다고 말한 것이다. 세종은 장영실의 다른 장점도 공개했다. 워낙 똑똑해 곁에 두고 내시 대신 심부름꾼으로 썼는데, 참 싹싹하고 일도 잘하더라는 칭찬 등을 신하들 앞에서 구구절절 늘어놓았다. 결국 세종은 장영실의 등용을 강행해서 정5품 상의원 별좌 벼슬을 내렸고, 그 결과는 세종 시대 과학의 발전이라는 신화로 남았다.

똑같이 무리한 등용을 강행했건만, 한나라 애제와 조선 세종 사이에는 넘을 수 없는 엄청난 벽이 있다. 어째서일까? 등용 대상이 정말 능력이 있느냐 없느냐의 차이일 것이고, 이는 곧 등용을 추진한 왕의 안목에서 비롯된다.

동현은 장영실과 비교하기 미안할 정도로 그럴싸한 능력이 없었다. 유일한 업적이 있다면, 함께 낮잠을 자다가 동현이 애제의 소매를 베고 잠들었고 애제는 연인을 깨우지 않으려고 자기 소매를 칼로 자르고 일어난 일화에서 동성애를 뜻하는 말인 '단수지벽(斷袖之癖)'이라는 숙어를 만들게 한 것 정도일까.

어쨌든 애제는 동현을 총애했으며, 더 나아가 동현이 정말로 뛰어난 인재라는 사실을 철석같이 믿은 것 같다. 애제는 동현의 친척들에게까지 좋은 벼슬을 내렸는데, 개중 소부(小府), 요즘 식으로 말하면 재정경제부 직책을 내렸다. 이는 곧 나라의 재산을 마음대로 주무를 수 있는 자리였고, 동현과 그 친척들은 국정을 잘 운영하기보다는 나랏돈으로 자기 호주머니를 채우는 일에 탁월한 실력을 발휘했다. 하지만 애제는 그리고도 동현에게 더 주지 못해서 안달이 났고, 자신이 가진 것 중 가장 좋은 것을 선물하려고 했다. 바로 황제 자리다. 어느 날엔가 질펀하게 연회를 벌이던 중 애제는 동현에게 이런 말을 불쑥 꺼냈다.

"나는 요임금이 순임금에게 선위했던 법도를 하고 싶은데, 어떻게 생각하냐?"

말인즉슨 자신보다도 덕이 있는 훌륭한 사람에게 왕의 자리를 물려 주겠다는 것이다.

중국의 아주 먼 옛날 신화시대에 그런 일이 있었다고 한다. 태평성대라는 요순시대는 뛰어난 군주였다는 요와 순이 다스리던 시대를 일컫는 말인데, 요임금은 신하인 순이 뛰어난 왕재라는 것을 알고 자기 아들 대신 순에게 왕위를 양보했다고 한다(그러나 이 두 사람은 생판 남이 아니라 장인과 사위 관계였다). 결국 애제의 말은 동현에게 황제 위를 물려주겠다는 건데, 문제는 애제는 요가 아니었고, 동현 역시 순이 아니었다는 데 있다.

당시 한나라는 이미 세워진 지 200년이 다 되었으니 역사가 있고 전통이 있으며, 나라 체계가 있었다. 황제가 아무리 강력해도 자기 마음대로 다음 황제를 세울 수 있는 것은 아니었다. 어쨌든 동현은 애제의 제안을 거절하지 않은 듯하다. 이게 더 큰 문제다.

그런데 이 두 연인의 행복한 미래 설계에 훼방을 놓은 것은 당시 중상시였던 왕굉이었다. 그는 "한고조(유방)가 얻은 천하이지, 나라가 무슨 네 사유물이냐!"라는 말로 따지면서 애제에게 함부로 허튼 말 하는 게 아니라고 간언했다. 애제는 다시는 선위 이야기를 꺼내지 않았지만, 그렇다고 잘못을 깨달은 것도, 포기한 것도 아니었다. 그리고 몇 년 뒤, 애제는 병으로 죽어 가면서 황제의 옥새를 동현에게 건네며 굉장한 유언을 남겼다.

"너와 함께이니 후회가 없다."

뜨거운 연인 사이였던 애제와 동현에게는 '죽음이 우리 사이를 갈라놓을지언정 우리는 함께'라는 애틋한 이별이었을지도 모르지만, 애제의 이 말은 상당히 심각한 정치 사회 문제가 될 수밖에 없었다. 애제는 동현을 사랑했던 것과는 별개로 정식 황후를 두었지만, 자식이 없었다. 그렇다고 양자를 들이거나 다른 후계자를 지목하지도 않았다. 이런 와중에 애제가 죽고 동현이 옥새를 받아 든 것이다. 덕분에 주변 신하들은 동현이 황제라도 될까 봐 새파랗게 질렸는데, 이를 알게 된 왕굉은 당장 달려와 동현을 야단쳤다.

"황제가 승하해서 나라의 후계자가 아직 없고, 공은 은혜를 받은 게 깊고도 무거운데, 마땅히 엎드려 울고 있어야 하지 무슨 꿍꿍이속이 있어 옥새를 오래 가지고 있는 겁니까!"

그러자 동현은 겁을 집어먹고 슬그머니 옥새를 건넸다. 왕굉은 받아 낸 옥새를 애제의 할머니 부태후에게 바쳤고, 덕분에 한나라는 좀 더 명맥을 이어 나갈 수 있었다.

이 이야기에서 알 수 있듯이, 동현은 능력도 없거니와 배짱도 없었다. 그러니 숨겨진 능력이 있었을 리도 없었다. 동현은 황제의 총애를 믿고 오만방자했으며, 툭하면 주변 사람들을 무시해서 인심 역시 얻지 못했다. 그저 부끄러운 줄 모르고 황제가 내린 특권을 탐닉했을 뿐이다.

아무리 뛰어난 인재라고 해도 황제의 총애를 받으면 반드시 시샘을 받게 된다. 하물며 밤 기술 외에 별다른 능력도 없는 사람이 높은 자리에 오른다면, 술자리에서 질겅질겅 씹히는 안줏거리가 되는 것은 당연한 수순이다. 더구나 오만하기까지 했다면 답이 없어진다. 그래서 동현을 두고 《한서》는 이렇게 적었다.

천하부종(天下不宗)

천하가 제대로 된 일로 여기지 않았다는 뜻이다.

정말로 딱한 것은 동현은 애제가 죽은 이후 무엇을 어떻게 할 것인지의 생각을 요만큼도 하지 않았던 골 빈 사람이었다는 데 있다. 물론 애제가 맡긴 옥새를 휘두르며 황제로 즉위했다고 해도 동현의 미래가 밝진 않았겠지만, 엄청난 재산을 활용해서 주변 사람들의 환심을 사거나, 하다못해 재산을 짊어지고 멀리 도망갈 생각조차 하지 못했다.

그래서 동현의 말로는 비참했다. 애제가 죽은 뒤 고작 1년도 지나지 않아, 동현은 황제를 제대로 간호하지 않았다는 죄목으로 재산을 모두 몰수당하고 아내와 함께 자살했다(놀랍게도 아내가 있었다). 한때 황제의 총애를 받으며 부귀영화를 누리던 남자는, 그렇게 관도 없는 비참한 벌거숭이로 땅에 묻혔다. 이때 그의 나이는 22세였다.

《한서》의 저자 반고는 동현의 이야기를 정리하면서 총애를 받고서도 소임을 다 하지 못한 신하에게 죄가 있다고 적었지만, 그건 어디까지나 핑계다. 동현에게는 물론 과분한 총애와 특혜를 받고도 겸손하지 못했던 잘못이 있다. 하지만 여기서는 동현의 잘못을 따지기보다는 애제의 모자람에 더욱 강조를 두어야 한다.

동현의 등용을 강행하면서 애제는 흉노의 선우에게 했던 변명을 수없이 반복했을 것이다. 동현은 매우 현명하고 똑똑한 인재인데, 너희들이 몰라도 나는 안다고. 하지만 그것은 사리사욕이지 진실은 아니었다.

한나라의 신하 중에도 충신이 없지는 않았다. 앞서 이야기한 왕굉이 있었고, 그전의 승상 왕가(王嘉)는 동현의 등용을 강하게 반대했다. 그러자 애제는 사소한 트집을 잡아 그를 감옥에 가두었고, 결국 왕가는 20일을 단식한 끝에 피를 토하며 죽었다.

사람 대하는 게 이 지경인데 나라 운영도 별것이 있겠는가. 당시 한나라의 경제 불균형은 심각한 수준에 이르렀기에 애제는 가난한 사람들을 돕기 위한 정책을 펼치기도 했다. 그러나 그보다 더 많은 특혜와 선물을 동현에게 주었으니 실효를 기대하기란 어려웠다.

애제가 일찍 세상을 뜬 것은 그나마 '본인에게는' 다행이었다. 만약 그가 좀 더 오래 다스렸다면 자신의 시대에 나라가 무너지는 꼴을 직접 볼 수 있었을 것이다. 애제가 죽은 뒤 한나라는 크게 쇠약해졌고, 고작 10년도 지나지 않아 망했다. 마키아벨리가 그랬던가? 지도자의 자질은 그 부하를 보면 안다고. 그렇기에 애제와 동현은 참으로 많이 닮은 바퀴벌레 한 쌍이었다.

또 다른 극단적인 편애의 예로 같은 중국 하지만 훨씬 후대 인물인 명나라 만력제가 있다. 만력제, 곧 신종(神宗)은 임진왜란이 벌어지자 조선에 원군을 파견한 황제로 우리나라와도 꽤 인연이 깊은 인물이다. 동시에 그는 수백 년 역사의 명나라를 자신의 대에 결딴냈다고 해도 과언이 아닐 만큼 혼군(昏君)이었다.

만력제가 편애해 마지않았던 대상은 셋째 아들인 복왕(福王) 주상순(朱常洵)이었다. 만력제는 사랑하는 셋째 아들을 황태자로 만들고 싶었는데, 유교 원칙은 적장자 계승이니 첫째 아들 주상락(朱常洛)이 있는 한 이룰 수 없는 꿈이었다. 하지만 만력제는 셋째 아들의 책봉을 밀어붙였고, 신하들은 큰아들을 태자로 세워야 한다며 격렬하게 반대했다.

사실 적장자 계승은 생각만큼 철두철미하게 지켜지지는 않는 원칙이었다. 역대 왕조는 물론이거니와 심지어 명나라 안에서도 큰아들이 아닌 아들이 다음 황제가 된 예는 있었다. 그런데 진짜 문제는 셋째 아들 주상순에게 있었다. 주상순은 다른 아들들보다 빼어나기는커녕 정말 변변치 않은 인물이었던 것이다.

결과부터 말하자면, 1601년 만력제는 마침내 고집을 꺾고 첫째 아들을 황태자로 세웠다. 그동안 황제의 '떼'를 막기 위한 신하들의 노력은 정말 처참하고도 비장했으니, 이것은 무려 15년간 이어진 논쟁으로 '국본론(國本論)'이라고 명명되었다. 그리고 19년 뒤 만력제는 세상을 떠났고, 아버지의 박대를 받으며 불우하게 지내야 했던 황태자는 겨우 15대 황제인 태창제(泰昌帝)로 즉위한다.

그래도 만력제는 사랑하는 셋째 아들에게 해 줄 수 있는 모든 것을 마련해 주었다. 황태자로 삼지 못한 대신 나라의 보물 창고를 톡톡 털어 무려 30만 냥이나 들인 전대미문의 화려한 결혼식을 해 주고, 좋은 영지와 값비싼 선물도 잔뜩 안겨 줬다. 그런데 여기에 든 비용이 어디에서 나왔겠는가. 만력제는 단점이 한두 개가 아니었지만, 그중에서 특히 지독했던 것은 바로 끔찍한 구두쇠 기질이었다. 명색이 황제이면서 신하들에게 경비를 주지 않는 것은 물론, 녹봉마저 떼먹었다. 각종 국가 행사들마저 생략하고 비용을 빼돌리기도 했다. 신하들에게 그렇게 인색하게 굴면서 모은 돈을 모조리 셋째 아들에게 아낌없이 주었다.

아버지, 그것도 황제의 가없는 사랑은 셋째 아들에게 굉장한 행운이었다. 그래서 그렇게 물려받은 재물을 가난한 백성에게 나눠 줘서 사회 정의를 실천한다거나, 황제 자리를 노리는 등 생산적인 일을 했으면 좋으련만, 복왕은 그만한 그릇이 아니었다. 욕심만 많아서 그렇게 가진 것이 많은데도 계속 영지의 백성을 쥐어짜기만 했다.

명나라를 실질적으로 멸망시킨 것은 오랑캐인 청나라가 아니라, 이자성이 이끄는 농민 반란군이었다. 1641년, 이자성의 군대는 복왕이 있던 낙양을 점령했다. 타고난 탐욕과 포악함 때문인지, 넘치는 아버지의 사랑을 받은 덕분인지 중년이 된 복왕 주상순은 굉장한 비만으로 체중이 300근 가까이 되었다고 한다. 그러다 보니 당연히 제대로 말을 탈 수도 없었고 도망가기도 어려워서 이자성 군에게 포로로 잡히고 말았다. 용감하게 맞서 싸운다거나 비장하게 전사한다는 선택지는 아예 없었다. 오히려 복왕은 아버지처럼 인색해서 부하들에게 줄 돈마저 아까워하여 제대로 싸우지도 못했다.

《명사(明史)》에 따르면, 이자성은 포로로 잡힌 복왕을 잘게 썰어 사슴고기와 함께 요리해서 이것을 복록주(福祿酒)라고 부르며 안주로 먹었다고 한다. 복(福)은 복왕에서 따왔고, 록(祿)은 사슴 록(鹿)과 발음이 비슷해서 지은 이름이었다. 다른 이야기에서는 복왕을 살해한 뒤 그 고기를 썰어 국을 끓였는데 기름이 가득했고, 백성과 다함께 나누어 먹었다고도 했다.

이 이야기가 사실인지 아닌지는 굳이 따질 필요는 없을 것 같다. 분명한 사실은 당시 사람들은 복왕을 너무나도 미워했다는 것이다. 사실 이자성의 이야기뿐만 아니라, 당시 유행했던 소설에서 복왕은 곧잘 악역으로 등장한다. 얼마나 미운 짓을 했길래 이렇게 고루 미움을 받았을까? 하지만 복왕을 탓하기 이전에, 죽은 만력제에게도 이런 사태의 책임을 분명히 물어야 할 것이다.

이야기는 여기에서 끝나지 않는다. 만력제의 셋째 아들 편애로 생긴 불똥은 나라 안뿐만 아니라 이웃 나라 조선에까지 튀었다. 조선의

14번째 임금인 선조는 늘그막에 이르기까지 적자를 얻지 못했다. 많은 후궁을 두었고, 그만큼이나 많은 자식을 얻어 아들만 14명이었지만, 나중에 세자가 되고 선조의 뒤를 이어 왕이 된 것은 둘째 아들인 광해군이었다.

그런데 둘째 아들이라서 문제였다. 임진왜란이 발발하자 선조는 파죽지세로 밀고 올라오는 일본군을 피해 한양을 버리고 도망가기 전, 급히 아들 중에서 가장 총명했던 둘째 광해군을 세자로 세웠다. 이는 선조가 한 일 중에서 가장 훌륭한 것이었지만, 훗날 비극의 실마리가 되었다. 갑자기 세자가 된 광해군은 아버지와 떨어져서 분조(分朝), 즉 임시 정부를 세우고 조선 각지를 돌아다니며 일본군과 싸우도록 관군을 독려하고 의병을 모으는 등 혁혁한 공을 세웠다. 백성은 자신들을 버리고 도망간 왕보다도, 위험을 무릅쓰고 곳곳을 돌아다니는 세자를 사랑했고, 이 때문에 광해군은 아버지의 눈 밖에 났다.

세자가 된 광해군에게 가장 큰 문제는 첫째 아들 임해군이 두 눈 멀쩡하게 뜨고 살아 있었다는 것이다. 임해군은 아무도 세자감으로 고려하지 않을 만큼 패악질 부리는 말썽꾼이었지만, 첫째 아들이었다!

그래서 명나라는 광해군을 세자로 인정해 달라는 조선의 요청을 이런저런 트집을 잡으며 미뤘다. 자기들도 셋째 아들을 세자로 세운다며 십수 년간 난리 법석을 벌였으니, 조선에도 예외를 인정하는 게 힘들었으리라. 심술도 조금 많이 작용한 것 같고.

이 문제는 아주 오래도록 광해군을 괴롭혔다. 늘그막의 선조는 심사가 뒤틀어질 때마다 광해군에게 "중국에서 인정도 받지 못했는데 무슨 세자냐."라는 폭언을 하기도 했다. 누구보다도 아들의 권위를 인정하고 힘을 실어 줘야 할 아버지가 이 모양이었으니, 선조는 만력제와 사이좋게 '나쁜 아빠이자 나쁜 임금'의 타이틀을 두고 경쟁할 수 있을 것이다.

그래서 광해군은 아버지의 구박을 받으며 극심한 정신적 스트레스에 시달렸고, 이후로도 명나라에 엄청난 뇌물을 떠안겨야 했다.

만약 만력제가 셋째 아들을 편애하지 않았더라면? 사랑하더라도 절제할 줄을 알았다면? 남의 나라 세자 일에 참견하지 않았더라면? 그러면 선조가 아들을 괴롭힐 거리가 하나는 줄어들었을 테고, 광해군이 형 임해군과 동생 영창대군을 죽이지 않아도 됐고, 폭군으로 끝나지 않았을지 모른다. 역사에 '만약'이 없다곤 하지만, 역시 '만약'을 생각하지 않으면 재미가 없다.

만력제 이후 명나라는 빠르게 멸망의 길로 접어들었고, 조선 역시 왕이 갈아 치워지는 시련을 겪었다. 이 모든 일이 만력제가 셋째 아들을 편애한 탓이라고 단정 짓는다면 너무 성급하겠지만, 그래도 이웃 나라 왕자가 아버지에게 괴롭힘당해 피를 토했고, 명나라에 바칠 뇌물을 마련하기 위해 백성이 고생한 데 아주 영향이 없다고 할 수는 없다.

그래도 황제로 떵떵거리다 죽었기 때문에 만력제의 무덤 정릉(定陵)은 잘 마련되어 있었다. 1956년 고고학자들이 만력제의 무덤을 발굴했고, 으리으리한 지하 궁전과 함께 잘 보존된 만력제의 시신도 발견되었다. 그런데 문화대혁명 때 홍위병이 무차별적으로 문화재를 파괴하면서 만력제의 시신에 휘발유를 뿌리고 뼛조각 하나 남기지 않고 깡그리 불태웠다. 역사적 유물의 안타까운 손실이라는 생각과는 별개로, 만력제 개인에게는 천벌이라는 생각이 든다.

한 사람의 나쁜 왕은 참으로 많은 고통과 괴로움을 초래할 수 있다. 왕의 편애는 나라와 사랑하는 이를 크게 위협에 빠뜨리고, 어쩌면 좋게 될 수 있었던 것마저 망치는 끔찍한 마력을 발휘한다.

왕은 나라를 잘 다스리기 위해 인재를 등용하면서 공정해야 한다. 누군가의 재능이 오로지 왕에게만 보인다면, 그건 눈이 잘못된 거다. 그러나 어리석은 임금은 그걸 알아차리지 못한다. 자신이 죽거나 나라가 망하기 전까지는. 아마 미래의 나쁜 지도자도 그러하리라.

자만심

자만과 자신감은 동전의 앞뒷면이라고 해도 될 만큼 구분하기 어렵다. 그래도 나쁜 왕들은 자신감이 아닌 자만이 흘러넘치곤 한다. 물론 왕이라는 자리 자체가 자만심을 가지기 쉽게 한다. 그것은 어디까지나 '자리'가 가지는 힘이지만, 못난 왕은 대체로 그걸 모른다.

초패왕 항우를 떠올리면 영화 《패왕별희》에서도 다뤄진 우희와의 로맨스가 생각난다. 그는 진시황이 죽고 천하가 혼란스러워지자 군사를 모아 뛰어난 무예와 전공으로 이름을 날렸지만, 그런 영광도 허무하게 사랑하는 여인을 잃고 스스로 목숨을 끊은 비극의 영웅이다.

항우는 그의 눈부신 성공만큼이나 극적으로 몰락했으니, 이제부터 그가 왜 망했는지 이유를 살펴보겠다.

사실 항우는 일세의 영웅이 되기에 부족함이 없었다. 초나라 명문가 출신이며, 본인의 무예는 '산을 뽑을 만큼' 훌륭해서 무술로 겨뤄진 적이 없었다. 성격도 담대하고 겁이 없었다. 어린 시절 항우는 길에서 진시황의 화려한 행렬을 보고, "저놈 자리에 내가 앉겠다."라고 말해서 곁에 있던 삼촌이 깜짝 놀라 입을 틀어막았다고 한다. 항우의 맞수로 잘 알려진 유방이 진시황을 보고 "남자라면 저 정도로 성공은 해야지!"라고 탄복했던 것에 비하면, (좋게 말해서) 기개와 배짱이 있었다. 심지어 글과 검술 공부가 재미없다고 때려치우면서 이런 말까지 했다.

"글은 자기 이름을 쓰면 되고, 검술은 한 사람과 싸우는 것으로 족하다."

그러면서 자기는 만인과 싸워 이기는 법을 배우겠다는 포부를 드러냈다. 고작 공부를 그만두는 핑계치고는 어이가 없을 만큼 굉장한 스케일이다. 이 말은 항우라는 사람이 잘 보여 준다. 결국 '나는 잘났으니까 이딴 것은 배울 필요 없다'라는 판단을 자기가 내리고 자기가 행하는 것이니까.

처음에 항우는 잘나갔다. 진시황이 죽고 너도나도 군사를 모아 각축전을 벌일 때, 항우는 단번에 두각을 나타냈다. 본인 실력도 출중했고 집안의 뒷받침도 있어서 잘 훈련된 병사 8천으로 시작했으니, 어중이떠중이를 긁어모아 겨우 3천을 거느렸던 유방과는 천지 차이였다. 이후 항우는 40만의 군대를 거느렸으며, 진나라를 멸망시키고 초패왕(楚覇王)을 자칭하기까지 했다.

초패왕 항우는 과감하고 용감무쌍한 지도자였다. 그렇기에 훌륭한 군사지휘관이었다. 불리한 상황에서 진나라 대군과 맞서자, 항우는 군량을 버리고 솥을 깬 뒤 배수진을 치는 과감한 전법을 썼다. 먹을 것도, 달아날 곳도 없는 극한 상황을 만들고 군사들이 온 힘을 다해 싸우게 해 기적적인 승리를 끌어냈다. 하지만 이것은 그에게 성공의 요인인 동시에 멸망의 이유가 되었다.

빠르고 과감한 결정은 때로 돌이키지 못할 무서운 결과를 가져온다. 항우는 이미 항복한 진나라의 2세 황제를 살해하고, 투항한 병사 20만 명을 산 채로 파묻는 비인간적인 일도 과감하고 거침없이 실행했다. 용맹한 그에게는 큰일을 위해서라면 부숴 버린 솥과 마찬가지로 자잘하고 하찮은 희생일 뿐이었다. 오늘의 승리를 위해서라면 내일 밥을 어떻게 먹는지는 관심이 없었고, 그런 근시안적인 태도는 결국 항우에게 내일을 빼앗아 갔다.

항우는 어떤 전투에서도 진 적이 없고 매번 승리했다. 그런데도 어느 날엔가 정신을 차리니 사면초가, 사방에서 한나라 소리가 들려오도록 포위당한 신세였다. 그래서 신기하기까지 하다. 왜 싸움에서 이겼는데 궁지에 몰렸을까? 사실 항우는 어느 날 갑자기 망한 것이 아니었다. 처음 그에게는 맞서 싸울 적이 없어 보였다. 한고조 유방을 가볍게 능가했고, 몇 번이고 궁지에 몰아넣었으니 말이다. 하지만 판세를 살펴보면 항우에게 결코 유리하지 않았다. 초나라는 항우의 원맨팀이 되어 항우가 있으면 모든 일이 해결되었지만, 그가 없으면 어떤 일도 되지 않았다.

그래서 항우는 모든 전투에서 이겼지만, 그렇게 항우에게 항복한 지역들은 항우가 떠나면 이내 배신하고 한나라에 붙었다. 이것이 거듭되다 보니 초나라 세력은 나날이 쪼그라들었고, 항우의 어깨 위에 놓이는 부담은 점점 더 커졌으며, 마침내 그가 있어도 해결이 안 되는 지경에 이르렀다.

이렇게 된 가장 큰 원인은 항우가 자만했기 때문이다. 뛰어난 재능과 휘황찬란한 배경을 갖춘 항우가 보통 사람보다 조금 과한 자부심을 가졌다고 해도 딱히 이상하지는 않다. 집안 좋지, 돈 많지, 사람들이 알아서 모셔 주지, 여기에다 무술 실력마저 뛰어났다. 이런 항우의 판단 기준은 '잘난' 자기 자신이었다. 결단이 단호하고 추진이 빨랐지만, 모든 것은 자기 마음이 기준이었다. 그러니 자기가 생각하기에 급하다면 즉시 실행했고, 그렇지 않다고 생각하면 누가 닦달해도 끝끝내 듣지 않았다. 그래서 홍문의 연회에서 항우는 절호의 기회를 잡고도 유방을 죽이지 않았다.

그뿐만이 아니다. 항우는 교만했다. 자기가 잘났다고 생각하는 데 그치지 않고 타인을 무시했는데, 그 밑바닥에는 질투도 있었으리라. 더욱 곤란한 문제는 항우가 현실 도피의 귀재였다는 점이다. 시궁창 같은 현실을 만났을 때 자기 잘못을 인정하거나, 타인의 지적을 받아들이기에는 항우의 자존심이 너무도 강했다. 그래서 잘못을 반성하는 대신 남 탓과 세상 탓을 했다. 정나미 떨어진 신하들은 차례차례 배신해 한고조 유방의 편으로 들어갔다. 마침내 군사도 줄고 군량도 떨어져서 궁지에 몰리자, 항우는 〈역발산기개세(力拔山氣蓋世)〉라는 유명한 시를 지었다.

힘은 산을 뽑을 것 같고, 기개는 세상을 덮건만
때가 불리하니, 추(항우의 말)는 나가지 못하는구나.
추가 나가지 않는데 이를 어쩌랴.
우미인아, 우미인아, 너는 어찌할 것이냐.

이 노래를 들은 부하들은 눈물을 흘렸다고 하건만, 곧 죽어도 자기 탓은 안 하는 지도자의 옹졸함 앞에서 미래가 막막한 나머지 눈물을 흘렸을 가능성이 좀 더 높지 않을까. 이제까지 꾸준히 위기가 찾아왔고, 몰락의 조짐도 충분히 있었다. 항우 자신이 알아차리지 못해 이 지경이 되었건만, 그저 때를 잘못 만난 탓으로 여긴 것이다.

그의 라이벌 유방은 한바탕 크게 져서 부인을 인질로 잡히고 자식마저 수레에 내던지며 꼴사납게 도망갔지만, 결국 다시 일어나 반격하며 실패의 바닥에서 몇 번이고 일어섰다. 하지만 항우는 그렇지 못했다. 한나라 군대의 집요한 추격을 받아 고작 병사 28명만 남았을 때도 그의 처절한 자만은 이어진다. 자신이 군사를 일으킨 지 8년이고 그동안 70차례 싸워 모두 이겼다며, 지금 이렇게 궁지에 몰린 것은 하늘이 자기를 망하게 하려는 탓이지 자기 탓은 아니라는 걸 입증하겠다고 한 것이다.

그래서 항우는 신출귀몰한 무술을 써서 자신을 포위하고 있던 한나라 군대를 추풍낙엽처럼 쓸어 버리고, 백여 명을 참살하고 지휘관도 죽였다. 항우의 군사에서는 두 사람의 인명 피해만 있었을 뿐이다. 여기까지는 좋다. 그런데 항우는 남은 26명의 신하에게 물었다.

"자, 내가 한 말이 어떠하냐?"

그러니까 하늘이 자신에게 기회를 주지 않았을 뿐이지, 자기는 정말로 잘 싸우지 않느냐는 물음이다. 병사들은 모두 입을 모아 말했다.

"과연 대왕의 말씀이 맞습니다."

이 지경이 되어서까지 자기 잘못이 아니라는 것을 타인에게 인정받고 싶어 한 항우는 참으로 처절해 보인다. 이제 자신은 몰락하고 있었다. 궁지에 몰린 채 불과 수십 명만 남은 부하들에게 하소연했다. 이건 절대로 내 잘못이 아니라고. 결국 항우의 질문은 신하들을 설득하기 위해서가 아니라 자신을 위한 것이었다.

그래도 한나라 병사들의 공격은 계속되었다. 어떤 사람이 배를 주며 강 건너 강동으로 달아나라고 하자, 항우는 또 하늘 타령을 했다. 하늘이 날 망하게 하려는데 강동에 가 봐야 무슨 소용이냐는 것이다. 또 자기가 처음 강동에서 데려간 병사들이 다 죽었으니 그 유족을 만나기가 민망하다고도 했다. 그렇게 정이 많은 사람이 산 채로 땅에 묻힌 진나라 병사 20만 명이나 진나라의 2세 황제, 초회왕에게는 왜 그렇게 매정했을까.

항우는 옛 지인들에게 자신의 초라한 몰골을 보여 주기 싫었던 게 아닐까. 자만심으로 똘똘 뭉친 그는 망신당하니 차라리 죽는 게 났다고 생각한 것은 아닐까.

항우는 강을 건너지 않았고, 한나라 군대의 추적은 이어졌다. 아무리 뛰어난 무술 실력을 지녀도 결국 인간일 뿐, 압도적인 전력 차이는 당해 낼 도리가 없었다. 마침내 최후의 순간이 다가왔다. 부하들을 모조리 잃고, 홀로 남아 온몸이 상처투성이가 된 채 기진맥진해 있던 항우의 눈에 한나라의 기사마(騎司馬) 여마동(呂馬童)이 보였다.

"너는 옛날 내 신하가 아니냐?"

항우가 옛 신하를 알아보았으니 옛 신하도 항우를 몰라볼 리 없다. 하지만 배신을 부끄러워한다거나, 마지막 남은 의리를 발휘하여 그를 숨겨 주는 일은 없었다. 여마동은 주변 사람들에게 "저게 바로 초패왕이다."라고 손가락질을 했다. 최후의 순간임을 직감했는지, 항우는 단검을 뽑아 들고 비장하게 외쳤다.

"내가 듣기에 한나라 왕이 내 목을 천금의 재산과 넓은 영토로 산다고 했다. 내가 너희들에게 은혜를 베풀어 주겠다!"

그러면서 항우는 단검으로 목을 찌르고 쓰러졌다. 마지막 유언까지도 자만심에 넘쳤다. 좋게 생각하면 그다운, 무장답게 기개 있는 죽음이었다. 이것이 드라마나 영화라면 비록 적이라도 영웅의 비장한 죽음에 사람들이 눈물을 흘리고 시신을 고이 거두어 한고조 유방에게 가져갔을 것이다. 하지만 현실은 그리 멋지지 않았다.

항우가 목에서 피를 흘리며 주저앉자, 손이 빠른 사람이 제일 먼저 달려가 항우의 목을 베어 제 것으로 차지했다. 이윽고 뛰어든 항우의 옛 신하 및 다른 사람들은 시체를 차지하려고 난투를 벌였고, 결국 항우의 몸뚱이는 다섯 조각으로 갈기갈기 찢겼다.

유방은 갈가리 찢어진 옛 라이벌의 시체를 보고 안타까워하며 눈물을 흘릴 만큼 로맨티스트가 아니었다. 그는 시체를 가져온 다섯 사람을 모두 제후로 봉했고, 스스로 중국의 황제가 되었다.

유방은 인간적으로는 대단히 재수가 없는 인물이었지만, 통찰력만은 굉장했고, 또한 (평가만은) 공정했다. 훗날 한나라 고조가 된 그는 자신 능력은 별것 아니라고 솔직하게 고백했다. 잘난 항우보다 능력이 떨어지는 대신 그에게는 세 명의 뛰어난 부하가 있었다. 정치의 장량, 재무의 소하, 전쟁의 한신. 그리고 그 아래에 더 많은 인재가 포진하고 있었다. 뒤집어 생각하면 그렇게 잘난 사람들이 왜 못난 유방을 섬겼는지 이해가 안 가겠지만, 그것이야말로 유방의 재능이자 지도자가 갖춰야 할 덕목이었다.

유방은 전쟁의 영웅이 아니라 전체의 관리자였다. 어떤 일을 할 때면 자기가 하는 대신 가장 뛰어난 능력을 지닌 전문가를 찾아내고, 그 사람이 힘껏 일할 수 있도록 배려했다. 인재를 발탁해서 그를 활용할 수 있는 시스템을 구축했다는 말이다. 그래서 항우는 혼자였지만, 유방은 세력을 가지고 있었다.

애초에 정치가 생기고 통치 시스템이 생긴 것은 왕 혼자서 모든 일을 도맡는 것보다는 여럿이서 일을 나누어서 하는 편이 효율적이기 때문이다. 하지만 항우는 자신이 전쟁을 잘하니 외교나 재무 문제도 전부 잘할 수 있으리라고 착각했을 것이다. 그런데 그렇지 못했고, 그렇게 일이 잘못되어 가는데도 항우는 자신의 고집을 꺾지 않았다.

결과는 파멸이었다.

항우로부터 수백 년 이후, 이런 교훈을 배우지 못하고 똑같은 실패의 길을 걸은 왕이 등장했다. 바로 수나라의 두 번째 황제인 수양제 양광이다. 그는 고구려 정벌 때문에 우리나라에서 그다지 인기가 없는 인물인데, 이는 중국에서도 마찬가지다. 그는 온갖 사치를 부리고 토목공사를 일삼아 백성을 괴롭혔고, 외국과의 전쟁에서 패했으며, 결국 신하에게 살해당한 어리석은 임금이었다.

그런데 수양제도 항우 못지않게 타고난 복이 많은 사람이었다. 그는 5호 16국 시대의 환란이 거의 끝나 갈 즈음, 명문 양씨 가문의 둘째 아들로 태어났다. 아버지 양견(楊堅)은 북주를 무너뜨리고 중국 북쪽 지역을 아우르는 나라를 세운 뒤 마침내 수백 년 만에 중국을 다시금 통일하는 위업을 달성한 위대한 황제였다.

수양제는 불과 13세에 진왕으로 봉해졌는데, 10세에 책을 줄줄 외울 정도로 머리도 좋았다. 그뿐만 아니라 무(武)에도 재능이 있어서, 아버지를 도와 남쪽의 진(陳)나라를 멸망시키는 데 공을 세웠다. 최소한 청년 시절에는 사치하지 않고 품행도 좋았다. 그래서 수양제는 형이었던 태자를 제치고 새로운 태자가 되었다. 하지만 그 이후로는 내리막길이었다. 수양제는 아버지를 암살하고 태자 자리에서 쫓겨난 형까지 살해한 뒤 수나라의 두 번째 황제가 되었다. 그리고 그가 다스린 14년 동안 수나라는 빠르게 멸망의 길로 들어섰고, 수양제 본인은 부하들에게 살해당했으며 당나라가 새로 들어선다.

그래서 수양제는 폭군의 대명사가 되었고, 처음부터 끝까지 음험했던 악당으로 여겨진다. 한때는 나라를 이끌어 갈 훌륭한 인재로 여겨져 방탕한 형을 밀어내고 태자가 되었는데도 말이다. 그런데 과연 수양제의 본심은 어떠했을까. 설령 내숭을 떨어 형을 몰아내고 권력을 위해 아버지를 죽인 게 사실이라고 해도, 그의 목적은 수나라를 멸망시키는 것은 아니었을 것이다. 나름대로 자신이 형보다도, 아버지보다도 뛰어난 임금의 재목이었기에 이렇게 썩고 있을 수는 없다고 판단하고, ‘어쩔 수 없이’ 혈육을 죽이는 용단(?)을 저질렀을 것이다. 어디까지나 수양제 스스로 그렇게 생각했을 것이다. 바로 그게 문제였다. 수양제의 행동은 자신의 판단을 기준으로 했고, 그것은 오만했다.

　수양제의 가장 큰 잘못인 동시에 업적은 바로 대운하이다. 중국은 지금도 그렇지만 옛날에는 정말 넓은 영토를 차지하고 있었고, 커다란 강도 여러 개가 있었다. 수양제의 운하는 여러 개의 강을 차례차례 잇는 초대형공사였다. 황하와 양자강을 잇는 대운하를 건설하기 위해 수많은 백성을 동원했다. 물속에서 나오지도 못하고 힘든 일을 계속하다 보니 살아 있는 사람의 몸에 벌레가 슬고 썩어 갔다고 한다. 당연히 무수히 많은 사람이 죽었다. 하지만 대운하 사업은 그저 폭군의 어리석은 행각은 아니었다. 우선 운하를 처음 만든 것은 아버지인 문제였고, 한 번 완성된 대운하는 굉장히 유용했다.

605년　통제거(通濟渠) 개통(낙양 – 회수 구간)

한구(邗溝) 개통(산양(회안) – 양자강 구간)

대흥(大興) – 강도(江都) 개통

608년 영제거(永濟渠) 개통(황하 – 탁군(북경) 연결)

610년 강남하(江南河) 개통(진강 – 항주 연결)

다행히 이런 운하들은 맨땅을 파서 만드는 게 아니라, (진시황의 만리 장성이 멸망한 나라들의 성벽을 이어서 만들어진 것처럼) 전부터 있었던 하천이 나 운하들을 연결하는 것이다. 그렇다고 해도 역사적인 공사였고, 통 제거를 만드는 데 100만 명을 동원했다는 말이 나올 정도였다. 그러 면 이 운하에 어떤 효용이 있었을까.

당시 중국은 400년 동안 5호 16국, 이름 그대로 16개의 나라가 세 위진 혼란의 시대를 거쳐 남과 북의 왕조가 되었다. 하지만 워낙 오 랫동안 갈라져 싸웠기 때문에 이들은 너무나도 달랐다. 그런데 운하 가 만들어지자, 이로써 남과 북이 교류하고 하나의 나라로 있을 수 있게 되었다고 한다. 실제로 운하가 가져다주는 경제적 이익도 상당 했다. 강남의 비옥한 땅에서 거둔 곡식은 운하를 통해 북쪽으로 옮겨 졌고, 그 덕에 당나라는 막대한 경제력을 갖추고 세계적인 제국을 건 설했다. 이렇게 만들어진 운하의 덕을 본 것은 만든 수나라가 아니라 당나라였으니 남 좋은 일만 했던 셈이다. 하여간 그렇게 본다면 대운 하는 꽤 미래 지향적인 계획이었고, 수양제는 그렇게 나쁜 왕은 아니 었던 걸까?

그렇게 생각하기엔 수양제가 친 사고가 한두 개가 아니었다. 그는 대운하 외에도 장안을 리모델링해서 고작 9개월 만에 신도시를 완성했다. 또 낙양에 새로운 수도를 건설하며 운하 기슭에 40여 채의 이궁(離宮)을 지었다. 그뿐만이랴, 외국 정벌까지 했다. 운하의 건설이 끝난 직후인 611년부터 수양제는 고구려 정벌을 시작했다.

612년 고구려 1차 정벌에 군사 113만 명, 인부 300만 명 동원.

살수대첩으로 30만 군대 중 2천여 명만 살아남는 대패를 당함.

613년 고구려 2차 정벌. 양현감의 반란으로 회군.

614년 고구려 3차 정벌 실패.

618년 4차 정벌 계획은 실행되지 않았으며, 수나라는 사실상 멸망.

이처럼 수양제는 보통 한 왕조 전체에서 벌어질까 말까 한 일을 자신의 치세, 그것도 엄청나게 짧은 시간에 시행했다. 이렇게만 보면 그가 다스리고 있던 시기의 수나라에는 삽질 소리와 군대의 외침이 그치지 않았을 것이다.

이런 무모한 정책들을 밀어붙일 수 있었던 것은 젊었을 때 천재로 이름을 날린 수양제의 자신감, 다른 한편으로는 조바심이 깔려 있었기 때문이리라. 추측건대 아버지나 형보다 훌륭한 왕이 되어야 한다는 강박이 있었고, 여기에 자만심을 더해 업적을 만들기 위해 큰 규모의 사업들을 추진했다.

그러나 나라와 백성은 무한대로 짜낼 수 있는 참깨가 아니었다. 연이은 대형 사업의 추진 중에 가뭄이 들었다. 이리해도 죽고 저리해도 죽는다고 생각한 백성은 반란을 일으켰다. 그러자 수양제는 반성하고 해결 방안을 찾는 대신 현실 도피를 했다. 자신이 해낸 것 중에서 그나마 성공적이었던 운하를 통해 남쪽 강도의 궁전으로 옮겨 갔고, 그곳에서 흥청망청 향락에 빠졌다. 그렇다고 해서 현실이 바뀌지는 않았다. 당나라 시조가 된 이연이 장안을 점령하고 양제의 손자를 새로운 황제로 세웠지만, 수양제의 향락은 계속되었다. 하지만 여기에 휘말린 신하들은 수양제를 동정하거나, 함께 고통을 나누지는 않았다. 결국 수양제는 신하였던 우문화급에게 살해당했다.

수양제는 결코 바보가 아니었고 오히려 똑똑해서 재앙을 부른 인물이었다. 자신이 유능했으니까 자부심과 야심을 가졌으며, 마침내 오만해졌다. 잘못된 정책을 잘못된 방향으로 최선을 다해 추진하다가 실패를 거듭하고 마침내 눈앞에까지 드러나자, 수양제는 자신의 실수를 인정하는 대신 현실에서, 세상에서 도망쳤다. 그래서 그에게는 양(煬)이라는 희귀한 시호가 붙었다. 이 한 글자에는 여색을 밝히고, 예를 어기며, 하늘을 거슬러 백성을 괴롭혔다는 온갖 나쁜 뜻이 함축되어 있다.

항우와 수양제. 그들은 시대를 비롯해 많은 점이 다르지만, 한편으론 닮은 구석도 있다. 의욕이 가득하고 능력도 갖추었던 그들은 어쩌면 좋은 왕이 될 수 있었을지도 모른다. 그들에게 진실로 필요했던 것은 자신을 객관적으로 보는 능력 그리고 성실하게 비판해 주는 조언자였다. 왕에게 아부하지 않으며 그렇다고 무조건 반대하는 것도 아니고, 낙관론자들이 애써 모른 척하는 잘못을 꾹 짚어 내는, 이를테면 '애정을 가지고 지적해 주는 사람'이 있어야 했다. 그런 이가 세종에게 황희였고, 당 태종 이세민에게는 위징이었다. 하지만 수양제와 항우에게는 그런 인물들이 없었다. 운이 나빴던 게 아니라 들을 귀를 가지지 않았기 때문이다. 잘못을 지적하는 말을 듣기에는, 또 자신의 잘못을 인정하기에는 자존심이 너무 강한 사람들이었다.

자존심과 자부심이 없으면 곤란하지만, 그것보다 더욱 중요한 게 있을 때 기꺼이 숙이는 유연성이다. 하지만 자기 개인의 자존심을 나라의 것으로 착각하는 왕이 있어서 문제였다.

그래서 그들은 위대한 왕이 되고 싶어 했고, 실현 가능성은 접어 둔 채 국력을 쏟아부었다. 무모한 전쟁을 벌이거나, 쓸데없이 화려한 행사를 열고, 토목공사를 연달아 일으켰다. 그 결과 나라는 거덜 나고 백성은 죽어났으며 반란이 일어났다. 그렇게 폭군이 탄생한다.

시대의 희생자인가, 자업자득인가

때로는 실패한 왕을 위한 변명도 있다. 그들은 억울한 누명을 썼을 뿐이라고, 역사는 승리자들의 역사여서 패배자는 언제나 잘못이 과

장된다고. 그리하여 어떤 좋은 왕은 폭군으로 오해받기도 한다고. 정말 그럴까? 지금까지 이야기했던 많은 폭군이 사실은 좋은 사람들이었는데, 후세의 조작으로 악당으로 기억되는 걸까?

예를 들어 보자. 진시황은 정말로 강력한 황제였다. 수백 년간 중국이 조각조각 나누어져 싸운 춘추 전국 시대를 자신의 대에서 끝장내고 거대한 제국을 만들었다. 그러면서 나라별로 달랐던 문자와 화폐, 도량형을 통일하고, 수많은 책을 태워 버리게 했으니 이것이 분서(焚書)였다. 이로써 사상과 생각을 통제할 수 있으리라 생각했기 때문이다. 하지만 모든 책이 불타지는 않았다. 노(魯)의 유학자들은 집의 흙벽 속에 역사책을 숨겨 놓는 근성을 발휘했으니, 이것이 바로 《고문상서(古文尙書)》이다. 혹은 책을 통째로 외워서 진나라가 망한 뒤 세상에 전한 사람도 있었다. 그뿐만 아니다. 근래 중국에서 발굴된 진시황 시대 혹은 직후의 옛날 무덤에서는 《마왕퇴백서(馬王堆帛書)》를 비롯하여 《곽점초간(郭店楚簡)》, 《상박초간(上博楚簡)》 등 각종 옛 책들이 쏟아져 나왔다.

이래서야 과연 악명 높은 진시황의 명령이 제대로 먹히기는 했는지 의심이 든다. 사실이 그렇다. 왕의 명령이 아무리 지엄해도 사람들은 언제나 빠져나갈 구멍을 찾아냈다. 그래서 역사를 조작하는 것은 정말로 어렵다. 역사가 과거의 현실이기 때문이다. 세상일은 모두 원인이 있고, 다양한 과정을 거쳐서 결과가 나온 인과의 사슬에 묶여 있다. 그러니 고작 돌멩이 하나로 커다란 강물의 흐름을 바꿀 수 없는 것처럼, 역사의 조작도 불가능에 가깝다. 하물며 전국을 통일하고 만리장성을 쌓으며 병마용갱을 만들어 낸 진시황마저 '역사의 근절'에 실패했거늘, 대체 누가 역사를 숨기거나 바꿀 수 있겠는가?

게다가 어떤 상황이라도 왕은 자신이 억울하다고 징징댈 수는 없다. 그가 누리는 것이 너무나도 많기 때문이다. 왕이 되어 즐길 산해진미와 금은보화보다 중요한 것은 그를 왕으로 섬기는 백성, 신하 그리고 나라의 역사와 군주의 권위다. 그래서 아무리 못난 왕이라 해도 그의 치세는 역사에 기록되고, 그의 말과 행동은 주목을 받고 사회에 강력한 영향력을 미치게 된다.

이것은 왕이 아닌 지도자도 마찬가지이다. 마오쩌둥은 농사에 피해를 주는 네 가지 해악을 거론하며, 그중 하나로 참새를 지목했다. 이에 농민들은 농사일을 팽개치고 참새를 잡아 멸종 직전으로 몰아넣었다. 그러자 참새의 먹이였던 해충들이 들끓어 지독한 흉년이 왔고, 마침내는 4천만 명에 가까운 사람들이 굶어 죽었다. 사실 참새 때문만은 아니고 여러 잘못된 정책이 연이어 이어진 탓이었는데, 이것이 바로 마오쩌둥의 가장 큰 실책 중 하나인 대약진운동이었다. 이런 어이없는 사건은 왕 혹은 지도자가 자신의 막강한 권한을 잘못 휘두르면 얼마나 큰 재난이 벌어지는지를 확실하게 보여 준다. 이어지는 문화대혁명 역시 지도자의 잘못된 권위 때문에 시작됐다.

그럼 생각할 수 있다. 사람들은 말리지 않고 뭘 했던 거야? 하지만 대부분은 윗사람이 명령했다는 이유만으로 뻔한 잘못들을 저지르곤 했다. 인간은 아주 오랫동안 강력한 왕을 섬기며 살아왔다. 그러다 보니 왕에게 충성을 바쳐야 한다는 생각이 꽤 오랫동안 생활의 규범으로 있었다. 옛날 인간이 지켜야 할 도리로 삼강오륜(三綱五倫)이 있었는데, 삼강의 첫 번째는 군위신강(君爲臣綱)이다. 임금과 신하 사이에서 지켜야 할 도리로, '신하는 임금을 섬겨야 한다'라고 해석한다. 즉 동양뿐만 아니라 전 세계 어느 나라건 신하는 왕을 섬기고 충성을 바치는 것이 당연하게 여겨졌다. 그래서 충신의 이야기는 언제나 널리 칭송되었다. 왕이 위기에 빠지거나 처참하게 몰락해도 충신은 변함없이 충성하고, 때로는 목숨마저 바쳤다.

우리가 잘 아는 가장 유명한 충신으로 사육신이 떠오른다. 성삼문, 박팽년, 이개 등 사육신은 단종을 복위시키기 위해 세조를 암살하려 했다. 하지만 그들의 계획은 역모라기에는 꽤 조잡했고, 한명회 덕분에 틀어졌으며, 동료의 밀고로 발각되었다. 그런데 이들은 세조가 수양대군인 시절부터 함께 일한 직장 동료 사이였다. 성삼문과 신숙주는 각각 수양대군보다 한 살 어리거나 동갑이었다. 그러니까 수양대군과도 인연이 꽤 있었으니, 그쪽에 붙는다면 출세할 가능성이 훨씬 컸을 것이다.

하지만 사육신은 단종 복위를 선택했고 그래서 세조에게는 반역자가 되었다. 《조선왕조실록》은 성삼문이 고작 곤장 한 번 맞고 역모 사실을 술술 불었다고 대단히 간단하게 기록했지만, 야사는 이보다 훨씬 자세하고 절절한 이야기를 전한다. 세조는 성삼문을 국문하면서 자신과 오래 알고 지냈고, 잘 대해 줬는데 어떻게 이럴 수 있느냐고 배신감에 치를 떨었다. 이에 사육신은 세조를 임금으로 생각한 적이 없다고 당당했다. 결국 그들은 살이 태워지는 고문과 심문을 당한 뒤 사지가 갈가리 찢겨 죽었다. 정사가 맞을까, 야사가 맞을까? 어쨌든 세조는 무시무시하게 분노했다. 사육신들을 처형하고, 일가친척까지 모두 죽였으며, 그들의 아내와 딸을 노비로 만들어 공신에게 나누어 주었다. 그리고 사육신에게 동정적인 사람들도 용서하지 않아 그야말로 피바람이 불었다.

그런데 사육신은 세조는 물론, 그의 후손들에게 역적이었지만, '선비는 두 임금을 섬기지 않는다'라는 충성의 원칙을 지킨 충신이었다. 그래서 공식적으로는 역신이지만, 사회적으로는 충열의 화신이자 존경의 대상이 되어 이후로도 그들의 명성은 이어졌다.

충신의 신화는 중국에도 있다. 개자추는 나라에서 쫓겨나 방랑하던 중, 굶주려서 죽어 가는 공자 중이를 살리기 위해 자신의 넓적다리 살을 잘라 먹였다. 이후 중이가 진문공이 되어 권세를 얻고 나서 개자추를 까맣게 잊어 버렸지만, 개자추는 원망하지 않았다.

일본에서도 천황의 명령으로 자살했던 주군의 복수를 위해 원수의 목을 베어 주군의 무덤에 바친 낭인들의 이야기 〈추신구라(忠臣藏)〉가 인기를 끌었다.

서양도 비슷하다. 로빈 후드만 해도 사자심왕 리처드에게 충성을 바치며 찬탈자인 존 왕의 음모를 분쇄하는 이야기가 아니었던가(실제 역사와는 좀 거리가 있긴 하지만 사람들이 좋아하는 이야기가 그렇다).

그런데 충성은 맹목이 되기도 한다. 설령 왕이 불합리한 명령을 내려도 명령을 거역하거나 배신을 하기는커녕 그런 왕을 위해 죽는 것이 충신이다. 백제의 마지막 왕인 의자왕에게 최후까지 충언을 하다가 감옥에서 굶어 죽은 성충이 그렇고, 어차피 패배할 전쟁이라는 것을 뻔히 알면서도 처자식들을 죽이고 떠나간 계백도 그렇다.

그래도 여기까지는 상식선으로 이해할 수 있다. 기원전 600년 즈음, 춘추 전국 시대의 위(衛)나라에 의공(懿公)이라는 어리석은 군주가 있었다. 보통 위 의공이라고 하는 그는 역사상 손꼽히는 바보였다. 놀기를 좋아하거나 사치를 부리는 정도가 아니라 학을 너무 좋아했다. 그래서 궁궐 사방 천지에 학을 키웠고, 학을 수레에 태우기도 하고 벼슬까지 내렸다. 이 쓸모없는 취미 생활에 국고는 탈탈 탕진되었다. 그러다가 마침내 운명의 날, 오랑캐가 위나라에 쳐들어왔다. 위 의공은 맞서 싸울 병사를 모으려 했지만, 사람들은 "학에게 벼슬을 줬으니 학에게 싸우라 하십시오."라고 이죽댔다. 결국 위 의공은 오랑캐들과 싸우다가 죽임당하고 시체까지 난도질당했다. 여기까지는 나쁜 왕의 처참한 말로였다.

그런데 위 의공의 신하였던 대부 굉연(宏演)은 이 소식을 듣고 급히 전쟁터로 향했다. 마침내 발견한 위 의공의 시체는 이미 원래의 형체가 없어지고 오로지 간만이 성한 모습으로 남아 있었다. 굉연은 통곡하며 마치 살아 있는 임금을 대하듯이 간에 인사를 올린 뒤, 주군의 관이 되겠다며 칼로 자신의 배를 가르고 몸 안에 위 의공의 간을 집어넣은 뒤 절명했다. 다른 백성과 신하들이 모두 외면한 군주를 위해서 스스로 목숨을 버린 것이다. 이렇게 모자란 임금에게도 충성을 바치는 신하가 있으니, 다른 경우는 어떠하겠는가?

이런 충성의 일화는 몇 번이고 반복되면서, 그처럼 행동하는 것이, 즉 충성하는 게 좋고도 옳은 일이라는 선입견을 슬그머니 사람들에게 심어 넣는다. 그렇게 수천 년 동안 사람들은 충성이라는 관념에 길들었다. 아무리 덜떨어진 지도자가 다스려도, 그가 잘못을 저질러도, 불만을 말하거나 고치려고 하기보다는 잠자코 따르는 관성을 가지게 된다. 나이가 들수록 변화와 도전을 어려워하고, 지도자에게 반항하는 모험을 감수하기 어려워지는 탓도 있겠다.

그런데 이렇게 충성이라는 관념에 길든 신하와 백성이 못 참는 수준에 이르렀다면, 얼마나 대단한 일인가. 그렇게까지 정치를 잘못한 것이다.

망한 왕의 마지막은 비참했다. 인간으로서 가장 영광스러운 자리에 우뚝 서 있다가 죄인이 되어 바닥으로 끌려 내려온다. 이제까지 백성이었고 신하였던 사람들에게 욕설과 비난을 받고, 때로는 왕 자신의 목이 처형대에서 달아난다. 이런 일은 대체로 아주 큰 역사적인 사건이 되었다.

한때 도덕군자로 불리며 한나라를 대신해 새로운 나라를 세웠지만, 마침내 농민 반란군에 찢겨 죽임을 당한 한나라의 찬탈자 왕망(王莽)이 있고, 파리 광장에서 단두대에서 목이 잘린 루이 16세가 있다. 영국의 찰스 1세도 비슷한 운명을 맞았다. 왕조 시대가 끝난 뒤로도 추방되거나 죽임당하는 지도자는 있었다. 이탈리아의 파시스트였던 무솔리니나 루마니아의 독재자 차우셰스쿠가 대표적이다.

그들은 왕이 아니었어도 절대적인 권력과 영광을 누렸지만 몰락하고 살해당했다.

1945년 4월, 제2차 세계대전이 종전으로 치닫고, 연합군이 이탈리아로 진격했다. 한때 일 두체(Il Duce, 위대한 지도자)라고 추앙받던 무솔리니는 스위스로 도망치려고 했다. 하지만 파르티잔에게 사로잡혀 총살당했으며, 무솔리니의 시체는 밀라노 로레토 광장의 주유소 지붕에 거꾸로 매달려 돌팔매질을 당했다. 원래 그 주유소는 이제까지 살해당한 파르티잔의 시체를 매달던 장소였다. 노동자들을 때려잡고 공산주의자를 비롯한 반대파를 탄압했으며, 로마의 영광을 되살리겠다고 전쟁까지 벌였던 파시스트 무솔리니는 가장 처참하게 죽었다. 과연 무솔리니의 악덕은 무엇이었을까.

똑같이 전쟁을 벌이고 암살당한 사람이 있으니 바로 미국 대통령 링컨이다. 두 사람은 너무나도 다르기에 오히려 대비할 만하다. 링컨은 1865년 4월, 워싱턴의 포드 극장에서 연극을 보던 중 총에 맞았다. 지금이야 위인이지만 당시에는 미국 국민 모두가 링컨을 좋아했던 것은 아니다. 특히 남북전쟁에서 패배했던 남부 사람들은 그랬을 것이다. 실제로 암살범 존 윌크스 부스는 링컨을 쏘고 무대로 뛰어내리면서 이렇게 외쳤다.

"폭군은 언제나 이렇게 된다(Sic semper tyrannis)."

왜 이런 말을 했을까? 암살자가 원래 배우였던 탓도 있겠고, '폭군을 죽인' 자신이 영웅이 되고 큰 호응을 받으리라고 생각했으리라. 하지만 미국 국민은 대통령을 잃은 것을 슬퍼했으며, 노예제를 찬성했던 남부에서조차 부스를 미치광이로 취급했다.

한편 무솔리니는 처음에는 이탈리아 사람들의 열광적인 지지를 받았다. 노동 운동을 허락하지 않고, 사회를 불안하게 만드는 공산주의자를 탄압했으니 말이다. 자본가들은 물론, 정치적 혼란에 염증을 낸 국민은 무솔리니를 지지했다. 하지만 결국 무솔리니의 시체에 욕설을 퍼부으며 돌을 던졌다.

이들은 어떤 점이 달랐을까. 링컨은 노예 해방의 아버지답게 투표권이 없고 대부분 가난했던 흑인 노예의 지위를 법적으로 인정했다. 반대로 무솔리니는 돈을 많이 가진 자산가와 지주를 위한 정책을 추진했다. 물론 링컨이 힘없는 이들의 편을 들었으니 좋은 대통령이고, 무솔리니는 권력 있는 이들에게 아부했으니 나쁜 지도자라는 일반화는 위험하지만 그래도 생각해 볼만하다. 이런 일들은 그들이 살아 있었을 때도 그렇거니와 죽은 이후의 평가가 달라지는 데 기여했다.

흔히 독재자의 성경이라는 오명을 듣는 마키아벨리의 《군주론》에는 이런 말이 있다. "군주에게 가장 튼튼한 요새는 국민의 지지와 사랑"이라고. 그래서 사랑받는 지도자는 설령 외적의 침입으로 패배한다 해도 민중의 지지를 받아 다시 살아날 수 있다고 했다. 마찬가지로 무자비한 통치론을 주장했다는 편견을 받는 한비자도 "못난 왕은 자신의 힘만 쓰지만 뛰어난 왕은 백성의 지혜를 활용하고, 백성의 신망을 잃으면 나라가 혼란스러워질 것"이라고 경고했다.

만약 백성이 원하는 최소한의 덕목을 지키지 못한다면, 백성은 실망하고 마침내 왕을 증오하게 된다. 그리고 더는 '우리의 왕'이 아닌

철천지원수가 된다. 백성에게 미움받는 왕을 어떻게 왕이라고 할 것일까.

처음의 이야기로 돌아가 보자. 어쩌면 부여의 왕이나 네미의 사제는 종교적인, 원시적인 이유로 죽임당했을 수도 있다. 하지만 여기에 또 인간 세상의 진리가 있지 않을까. 왕은 혼자서 왕이 될 수 없다. 섬겨 주는 백성이 있어야만 왕은 왕이 된다. 하지만 백성은 왕이 있든 없든 충분히 잘 살 수 있고, 때로 그들이 일으키는 바람은 거센 풍랑이 되어 왕의 세계를 뒤엎기도 했다.

이제부터 우리나라 역사에서 망한 왕들의 이야기를 만나 보자. 그들은 전부 다른 상황에서, 서로 다른 통치를 펼치다가 무너졌다. 저마다 그만의 특징과 함께 조금씩 비슷한 점들이 있다. 아마 그것이 패망의 원인일 것이고, 배워 두면 쓸모 있는 역사의 교훈일 것이다.

푸대접과 편애의 양 끝에서

고려 제17대 왕 인종
仁宗, 재위 1122~1146년

4년   · 2월, 이자겸의 난
13년   · 1월, 묘청의 난
14년   · 2월, 묘청의 난 진압
24년   · 사망, 의종 즉위

고려 제18대 왕 의종
毅宗, 재위 1146~1170년

11년   · 재앙을 없애는 법회를 지방 곳곳에 벌이다.
            · 신하들의 집을 빼앗아 별궁을 짓다.
            · 둘째 동생 대령후(大寧侯) 경(暻)을 천안으로 귀양 보내다.
21년   · 정월, 의종이 김돈중의 실수를 자객의 소행으로 오해하고 계엄
            령 선포
22년   · 3월, 의종이 서경에 행차해서 신령(新令)을 반포
24년   · 8월, 무신의 난(정중부의 난) 발발
            · 의종, 폐위되어 거제도로 귀양
            · 의종의 셋째 동생 익양후가 명종으로 즉위

고려 제19대 왕 명종
明宗, 재위 1170~1197년

3년

·8월, 김보당의 난

·9월, 난을 진압하고 김보당 외 주역 처형

·10월 1일, 의종, 이의민의 손에 죽다.

사랑받지 못했던 태자,
배은망덕한 왕이 되다

　고려 제18대 왕 의종은 자신이 한 일보다는 그의 치세에 벌어진 무신의 난으로 더 유명하다. 그래서인지 의종에게는 흥청망청 놀다가 나라를 망친 폭군이라는 선입견이 있다. 그런데 과연 그것이 의종의 모든 것일까?

　의종을 자세히 파고 들어가면 들어갈수록 '구제불능'이라는 네 글자만이 떠오른다. 역사를 언제나 비판적으로 보고, 모든 것을 곧이곧대로 받아들이지 않으려고 노력하건만, 의종을 보면 어떻게 이렇게 모자란 사람이 임금이 되었을까 싶다. 그나마 무신의 난 이후 권력을 잡은 무신들이 죄다 인간 말종이라 거기서 거기로 보일 뿐, 의종이 왕으로 있었던 21년 동안에 나라가 망하지 않은 게 다행일 정도로 복장이 터지는 일들이 가득했다. 그 때문일까. 의종은 한국은 물론, 전 세계의 역사에서도 손꼽힐 만큼 비참하게 죽었다.

　《고려사》〈의종 본기〉를 보면, 의종은 하루걸러 놀러 나가고, 이틀 걸러 잔치를 벌이고, 사흘 걸러 신하들과 드잡이질을 했다. 그의 치세는 대단히 순도 높은 이기심과 무절제로 뒤범벅이 되어 있다. 마치 제대로 어른이 되지 못한 아이가 함부로 그린 낙서를 보는 것 같다. 이런 왕이 다스리니 난이 벌어진 것도 당연하다 싶을 만큼.

사실 의종에게도 사정이 있었다. 그가 왕이 되기 전부터 고려는 엉망진창이었다. 그의 아버지 인종 때 이자겸의 난과 묘청의 난이 연달아 일어났다. 권력욕이 넘치는 이자겸을 외할아버지로 둔 덕에 인종은 두 이모를 아내로 맞이했고, 그것도 모자라 살해당할 뻔했다. 그 다음으로 고려가 개경파와 서경파로 갈라지는 묘청의 난이 벌어졌다. 반란은 겨우 진압되었지만, 이후 개경파 문벌귀족이 모든 권력을 차지했다. 의종이 물려받은 것은 바로 그런 나라였고, 즉위 과정도 순탄하지는 않았다.

이자겸의 난이 진압된 뒤, 인종은 이모이기도 했던 두 왕비를 폐출했다. 그리고 임원애의 딸에게 새장가를 들어 아들을 다섯이나 두고 큰아들 현(睍)을 태자로 삼았는데, 그가 바로 훗날의 의종이다. 그런데 인종과 왕비는 둘째 아들을 더 사랑해서 태자를 갈아 치우려고 했다. 그러나 태자의 스승 정습명(鄭襲明)이 애써 옹호했기에 태자는 폐해지지 않았고, 인종이 승하한 뒤 19세의 나이로 고려의 왕이 되었다.

부모에게 사랑받지 못했던 과거 때문인지 의종은 굉장히 울화가 많은 사람이었다. 왕이 되고 난 이후 친어머니에게 그간의 섭섭했던 심정을 토로했고, 동생 주변 사람들이 역모를 벌였다며 차례차례 처형하거나 귀양 보냈다.

반대로 총애하는 신하들은 지나칠 정도로 편애했는데, 그 대표적인 예가 의종을 어렸을 때부터 돌본 환관 정함이었다. 둘째 동생을 훨씬 예뻐했던 어머니에의 반발 심리였는지, 의종은 유모를 많이 따랐는데, 마찬가지로 자신을 어릴 때부터 돌봐주었던 환관 정함에게도(정함은 유모의 남편이었다) 많은 애정을 쏟았다. 의종의 총애를 받은 정함은 고려 역사상 최초로 환관이면서도 왕의 측근인 내시(內侍)가 된 인물이다.

의종 5년의 일이다. 의종은 자신의 왕비 왕 씨를 홍덕궁주(興德宮主)로 봉하고 이를 축하하는 잔치를 열었다. 왕비를 궁주라고 하다니 신기하게 들릴 수도 있겠지만, 왕의 비들을 중전과 빈으로 부른 것은 조선 시대의 일이었다. 여하튼 왕비의 잔칫날이니 궁궐 안의 대소 신료가 모여 웃고 떠들며 즐겁게 지냈다. 그런데 이날 참여한 정함은 코뿔소 뿔을 얇게 잘라 붙인 허리띠[犀帶]를 하고 있었는데, 서대는 왕이나 문반 5품 이상 신료나 할 수 있었던 고급품이었다. 당시 옷과 장신구는 신분과 관직, 곧 사회 질서의 상징이었기에 신분에 맞게 해야 했다. 그 자리의 관리들이 정함의 허리띠를 빼앗은 것도 그래서였다. 하지만 이걸 본 의종은 화를 내며 잔치를 중단하고, 당장 자신의 허리띠를 풀어 정함에게 하사했다. 더구나 허리띠를 빼앗은 사람들에게는 귀양을 보내는 중벌까지 내렸다.

작은 사건이지만 의종의 인간됨을 속속들이 보여 준다. 흥겨워지는 잔치에 찬물을 끼얹고 신하들이 보는 앞에서 자기 허리띠를 풀어 환관에게 선물하는 임금의 모습이라니. 국가 지도자이자 법과 제도의 수호자인 왕이 규정을 깨부순 것이다. 그래도 여기까지는 의종이 자신의 보부(保夫)에게 신분을 넘나드는 깊은 애정을 보였다고 좋게 해석해 줄 수도 있겠다. 하지만 사건은 여기서 끝나지 않았고, 이후로도 정함에게 높은 벼슬을 주려는 의종과 반대하는 신하들은 치열하게 싸웠다. 무려 3년 동안이나 신하들은 정함의 승진 문서에 서명하지 않으며 버텼다.

"경들이 짐의 말을 듣지 않으니, 짐은 먹는 것이 달지 않고 잠자리가 편하지 않다."

의종이 반대하는 신하들에게 한 말이었다. 여기까지는 그나마 신하들의 동정심을 자극하는 하소연 같지만, 바로 다음에는 무시무시한 협박이 이어졌다.

"이는 실로 신하로서 임금을 사랑하는 도리가 아니다. 만약 서명하지 않는다면 너희들을 모두 죽여 젓[醢]을 담글 것이다."

죄를 저지른 신하를 죽이고 살을 저며서 소금을 뿌려 젓갈로 만드는 것은 먼 옛날 중국에서 반역자에게나 한 일이었다. 그러니까 고작 왕이 총애하는 신하에게 벼슬 주는 것을 반대했다고 내릴 만한 벌은 아니다.

신하들은 왜 정함의 임용에 반대했을까? 그야 정함이 환관, 그러니까 신체의 결함을 가진 낮은 신분의 사람이어서였을 것이다. 하지만 의종도 잘한 것은 없었다. 신분은 천하더라도 뛰어난 능력을 가졌던 장영실 같은 인재였다면 차라리 핑계가 됐겠지만, 정함은 전혀 그렇지 않았다. "내가 아기였을 때 고생하며 돌봐 줬으니까!"가 승진의 이유였다.

정함에게도 문제가 있었다. 그에게 눈치가 있었다면, 애초에 많은 사람의 눈이 있는 잔칫날에 말썽이 될 허리띠를 하고 나오지 않았으리라. 자기를 위해서가 아니라 그렇게 사랑해서 키웠던 왕을 위해서라도 말이다. 하지만 정함이 능력을 발휘한 일이라곤 허리띠를 자랑하는 일과 부정 축재를 해서 분수 넘치는 사치를 부리는 정도였다. 고작 저런 인물을 위해 신하들과 3년을 싸운 의종은 참으로 한심한 왕이었다. 더 큰 문제는 의종에게는 이렇게 문제 가득한 총신들이 더 있었다.

의종은 환관뿐만 아니라 각양각색의 특이한 사람들을 골라 측근으로 삼았다. 피리를 잘 불어서 왕의 눈에 든 이홍승이나 시일을 앞당겨서 별궁을 세운 박희준, 지나가던 물새를 보고 상서로운 검은 학이 나타났다면서 왕을 칭찬하는 시를 지어 바쳤다가 그 자리에서 국자감박사로 임명된 황문장도 있었다. 정함은 어릴 때 돌봐준 인연이라도 있었지만, 다른 사람들은 그냥 왕의 기분에 따라 파격적으로 총애를 받았다.

이들 낙하산 총신들은 벼락같이 출세했지만 가진 재주는 어설펐고, 지위에 걸맞은 상식과 개념을 가지지도 못했다. 바꿔 말하면 왕의 총애 말고는 아무것도 없는 천둥벌거숭이였다는 것이다. 다른 신하들은 계속 이들의 자질을 문제 삼았고, 총신들이 기댈 것은 오로지 왕의 마음뿐이었다. 그러니 총신들은 의종에게 과잉 충성을 바쳤고, 그 방법은 나날이 추잡해졌다. 정함은 의종의 동생이 역모를 꾸몄다고 밀고해서 정국을 발칵 뒤집었고, 여기에 휘말린 많은 사람이 죽었다. 또 다른 총신이었던 영의는 왕의 수명을 연장한다며 기도하거나 왕족의 집을 빼앗아 별궁을 짓게 했다. 그 외에도 값비싼 보물들을 모아 바치거나, 왕의 모습을 본뜬 불상을 여러 개 만들었고, 왕을 위해 재앙을 물리치는 법회를 열었다. 왕이 좋아하는 음악을 피리로 연주하는 재롱을 부리기도 했다. 이처럼 총신들은 필사적으로 예쁜 짓을 했으니, 의종의 말 한마디면 산 절벽 중턱에 피어 있는 꽃이라도 꺾어 왔으리라. 총신들은 그 와중에 자신들에게 주어진 권력을 이용해서 수많은 재물을 긁어모으기도 했다.

이렇게 과잉 충성과 뇌물이 꼬리에 꼬리를 무는 동안 그 폐해는 고스란히 백성 몫으로 돌아갔다. 의종은 이런 사정을 전혀 몰랐을까? 그는 오히려 신하들이 자신을 위한다고 기뻐하며 권장했다.

남은 것은 난장판이다. 의종의 총신들은 오로지 남을 모함하거나 왕에게 아부하는 것만 잘했고, 자기들끼리는 음습하고도 유치한 총애 다툼만 거듭했다. 덕분에 《고려사》〈열전〉에 실린 의종 때 인물 대부분이 간신으로 남았다.

의종은 좋아하는 사람에게는 잘해 줬지만, 그렇지 않은 사람에게는 혹독하고 잔인했다. 어머니를 원망하거나 동생을 귀양 보내 죽인 것쯤은 맺힌 게 있었거니 이해하려 해도, 스승을 대접할 때 그의 배은망덕은 가장 눈부시게 빛났다.

앞서 말했듯 정습명은 태자 시절의 의종을 폐위 위기에서 구해 준 은인이었다. 하지만 의종은 왕이 되기 전부터 잔소리하는 스승보다는 듣기 좋은 말을 해 주는 아부꾼을 총애했고, 그 아부꾼들은 쉴 새 없이 정습명을 모함했다. 결국 정습명은 병이 들어 관직에서 물러난 뒤, 스스로 죽음을 택했다. 일부러 치료하지 않았다고도 하고, 독약을 먹었다고도 한다.

"정습명이 살아 있다면 내가 어찌 여기에 올 수 있었겠느냐?"

정습명이 죽은 뒤, 말을 직접 타고 놀러 나간 의종이 한 말이었다. 얼마나 기가 막히면 고려의 사람들도 기억해서 역사서에 적어 두었을까.

결국 의종은 좋고 싫은 게 극명했고, 내키는 대로 사람을 대하는 제멋대로의 사람이었다. 그리고 모자란 총신들만 아끼고, 나라를 걱정하는 신하들을 찬밥 신세로 만들었다. 대체 왜 그랬을까?

그런데 어쩌면 그게 의종의 의도가 아니었을까. 능력도 없고, 가문도 없고, 그저 별난 재주 하나만 가진 무지렁이를 뽑아 권력을 주고 관직을 내린다. 별것 없었던 총신들은 하늘에서 떨어진 횡재에 깜짝 놀라고 이런 은혜를 내린 왕의 발이라도 핥을 듯이 굽실댄다. 그야말로 권력자만이 할 수 있는 '사람으로 하는 인형 놀이'이다. 의종의 불안했던 즉위 과정을 생각하면, 의종은 이런 방법으로 자신이 왕이라는 것을 확인했던 것일지도 모른다.

재주 많은 임금의 문제

　이제까지 내내 의종을 부정적으로 이야기했지만, 한 가지 놀라운 반전이 있다. 의종은 문무를 겸비한 능력자였다.《고려사》를 읽다 보면, 의종의 뛰어난 재주를 확인할 수 있다.

　의종은 문학적 재능이 상당히 뛰어나서, 붓을 잡으면 그 자리에서 시를 척척 썼다고 한다. 그는 무신의 난이 일어나기 직전까지 나라 이곳저곳을 놀러 다니면서 풍경이 좋다 싶으면 행차를 멈추고 총신들과 함께 술을 마시고 시를 읊었다. 가뭄이 들자 붓을 잡고 단숨에 비를 기원하는 시를 지어 보이기도 했고, 심지어 꿈속에서도 시를 지었다며 신하들에게 자랑하기까지 했다. 마찬가지로 시를 잘 짓는 신하들을 총애해서 의종이 말년에 대동하고 다녔던 총신들은 모두 시에 한가락 하는 사람들이었다. 이를테면 대장군의 뺨을 때려 무신의 난의 계기를 마련했던 한뢰도 시 잘 짓기로 유명한 당대의 문인이었다.

　의종은 자신의 글솜씨에 상당한 자부심이 있었던 모양이다. 그래서 총신인 내시 황문장을 시켜서 자신을 '태평세월에 글을 좋아하는 임금[大平好文之主]'으로 칭찬하는 글을 지어 올리게 한 일도 있다.

　그런데 본격적으로 시를 지은 건 나이가 든 다음이었고, 젊은 의종은 스포츠맨이었다. 의종이 특히 좋아했던 운동은 격구였다. 의종은 즉위 초기에 격구놀이에 푹 빠져서 사흘 내내 관람했는데, 구경하는 데 그치지 않고 직접 경기에 참여했다. 왕의 끊임없는 격구 행각에 대간이 간언하자 의종은 앞으로 격구를 하지 않겠다고 약속하고는 구장(毬杖) 그러니까 스틱을 어사대에 보냈다. 그러면서 마지막으로 한 번만 놀겠다며 북원에 나와 공을 쳤는데, '따를 자가 없을 만큼' 뛰어났다고 한다.

게다가 의종은 수박희도 좋아했다. 그의 몰락을 부른 무신의 난도 수박희가 발단이었고, 후에 의종을 살해한 이의민도 수박희를 잘해서 왕의 눈에 들었던 인물이었다. 한때의 총신이 왕의 살해자가 되다니, 이런 것이야말로 역사의 아이러니일 것이다.

정리하자면 의종은 글도 잘 짓고 체육도 잘했다. 그렇다면 유능한 왕이 될 수도 있었다. 그런데 어째서 무신의 난이 벌어지고 자신은 죽임당했을까? 뛰어난 재능을 가진 왕이 좋은 나라를 꾸리는 게 아닌가? 그럼 이유를 살펴보자. 의종은 본인이 잘나다 보니 자신에 대한 자부심이 대단했다. 그 결과는 잘난 척으로 이어졌고, 그중 하나가 '태평세월에 글을 좋아하는 임금'이라는 말이었다.

솔직히 의종의 행적을 쫓다 보면 한심하다. 다 큰 어른이, 게다가 임금이 신하들 앞에서 장기자랑을 하고 있다니 말이다. 나름 정제된 역사서에서조차 이렇게 되어 있으니 당시 고려 조정에서 실시간으로 왕의 자랑을 받아 주어야 했던 신하의 고통은 짐작만 할 따름이다.

어떻게 저렇게 미성숙한 인물이 나라의 왕이 될 수 있었나.

이쯤 되면 능력이 있고 없고는 왕에게 그리 중요한 조건은 아닐 수도 있다. 왕의 유능함과 신하의 유능함은 틀림없이 다르다. 초패왕 항우와 한고조 유방이 그랬던 것처럼, 아무리 뛰어난 왕이라도 혼자서 나라를 다스릴 수 없다. 마찬가지로 모든 분야에서 뛰어날 수도 없고, 모든 일을 다 잘할 수도 없다. 뛰어나지 않아도 된다. 그 분야의 일을 가장 잘할 수 있는 전문가를 발탁해서 맡기면 되니까. 그래서 왕은 충성과 능력을 갖춘 신하를 고르고, 이들이 효율적으로 일할 수 있는 체제를 마련하며, 가장 필요한 곳에 배치하여 나라를 굴린다. 그것이 왕이 꼭 해야 할 일이고, 왕이 해야 할 모든 것이다.

한때 태산을 뽑을 것 같은 기세를 자랑했던 호걸 항우가 별 볼 일 없는 한량이었던 유방에게 패배한 이유가 여기에 있다. 항우는 무예에도 뛰어나고 출신도 좋았지만, 자존심이 강하고 자신의 힘을 너무 믿었다. 농민 출신이던 유방은 오만방자하고 매몰찬 성격이었지만 자기 한계를 잘 알았고, 자기보다 뛰어난 다른 사람을 들여옴으로써 약점을 보완했다. 그래서 항우는 혼자만의 호걸로 죽었지만, 유방은 제국을 세워 황제까지 되었다.

그런 의미에서 의종의 재능은 결코 왕다운 것은 아니었다. 격구를 아무리 잘한다 해도 격구 채로 나라를 다스릴 수 없다. 그러니 왕에게 가장 필요한 재능은 각각의 재능을 가진 신하를 모두 담을 수 있는 크고 넓은 그릇인지도 모르겠다. 그런데 그건 의종에게 없었다.

대신 의종에게 있는 것은 강렬한 자의식과 고집이었다. 대간들은 끊임없이 의종의 정책에 반대하고, 또 총신들에게 벼슬을 내리는 것을 반대했다. 하지만 의종은 전혀 듣지 않았다. 그가 보기에는 자기보다 능력이 떨어지는 사람들이 떠들어 대는 말들이 가소롭게 느껴졌을 것이다. 하지만 신하들의 의견이 언제나 옳지 않듯이, 왕 역시 모든 일을 잘하리라는 보장도 없다. 의종은 자신의 빼어난 능력에 깊은 자부심을 가지고 아부꾼인 총신들에게 둘러싸여 자신이 실수하거나 잘못을 저질렀을 가능성을 돌아보지 않았다.

그래서 의종이라는 인물을 들여다보면 볼수록 그가 가진 재주는 돼지 목에 진주목걸이를 두른 것처럼 안 어울리고 보기 불편하다. 의종은 자신이 신하들보다 더 잘났다는 상황을 즐겼지, 왕이 진정으로 해야 할 일이 무엇인지를 몰랐다. 이것이야말로 의종의 비뚤어짐이 명백하게 나타나는 증거이기도 하다.

《고려사》 집필진 중의 하나인 김양경(金良鏡)은 의종을 평가하며 이런 말을 남겼다.

왕이 좋아한 것이 처음(격구)과 뒤(시문, 詩文)가 달랐으나, 그 난을 초래한 것은 동일하였다. 그러므로 임금은 좋아하는 것을 삼가지 않을 수 없다.

틀린 말이 아니다. 격구로 무신들을 총애했고, 시문은 문신들을 끌어들여 무신의 불만을 사게 했다. 하지만 취미 생활이 무슨 죄가 있겠는가. 의종이 잘 절제할 수 없었던 게 문제지. 어쩌면 부모가 그를 왕으로 세우려 하지 않은 이유도 여기에 있을 것이다. 노는 걸 좋아했으니 평화로운 시대에 태어났더라면, 아니 왕이 되지 않았더라면 그냥 행복하게 살지 않았을까. 하지만 의종은 난리를 두 번이나 겪은 나라의 임금이었다.

때와 장소를 잘못 만난 것일 수도 있다. 그러나 일단 왕이 된 이상, 의종은 나라와 시대를 책임져야만 했다. 최소한 나쁜 것을 좀 덜 나쁜 수준으로 바꿀 수도 있었으나, 그러는 대신 취미 활동에만 매달렸다. 무신의 난을 온전히 시대의 탓으로만 돌릴 수 없는 이유는 여기에 있다.

아부하는 측근 속에 파묻혀 현실을 보지 않다

재위 내내 의종은 궁궐에 머무르는 대신, 이곳저곳을 끊임없이 돌아다녔다. 법회를 벌이고, 경치가 좋은 곳에서는 잔치를 벌이기도 했다. 이를 보통 의종의 방탕함으로 여기지만, 다르게 보는 의견도 있다. 절박한 현실에서의 도피라는 것이다.

의종이 놓인 상황은 나빴다. 자칫하면 동생에게 태자 자리를 빼앗길 뻔했고, 나라 밖의 사정도 불안했다. 한때 고려가 오랑캐라고 무시했던 금나라는 중국 한가운데를 집어삼키며 기세를 올리고 있었고, 송나라는 무기력했다. 훗날 유라시아 대륙을 휘어잡을 초원의 정복자 칭기즈 칸은 아직 갓난아기로 포대기에 싸여 무럭무럭 자라고 있었다. 이제까지 그리고 앞으로도 국제 사회에서 고려가 기를 펼 날은 없었다.

또 하나의 문제는 의종 자신의 마음가짐이었다. 신하들을 무시하고 총신들을 아꼈지만, 그 이상으로 의종은 모두를 의심하고 불안해했다. 그래서 의종은 신변 문제에 지극히 신경질적이었다. 힘이 센 사람들을 모아 내순검을 만들어 밤낮을 가리지 않고 궁궐을 지키게 했으며, 역모를 두려워했다.

이를테면 이런 일이 있었다. 김부식의 아들 김돈중이 실수로 화살을 어가 근처에 떨어뜨렸다. 의종은 이것을 역모라고 착각하고 범인을 색출하고자 계엄령을 내렸고, 이 와중에 여럿이 죽기까지 했다. 자기 실수를 인정하고 나서지 않은 김돈중도 문제였지만, 날아와 박힌 화살과 떨어진 것은 엄연히 다를 텐데 의종은 너무 신경질적이었다. 게다가 인종은 또 자신을 경호할 내순검이 제대로 일을 못 한다며 가혹하게 처벌했다.

의종의 뿌리 깊은 인간 불신은 신령(新令)에서도 확연히 드러난다. 의종 22년 3월, 왕은 서경에 가서 신령을 반포했다. '새로울 신' 자가 들어간 이름 그대로, 낡은 것을 고치고 새로운 것을 정하겠다는 법이다. 그러면서 의종은 자기가 왕업을 부흥시키고 백성의 고생을 다독이겠다는 포부를 드러냈다. 이것을 발표한 장소는 개경파 문신들의 본거지가 아니라, 불과 수십 년 전 반란이 진압된 이래 반역의 땅이 된 서경이었기에 더욱 의미심장하다. 게다가 신령의 주요 내용은 어처구니가 없었다. 앞으로 음양술을 받들고, 불교를 존중하며, 신선술을 숭상하고 백성을 구휼하겠다는 것이다. 야심만만한 포부에 비하면 그 실체는 참으로 부실했다.

의종은 개경과 유교를 밀어내고, 서경과 불교나 선(仙), 음양술 등을 통해 고려를 쇄신하려고 했던 것 같다. 하지만 내용 없는 개혁이 제대로 될까? 지금이야 유교가 고리타분하고 케케묵은 거라는 선입견이 있지만, 유교는 수천 년 동안 다듬어진 대단히 잘 만들어진 체계이자 철학이었다. 이런 유교를 다른 것으로 바꾸려면 그만큼 치밀한 준비가 필요하다. 결국 의종의 신령 개혁은 마치 시험을 준비하면서 교과서를 읽고 문제집을 풀며 공부하는 대신, 점쟁이를 찾아가서 답안지를 맞춰 달라고 부탁하는 수준이었다. 정석 문제집에 이 세상의 진리가 담겨 있는 것은 아니지만, 사이비 돌팔이에도 답은 없다.

물론 의종에게 깊은 뜻이 있을지도 모른다. 유교가 지배하는 그리고 개경의 문벌귀족이 독점하고 있었던 세상을 어떻게든 바꿔 보려고 했는지도 모른다. 그런데 어쩌다 도술을 받아들일 생각을 하게 되었을까?

게다가 의종이 고려를 개혁하려 했다면 혼자서 할 수 있을 리 없다. 하지만 앞서 말했듯이 의종이 총애했던 신하들은 명문가 출신이 아니었으며, 심지어 여성 무비(無比)처럼 관노 출신도 있었다. 좋은 핏줄이 아니라고 해서 그 사람의 됨됨이나 능력마저 부족하지는 않겠지만, 문제는 의종의 총신들이 영 별 볼 일 없었다는 것이다. 의종이 나쁜 왕이었으니 역사가 나쁘게 기록되었을 가능성을 감안해도, 그들의 능력이 영 별로였다는 것은 이미 말했다.

의종이 얼마나 사람 보는 눈이 없었냐 하면, 무신의 난의 주역도 한때는 의종의 총신들이었다. 의종은 젊어서 격구와 수박희를 좋아했는데, 이것들은 주로 무신들이 하는 놀이 겸 스포츠였다. 이로써 의종에게 총애를 받은 인물이 바로 무신의 난을 일으킨 정중부와 이의민이다. 정중부는 훤칠한 미남자에다 격구를 잘해서, 이의민은 힘이 세고 수박희를 잘해서 각각 왕의 총애를 받았다. 무신의 난의 주역 3인방 중 두 사람이 모두 이런 식으로 왕에게 사랑받았'었'다는 것은 그냥 우연일 리가 없다.

그래서인지 의종이 스포츠에 푹 빠진 것을 단순한 취미가 아니라, 친위부대를 양성하기 위한 것이었다고 보는 의견도 있다. 놀이는 핑계일 뿐이고, 이를 통해 자신의 편을 들어줄 무신을 양성해서 왕권 강화를 도모했다는 것이다.

그런데 의종의 행적을 생각하면 과연 그만큼 깊은 뜻이 있었을까 하는 생각도 든다. 만약 의종이 격구를 통해 친위대를 양성할 생각이었다면, 좀 더 제대로 조직했어야 했다. 그런데 그냥 장정들을 모아놓고 신나게 놀았을 뿐이었다.

게다가 시간이 흐르면서 의종의 취향이 변했다. 격구나 수박희 대신 시를 짓게 된 것이다. 그래서 문학적 소양을 가진 신하들이 의종의 총애를 받게 되었고, 반대로 무신들은 찬밥 신세가 되었다. 사람 취향이 바뀔 수도 있고, 사랑이 옮겨 갈 수도 있다고 말하기엔, 의종의 대우가 너무나도 나빴다. 그래서 왕과 문신들은 온종일 배부르게 먹고 시를 읊으며 노는 동안, 경호를 섰던 무신들은 밥을 굶거나, 심지어 얼어 죽기도 했다. 여기에 더해 문신이나 총신은 무신들을 업신여기다 못해 망신을 주었다. 김돈중은 정중부의 수염을 불태웠고, 한뢰는 나이 든 무신의 뺨을 때리며 비웃었다. 나잇값 못하고 인성이 파탄 난 짓을 한 문신들도 문제지만, 이 책임은 의종에게도 있었다. 예전에 함께 재미있게 놀았던 무신들을 헌신짝처럼 내버리고 함부로 대한 것이다.

하지만 무신들은 마음 없는 인형이 아니라, 원한을 품을 줄 아는 인간이었다. 그래서 무신의 난이 일어났고, 의종이 자신을 지키기 위해 만들었던 내순검은 왕실의 보물들을 앞장서서 털었다. 그뿐만 아니라 정중부와 이고가 왕성을 공격해 태자를 사로잡을 때 동원된 군사들이 내순검이었다. 왕을 가장 가까운 곳에서 모시며 충성을 바쳐야 할 이들이 배신했다는 것이니, 오죽 괴롭혔으면 그랬을까.

신하들에게 증오를 받는 왕이라니. 그런데 의종의 발자취를 떠올리면 그것도 자연스러운 결과이다. 의종은 즉위 이래로 꾸준히 여기저기 놀러 다니고, 별궁과 정자를 짓고 잔치를 벌였다. 불과 수십 년 전 두 번의 난으로 도탄에 빠졌던 나라가 맞나 하는 싶을 정도로 흥겹게 놀았다. 1148년, 의종은 중미정(衆美亭)이라는 화려한 정자를 만들었다. 아름다운 경치를 자랑하는 이곳에서 의종은 배를 타고 신하들과 놀면서 뱃노래를 부르며 즐겁게 지냈다.

그런데 이 정자에는 너무나 슬픈 일화도 함께 전한다. 중미정을 짓는 데 동원된 인부들은 모두 자기가 먹을 것을 싸 와야 했다. 하지만 유난히 가난한 인부가 있었고, 먹을 걸 마련하지 못해 동료의 도시락을 조금씩 얻어먹으며 일했다. 어느 날, 그 가난한 인부의 아내가 먹을 것을 잔뜩 가져와서 남편에게 먹이고 이제까지 신세를 진 동료에게 나눠 주라고 했다. 하지만 인부는 기뻐하기는커녕 아내를 의심했다. 워낙 찢어지게 가난한 살림이라서 당장 하루 먹을 것도 없는데, 아내는 대체 무슨 수로 음식을 가져왔느냐 말이다. 다른 남자와 자고 얻은 게 아닌가? 아니면 남의 것을 훔친 건가? 하지만 아내는 아니라고 했다. 자신의 얼굴이 못생겼으니 어느 남자가 가까이 오겠으며, 성격이 소심한데 어떻게 도둑질을 하겠느냐는 것이다. 그러면서 아내가 두건을 벗자 원래 길었던 머리가 볼품없이 짧아져 있었다. 머리카락을 잘라 팔아 남편을 위한 음식을 마련했던 것이다. 그러자 인부는 목이 메어 더 먹지를 못했고 주변 사람들도 함께 슬퍼했다.

현대 한국인으로서는 분노할 수밖에 없다. 어떻게 밥을 주지 않을 수가 있나. 그런데 생각해 보니 왕을 지키는 무신들과 경호병들마저 끼니를 굶는데, 하물며 인부들에게 제대로 먹을 게 주어졌을 리 없다. 그렇게 완성된 중미정에서 의종은 비단으로 꾸민 배를 타고 술을 마시며 놀았다. 밥을 굶는 백성과 호화롭게 노는 임금. 이제는 슬며시 깨닫게 된다. 이런 왕의 시대라면 끝날 수밖에 없었겠구나.

이 이야기는 그나마 역사서에 기록되었지만, 기록되지 않은 고통스러운 사연은 더 많았으리라. 물론 아무리 뛰어난 왕이라도 백성 모두의 가난과 불행을 해결해 주지는 못한다. 그렇다고 의종처럼 적극적으로 무시하면 왕 자격이 없다. 그래서 《고려사》는 의종의 몰락이 당연한 것이었다고 일침을 놓고 있다.

나라를 다스리는 요체는 용도를 절약하고 백성을 사랑하는 데에 있거늘, 의종은 못과 정자를 많이 만들어 재물을 낭비하고 백성을 괴롭혔으며, 항상 총애하는 자들과 향락만을 일삼고 국정을 돌보지 않는데도 재상과 대간으로서 말하는 자가 하나도 없었으니, 거제(巨濟)로 쫓겨 가게 된 것은 마땅하다.

그리고 마침내 멸망이 찾아왔다.

터져 나온 불만, 무신의 난이 되다

무신의 난, 혹은 정중부의 난은 의종 24년 8월에 벌어졌다. 이즈음 무신들이 의종에게 품은 불만은 이미 하늘을 찌르고 있었는데,

가장 큰 원인은 의종의 지나친 나들이 행각이었다. 《고려사》 곳곳에는 의종을 호종하는 내순검이 과로로 고생했다는 언급이 나온다. 이보다 이전인 19년에는 의종이 보현원으로 행차하는데 날씨가 추워 호위하던 사람이 아홉 명이나 얼어 죽었고, 어느 때는 늦은 밤 2경(10시 즈음)에 행차해서 호종하는 신하들이 길을 잃고 헤매다 넘어지기도 했다.

대체 의종은 왜 그리 돌아다녔을까? 그것은 시를 읊기 좋은 풍경 좋은 곳을 찾아다니며 놀기 위해서였다. 물론 왕이야 수많은 신하가 보살펴 주고, 쉴 새 없이 아부를 떠는 총신들도 있으니 편안하겠지만, 그런 왕을 경호하는 무신들은 고생이 이만저만이 아니었다. 그래서 《고려사》조차도 '피곤에 지친 무신들이 반역의 뜻을 품었다'라고 적고 있다.

그러나 반란은 갑자기 벌어지지 않았다. 이미 무신들은 몇 년 동안 불만이 쌓인 끝에 자기들끼리 뜻을 모으고 있었다. 그 중심에는 정중부와 이의방, 이고가 있었다. 더는 못 참겠다 뒤엎어 버리자. 그래도 마지막 충성심이었는지, 아니면 자제력이었는지 정중부는 다른 무신들인 이의방, 이고에게 말했다. 만약 왕이 그냥 궁전으로 돌아가면 꾹 참고, 보현원으로 가게 되면 난을 일으키자고. 보현원은 개성의 남쪽에 있는 사찰로, 의종은 이곳을 놀이판으로 삼았다. 그런데 왜 하필 보현원이었을까. 보현원에 가기 직전, 의종은 흥왕사에 있었다. 흥왕사도 사찰이었는데 의종은 이곳 역시 놀이 코스의 하나로 삼았다. 즉 이미 신나게 놀았는데 더 놀겠다고 보현원까지 꾸역꾸역 찾아갔다는 말이다. 신하와 백성의 고생은 돌아보지 않고 자기 욕망에 충실했다. 그러니까 폭군이지만. 그래도 정중부는 마지막 조건을 달았다. 만약 그냥 궁궐로 돌아가면 반란은 일으키지 않겠다고.

그리고 역사는 필연으로 흘렀으니, 의종은 궁궐로 돌아가는 대신 보현원으로 갔고, 그러면서 오병수박희 대회를 벌였다. 의종도 그래도 눈치라는 게 조금은 달려 있었는지, 보현원에 가려던 중에 잠깐 멈추고(안 간다는 선택지는 없었다) 무신들을 시켜 오병수박희 시합을 벌였다. 잘하는 사람에게 상을 내려 불만을 풀어 주겠다는 이유였다. 차라리 무신의 불편한 근무 환경을 개선해 주었으면 될 일을, 의종은 자신의 취미 생활, 태평성대의 임금 놀이를 포기할 수 없었던 모양이다. 그리고 이 대회에서 무신의 난의 발단이 된 유명한 사건이 벌어졌다.

내막은 이렇다. 한참 수박희 와중 대장군 이소응(李紹膺)도 참여했다. 무신 중에서 가장 높은 직위에 있던 그는 이미 환갑이 넘은 나이였고, 젊은이들과 수박희 대결을 하다가 그만 상대에게 졌다. 그러자 왕의 총신이자 문신이었던 한뢰가 갑자기 달려들어 이소응의 뺨을 때리며 비웃었다. 다른 문신들도 이소응에게 욕설을 퍼부었다. 그런데 이 모습을 구경하던 왕과 신하들은 손뼉을 치며 박장대소를 했다. 웃은 사람들은 문신뿐이었고, 당연하게도 무신들은 화를 냈다. 이소응은 무신이라도 대장군이면 3품 벼슬이며, 5품인 한뢰보다 높은, 무신들에게 존경받는 원로였다.

정중부는 화를 내며 대장군에게 무슨 짓이냐고 외쳤고, 삽시간에 분위기는 험악해졌다. 이래서야 원래 목적인 무신들의 불만을 풀기는커녕, 불에 기름을 부은 형국이었다. 그제야 의종은 부랴부랴 나서서 정중부의 손을 잡고 위로하며 화해시켰지만, 한뢰를 처벌하지는 않았다. 당연히 무신들의 마음은 완전히 돌아섰다. 이미 이고는 분개하며 칼을 뽑아들었지만, 정중부의 만류로 그 순간만은 참았다.

그날 저녁, 정중부와 이고 등등 무신들은 왕의 행렬을 습격해 의종을 포로로 잡았다. 그리고 모든 사태의 도화선이 된 한뢰는 의종의 침소에 숨어들어 왕의 옷자락을 붙잡고 늘어졌다. 하지만 의종은 언젠가처럼 허리띠를 풀어 주지는 못했다. 한뢰는 결국 끌려나가 무신들의 칼에 죽었으니, 어설픈 광대의 마지막이었다.

그런데 한뢰는 왜 그런 짓을 했을까.《고려사》는 한뢰가 무신들이 왕의 총애를 얻을 게 두려운 나머지 이소응의 뺨을 때렸다고 적었다. 다른 문신인 김돈중도 똑같은 이유로 정중부의 수염을 불태웠다가 두들겨 맞았다. 그런데 김돈중의 아버지 김부식은 아들을 야단치는 대신, 정중부를 처벌하겠다며 펄펄 뛰었다. 아무리 훌륭했던 위인이라도 자식 농사가 신통치 않은 예는 꽤 많이 찾아볼 수 있는데, 뻔한 잘못을 저지른 아들을 야단치는 대신 상대방을 잡으려 했다는 데서 당시 썩어 빠진 문신들의 수준을 대번에 알 수 있다.

여기엔 의종도 한몫했다. 의종이 직접 이소응의 뺨을 때린 건 아니지만, 이제까지의 고생스러운 상황, 총신들이 남들을 우습게 보는 환경 그리고 사고가 터졌을 때 제대로 수습하지 않고 대충 무마한 것

등등은 모조리 의종이 만들어 낸 결과물이었다.

"문신의 관을 쓴 자는 비록 서리(胥吏, 하급 문신)라도 씨를 남기지 말게 하라."

무신들의 분노는 이미 극에 달했다. 많은 사람이 죽었다. 문신도, 환관도 그리고 상황을 파악하지 못하고 엉겁결에 말려든 무신들도 죽었다.

특이한 것은 무신의 난은 철저하게 준비된 쿠데타가 아니라 돌발 상황에 가까웠다는 것이다. 주동자였던 정중부와 이고는 자기편과 적을 구분할 방법으로 옷의 오른쪽 어깨를 벗어젖히고 쓰고 있던 복두(㡤頭)를 벗는 것으로 표시하자고 약속했다. 하지만 이 사실이 잘 전달이 되지 않았던지 많은 무신이 복두를 쓴 채 죽었다고 한다.

어쨌든 문신들이 가장 많이 죽었고, 반란의 현장에서 죽임당한 시체는 산처럼 쌓였다. 그리고 제대로 장례도 치러지지 못한 채 의종이 즐겨 놀던 연못으로 던져졌다. 그래서 연못에 조정침(朝廷沈)이라는 새로운 이름이 붙여졌으니, 나라의 조정이 물속으로 가라앉았다는 뜻이다.

의종은 어떻게 되었을까? 죽지는 않았다. 그리고 왕이었다, 아직까지는. 눈앞에서 벌어진 참극에 의종은 겁에 질려 반란을 일으킨 무신들에게 칼을 내렸다. 이는 이제부터 왕의 뜻이 무신과 함께한다는 뜻이었고, 이 칼로 누구를 죽여도 처벌하지 않겠다는 말이다. 더욱 기고만장해진 무신들은 어검(御劍)을 휘둘러 많은 문신을 죽였다.

사태가 진정되기는커녕 심각해지자, 더 겁에 질린 의종은 정중부를 불러 제발 어떻게든 해 달라고 애걸했지만, 정중부는 노골적으로 왕을 무시하며 건성으로 대했다. 이제까지 신하를 무시하며 자기 멋대로 놀아났던 왕은 껍데기만 남아 있었다. 오래 쌓인 원한은 쉽게 풀리지 않았고, 혼란은 계속되었다. 무신들은 의종을 거제도로 추방했고, 그의 셋째 동생 익양후를 다음 왕인 명종으로 세웠다. 중국의 금나라에는 의종의 병이 위중해서 왕위를 동생에게 넘겼다는 날조한 국서를 보냈다. 그리고 문신이 없어진 자리에 자신들이 들어앉았다.

　지금도 거제도 둔덕면 우두봉의 중턱에는 둘레가 겨우 500미터 남짓한 작은 성이 있다. 이곳의 이름은 폐왕성(廢王城)으로, 이름 그대로 폐해진 왕의 성이다. 거제도로 귀양 온 의종이 3년간 머물렀던 곳이라고 한다. 근래에는 이곳에서 물을 저장해 놓았던 곳이 발굴되었고, 섬 일대에는 왕을 모시기 위해 따라왔던 고려 귀족들의 무덤이 발견되었다. 이걸 보면 귀양이라곤 해도 시중을 드는 사람들은 그나마 있었던 것 같다.

　폐왕성에서 의종이 어떤 나날을 보냈는지는 기록이 없지만, 이전처럼 시를 짓고 놀면서 흥청망청 즐거운 시간은 아니었을 것이다. 명색이 왕이었으니 자존심이 강했던 의종으로서는 견디기 힘든 나날이었을 것이다. 게다가 아들도 귀양 가고 손자는 참살당하는 인간적인 비극도 있었다. 그래도 이 외로운 섬의 작은 성에서 살다 죽는 게 차라리 그에게는 나았을지도 모른다.

무신의 난으로부터 3년 후인 1173년 김보당의 난이 벌어졌다. 김보당은 문신이었지만 이전부터 의종을 비판했던 사람이었고, 무신의 난이 벌어진 뒤로도 죽임당하지 않고 오히려 벼슬자리에 머물러 있었다. 하지만 결국엔 지방으로 내려가서 반란을 도모했다. 김보당이 반란을 일으킨 이유는 무엇일까. 권력을 잡은 정중부가 온갖 높은 관직을 겸직하면서 위세를 떨다가 망가진 것을 보면 답이 없다고 생각했으리라.

그런데 김보당은 경주를 근거지로 난을 일으켰고, 거제도에 유폐된 의종을 경주로 데려왔다. 의종을 복위시키겠다는 명분이었는데 대체 무슨 생각이었을까. 과거 김보당은 의종의 결정을 비판한 적도 있었지만 그래도 무신들의 세상보다 낫다고 생각한 걸까?

개경의 무신 정권은 반란의 토벌을 위해 이의민을 파견했다. 이의민은 원래 수박희 솜씨 하나만으로 왕의 눈에 들었고, 무신의 난이 벌어지자 '사람을 너무 많이 죽여서' 그 공로로 대장군까지 된 인물이었다. 그런데 이의민이 군사를 이끌고 경주에 도착하자마자 재빠르게 반란군의 내실을 실토한 사람이 있었다. 그는 반란을 벌인 김보당을 비롯한 수뇌부를 넘기는 대신 다른 사람들을 해치지 말아 달라는 조건을 걸었다.

이의민이 이를 받아들였고, 반란은 순식간에 진압되었다. 반란의 주역들은 줄줄이 처형되었으며 의종은 다시 포로로 잡혔다. 역적들이 죽고 무신들의 평화가 찾아왔으니 이제 의종의 처리가 문제로 남았다. 다시 거제도로 보낼 것인가? 하지만 이미 반란군과 손을 잡고

뭍으로 나온 옛 왕이었다. 언제 또다시 반란에 참여할지 모른다. 이번에는 반란을 진압했지만, 다음에도 그런다는 법은 없었다.

의종에게는 참으로 불행하게도, 이의민은 현명한 인물이 아니었다. 소금장수와 관노 사이에서 태어난 천한 신분이었던 그는 장군이 된 이후에도 힘자랑한다면서 기둥을 쳐서 서까래를 뒤흔들었다. 그런 이의민은 자신이 하는 일이 어떤 파급 효과를 가져올지, 전체적이고 종합적인 고려를 하지 않았다.

10월 초하루, 이의민은 포로인 의종을 끌어내어 경주 곤원사(坤元寺) 북쪽 연못가로 데려갔다. 지금 곤원사는 무너져서 터만 남아 있지만, 신라 때부터 있었던 유서 깊은 사찰이었다. 이의민은 술상을 차리고 한때 왕으로 섬겼던 의종에게 술을 건넸다. 불과 몇 년 전만 해도 한 사람은 왕이었고 다른 한 사람은 신하였거늘, 이제 그 상황이 완전히 바뀐 셈이다. 두어 잔의 술이 목으로 넘어갔고, 이의민은 의종을 일으켜 안았다. 감격의 포옹은 아니었다. 천하장사로 이름난 이의민은 의종의 허리를 반으로 접었다. 등뼈가 부러지고 척추가 꺾였다. 맨주먹으로 기둥을 쳐도 서까래가 흔들린다는 솥뚜껑 같은 손이 닿는 곳마다 툭툭 뼈 으스러지는 소리가 났다. 그리고 품 안에서 죽어 가는 왕을 보며 크게 웃음을 터뜨렸다. 의종의 마지막 비명도 그 안에 묻혔으리라. 의종은 그렇게 옛 총신의 손에서, 온몸이 으깨져 죽어 갔다. 명색이 역사서인 《고려사》인데도 죽음의 순간을 이렇게까지 섬뜩하게 묘사했다.

의종의 장례 역시 제대로 치러지지 않았다. 한때 왕이었던 시체는 이불에 말려 독에 넣어진 채 연못에 던져졌다. 연못이라곤 해도 독이 푹 잠길 만큼 꽤 깊고 넓었던 모양이다. 그다음에 벌어진 일은 더 황당하다. 곤원사의 승려 중에서 수영을 잘하는 사람이 연못 안에 들어가서 독만 가져가고 시체는 버렸다고 한다. 그래도 왕이었는데, 왕보다도 흙으로 만든 독이 더 귀중했다는 말이니까. 그렇게 의종의 시체는 두 번이나 버려졌고, 결국 왕의 관리였던 몇몇 사람들이 남몰래 관을 만들어 의종의 시신을 넣고 냇가에 묻었다. 그 사실이 알려지면 무신들에게 해코지당할까 두려웠기 때문에 비밀로 했다.

죽어서야 진정한 왕이 되다

아이러니하지만 살아서 별 힘을 못 쓰다가 죽어서야 제 가치를 발휘하는 일이 있다. 살아 있을 적에는 푸대접을 받았던 고흐의 그림이 이제는 최고의 가치를 인정받고 박물관에 걸려 있는 것처럼 말이다. 상황이 다르긴 하지만, 의종 역시 죽어서 왕의 대접을 받았다.

이의민이 의종을 처참하게 살해한 일은 당연하게도 고려 전체에 큰 충격을 가져다주었다. 의종이 아무리 못난 왕이었어도 신하가 왕을, 그것도 처참하게 죽였다. 그러자 갑자기 죽은 의종의 주가가 올라가는 기묘한 현상이 벌어졌다. 게다가 이의민을 싫어하는 사람에게는 의종의 죽음이 그를 공격할 수 있는 가장 훌륭한 빌미가 되었다.

무엇보다 무신의 난의 주역들은 의종을 제거한 뒤 자신들의 욕심만 채웠지, 그리 좋은 세상을 만들어 내지 못했고 딱히 관심도 없었다. 그래서 정중부를 제거하고 무신 정권의 다음 권력자가 된 경대승은 사람들이 축하하자 "왕을 죽인 역적(이의민)이 살아 있는데 어떻게 축하를 받느냐."라며 사양하기도 했다. 정작 의종을 왕 자리에서 몰아낸 것은 무신들이었으니, 이의민을 비난하는 것은 '눈 가리고 아웅' 하는 격이었다. 하지만 이렇게 이의민에게 모든 잘못을 넘기고 자신을 '역적을 토벌하는' 충신으로 포장한 것이다. 이후 이의민은 재기에 성공해 스스로 왕이 되겠다는 야망까지 품었지만, 마침내 최충헌 형제들에게 토벌되었다. 다음으로 이어진 최씨 무신 정권은 자신들은 이의민 같은 역적이 아니고 왕을 보필한다는 명분을 내세웠다.

그리고 의종이 죽은 뒤로 하나의 원칙이 생겼으니, 왕을 죽이면 안된다는 것이다. 최씨 무신 정권은 왕을 여러 번 갈아 치웠지만, 왕을 죽이거나 스스로 왕이 되지는 않았다. 비록 최씨 무신 정권이 왕을 능가하는 권세를 누렸지만, 고려의 왕은 여전히 왕씨였고 나라의 명맥은 이어졌다. 그래도 고려의 왕실은 열심히 힘을 모아 무신 정권을 끝낸다. 그 와중 몽골에 힘을 빌려 더 나쁜 상황이 되었지만, 그것은 나중의 이야기이다.

의종이 폐위된 이래, 고려는 수십 년 동안 지독하게 혼란스러웠다. 무신의 욕심은 문신과 다를 바 없었고, 그들은 백성의 땅과 집을 마구 빼앗으며 자기들끼리 권력다툼을 벌여 서로 죽고 죽였다. 이것이 최씨 무신 정권이 들어서서 진정됐으나, 그렇다고 그 시대가 좋은 정치를 벌인 것도 아니었다. 고려는 잘못된 정치와 외국과의 전쟁에 시달렸고 백성이 사는 게 편안할 리 없었다.

이게 전부 의종의 잘못이었을까? 그는 고려의 왕이었다. 어려운 시기에 고난을 겪고 왕이 되었다. 왕은 나라를 다스리고 관리하며, 안정과 번영을 이루어야 할 책임이 있다. 설령 어떤 상황에서라도 말이다. 이는 동서고금을 막론하고 모든 지도자의 덕목이 아니겠는가. 그런데 의종은 그렇게 하지 않았다.

의종은 자기에게 주어진 힘을 써서 자기가 싫어하는 사람을 푸대접하고, 맘에 드는 사람에게는 마구 특혜를 내렸다. 그 결과, 신하들은 서로 힘을 합치는 대신 경쟁하며 물어뜯고 싸웠으며, 의종은 신하들이 싸우는 동안 궁궐을 떠나 이곳저곳을 놀러 다녔고, 내실 없는 개혁을 시도했다. 그 결과 자신은 비참하게 죽어 버려졌고, 나라는 수백 년간 혼란에 휩싸였다.

죽기 직전 의종은 무슨 생각을 했을까? 자신을 왕으로 만들어 주었지만, 자신이 배신한 스승 정습명을 생각했을까? 자신이 한 일을 후회했을까? 하지만 모든 것이 너무 늦은 다음이었다.

역사 속 몰락한 왕 2

고려 공민왕

아무도 신뢰하지 않았던 개혁 군주

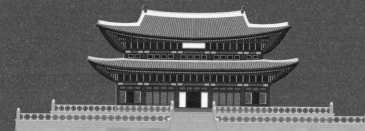

고려 제27대 왕 충숙왕
忠肅王, 재위 1313~1330, 1332~1339년

17년 · 충숙왕과 명덕태후의 둘째 아들로 공민왕 출생(강릉대군에 봉해짐)

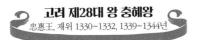

고려 제28대 왕 충혜왕
忠惠王, 재위 1330~1332, 1339~1344년

복위 2년 · 강릉대군, 원나라로 보내짐.
복위 5년 · 충혜왕, 사망

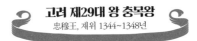

고려 제29대 왕 충목왕
忠穆王, 재위 1344~1348년

4년 · 12세의 나이로 사망. 원나라는 공민왕을 다음 고려 왕으로 결정
했으나, 그 결정을 번복하고 충혜왕의 서자를 충정왕으로 세움.

고려 제30대 왕 충정왕
忠定王, 재위 1349~1351년

1년 · 강릉대군, 노국 대장 공주와 혼인

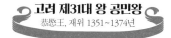

고려 제31대 왕 공민왕

恭愍王, 재위 1351~1374년

즉위년	· 충정왕 퇴출(이듬해 3월에 독살). 공민왕, 노국 공주와 귀국해서 즉위
1년	· 몽골식 변발과 복제를 혁파, 정방 폐지
	· 9월, 조일신의 난 6일 만에 진압
5년	· 5월, 부원파 제거. 정동행성 폐지. 원의 연호 사용 정지
	· 인당을 파견해 쌍성총관부 수복
8년	· 12월, 홍건적의 1차 침입
10년	· 10월, 홍건적의 2차 침입, 개경이 함락되고 공민왕은 안동으로 몽진
11년	· 1월, 총사령관 정세운이 홍건적을 진압
	· 정세운 및 3원수 처형. 김용의 간계 때문이라고 알려짐.
12년	· 흥왕사의 난 발발. 1달 뒤 김용 처형. 기황후, 고려 공격을 도모하나 실패
14년	· 2월, 노국 공주 출산 와중에 사망. 3개월 뒤 신돈 발탁
17년	· 원나라 멸망. 주원장, 명나라 건국
20년	· 공민왕의 친정 시작, 신돈은 실각되고 반역을 도모했다는 이유로 사흘 만에 처형
21년	· 자제위 설치, 각종 난잡한 음행을 벌임.
23년	· 9월 22일, 환관 최만생 및 자제위가 술에 취한 공민왕 암살

공민왕의 천국과 지옥

　고려 제31대 왕인 공민왕은 정말 특별한 사람이다. 그는 고려의 마지막 명군이자 개혁의 상징이었다. 그리고 어쩌면 그의 치세를 마지막으로 고려는 멸망했다. 그가 죽은 이래 고려 왕실은 3대를 더 이어 갔지만, 정말 고려 왕가였는지도 알 수 없다. 공민왕에 이어 즉위한 우왕과 그의 아들 창왕은 공민왕의 후손이 아니라 신돈의 후예라고 의심받았던 것이다. 이 이야기는 꽤 널리 받아들여졌는지, 조선 왕조는 고려사를 정리하면서 우왕과 창왕을 아예 왕이라 부르지 않고 신돈의 성씨를 붙여 신우, 신창으로 격하해서 기록했다. 창왕 다음으로 즉위한 고려의 마지막 왕인 공양왕은 틀림없는 왕씨였지만, 제대로 된 왕이 아니라 조선이 되기 전 잠깐의 '덤'이었다. 공민왕의 죽음과 함께 노쇠한 나라 고려는 잠깐 주춤했던 발걸음에 박차를 더해 멸망을 향해 달려갔다. 그래서 더욱 공민왕에게 연민을 가지게 된다.

　그런데 실제 역사 속 공민왕을 살펴보면 정말 놀랍다. 좋은 것의 극과 나쁜 것의 극을 모두 갖추고 있다. 어떻게 한 사람이 이렇게 천국과 지옥을 함께 가지고 있을까 싶다. 이러니저러니 해도 공민왕은 고려를 원나라의 압제 및 영향력에서 벗어나게 한 개혁 군주였다. 그리고 망해 가던 고려를 어떻게든 되살리려고 노력했던 좋은 임금이었다. 그런데 인생도 얼마나 드라마틱한지 왕자로 태어났지만 어린 나이에 부모와 떨어져서 원나라로 갔고, 왕이 되느니 마느니 하며 조마조마한 나날을 보냈다. 그러다 왕이 되어 고려로 돌아왔다.

개혁 군주 공민왕의 신화는 귀국하는 순간부터 시작되었다. 어린 시절부터 원나라에서 살았던(혈통에 몽골의 피도 섞여 있었다) 공민왕은 귀국하던 당시 몽골식 머리와 옷차림을 하고 있었다. 그런데 한 신하가 "당신은 고려의 사람이니 고려의 옷을 입으라" 하고 권하자, 공민왕은 기뻐하며 그렇게 했다. 그리고 친원파 기황후 세력과 싸우며 고려의 자주성을 찾으려고 애썼다. 너무나도 유명한 공민왕의 아내 노국 공주는 비록 원나라가 고향이었지만 지아비와 지아비의 나라를 따르기로 했고, 공민왕을 못마땅하게 여기는 신하들이 자객을 보내자 공주는 남편의 방문 앞을 온몸으로 감싸 막아서기까지 했다.

그렇게 개혁을 추진한 공민왕은 고려의 오래된 폐해들을 고치는 한편, 쌍성총관부, 동관부 등 원나라가 억지로 빼앗아 갔던 고려의 영토를 힘으로 되찾았고, 그보다 더 귀중한 나라의 자존심을 회복했다. 여기까지는 고려의 마지막 명군 공민왕의 이름이 무색하지 않다.

그런데 그렇게 훌륭했던 공민왕은 어느 순간 다른 사람으로 변했다. 나랏일에 관심을 끊고, 진행하던 정책들을 손바닥 뒤집듯이 갑자기 뒤엎었다. 무엇보다 신하의 목숨을 파리처럼 여겨 마구 죽이기도 했다. 전해지는 바에 따르면, 1365년 사랑하던 아내 노국 공주가 아이를 낳다가 죽은 것이 계기였다. 공민왕은 죽은 노국 공주의 초상을 그리며 3년 동안 밤낮으로 슬퍼했다고 한다. 실제로《고려사》에서도 공민왕은 툭하면 아내의 혼전에 찾아가고, 기일을 챙기고 온갖 수단으로 복을 빌었다. 두 사람이 진심으로 사랑했다면, 사랑하는 아내를 잃은 슬픔이 매우 깊었으리라.

하지만 이어지는 공민왕의 행적은 고개를 갸우뚱하게 한다. 공민왕은 미소년을 모아 자신을 경호하는 부대 자제위(子弟衛)를 만들어 함께 놀았는데, 이때 자신은 여자 옷을 입었다고 한다. 이어서 공민왕은 더욱 무시무시한 짓을 저질렀으니, 자제위를 시켜 자기 왕비들을 강간하게 했다. 그토록 노국 공주를 사랑했던 공민왕이지만, 도통 자식이 생기지 않았기에 비를 들였으니, 혜비 이씨와 익비 한씨, 정비 안씨 그리고 신비 염씨였다. 공민왕이 새로운 여인을 데려오자 노국 공주는 밥을 먹지 않을 정도로 몹시 슬퍼했다고 하며, 새로 들인 왕비 중 누구도 노국 공주만큼 사랑받진 못했다고 한다. 아무튼 다른 왕비들이 당한 일은 그야말로 날벼락이었다. 이 일화는 나라의 역사서인《고려사》에도 적혀 있다. 당연히 왕비들은 차라리 죽는 게 낫겠다고 거부했지만, 공민왕이 직접 칼을 들고 협박을 하니 어쩔 수 없이 숙인 사람도 있었다. 그렇게 익비 한씨는 자제위 중 하나인 홍륜의 아이를 임신했다. 그러자 공민왕은 태어날 아이를 자신의 자식으로 삼으려고 했고, 이 사실을 아는 관련자들을 모두 죽여 입을 막으려 했다. 그러다가 오히려 홍륜 등에게 암살당했다.

그렇게 공민왕은 노국 공주의 곁으로 돌아가 정릉(正陵)에 함께 묻혔지만, 고려의 자주성을 되찾았다는 빛나는 업적과 말년의 미친 짓이 너무나 강렬하게 대조가 된다. 사람이 어떻게 이렇게나 변할 수 있었을까.

또 하나, 공민왕을 이야기할 때는 신돈도 빼놓을 수 없다. 신돈이 과연 요승인지, 새로운 세상을 꿈꾸던 개혁가인지는 아직 논의가 분분하다. 어느 쪽이든 공민왕은 신돈을 발탁해 개혁을 추진하게 했지만, 마침내는 자기 손으로 죽여 버렸다.

더구나 공민왕의 시대에는 피비린내가 자욱한데, 여기엔 신돈의 피만 흐른 게 아니었다. 개혁 군주이면서도 비정한 살인자라니. 전혀 다르게만 보이는 두 개의 모습 중에 무엇이 진짜일까? 어느 쪽이 진짜 공민왕이었을까? 그는 정말로 미친 것일까? 성급하게 답을 내리기보다 원인과 내용을 차근차근 밟아 나가 보자. 조금 멀리 돌아가지만, 이걸 통해 더 많은 것을 보고 더 잘 이해할 수 있을 것이다.

먼저 원 간섭기라고도 불리는 고려 말을 살펴보자. 이 시대를 이야기할 때, 보통 원나라의 내정간섭과 그로 인한 고려의 시련 쪽에 초점이 맞춰진다. 그게 틀린 것은 아니지만, 고려에는 원나라 말고도 여러 가지 문제가 있었다. 나라도 그렇고, 왕도 문제였다. 무신의 난 이래로 고려 왕은 꼭두각시 신세였다. 그러다 원나라의 힘을 빌려 어찌어찌 간신히 무신을 축출했는데, 이제는 원나라의 간섭을 받게 되었다. 그러다 보니 원나라의 명령으로 고려 왕이 바뀌는 사건이 있었고, 어떤 왕은 원나라 내부의 파워게임에 몰두해 나라를 내팽개치기도 했다. 왕이 왕답지 않으니 나라가 제대로 다스려질 리가 없었다.

무엇보다 가장 큰 문제는 고려 왕에게서 나타나는 광기(狂氣)였다. 이 시기의 왕들은 다들 왜 저럴까 싶을 만큼 이상한 행동을 벌였다. 아버지가 아들을 죽인 예(충선왕)는 권력 앞에서 벌어진 비정한 일이었다고 생각할 수도 있겠다. 하지만 부부싸움을 하다가 왕비를 때려 죽였다는 말을 들은 왕(충숙왕)도 있었고, 남의 아내를 마구 뺏다가 아버지의 왕비, 즉 의붓어머니를 겁탈한 왕(충혜왕)도 있었다. 사치를 부리거나 백성을 괴롭힌 수준이 아니라 그냥 이상한 사람들이었다. 나쁜 소문이 부풀려졌을 수도 있지만, 가정폭력이나 근친상간 같은 구체적인 상황이라니 의심이 든다. 어쨌든 왕의 가장 중요한 임무인 통치가 신통하지 않았던 것도 사실이었고, 고려는 차츰 멸망해 갔다.

또 당시 고려 신하들은 나라를 위해 애쓰고 노력하기보다는, 일신의 영달을 욕심내는 사람들로 가득했다. 이렇게 보아도 저렇게 보아도 답이 없는 시대였다.

《고려사》가 조선 시대에 쓰였기에 일부러 나쁘게 썼을 가능성도 있다. 하지만 수십 년의 시간을 적은 고려사의 기록을 읽다 보면, 시대에 드리워진 어두운 그림자가 차츰 짙어지는 것이 느껴진다. 고작 글 몇 줄 덧붙이거나 꾸며 만들 수 없을 만큼 크고 강력하다. 어리석은 왕이 연달아 나오고, 관리들은 타락하며, 여기에 각종 재해까지 겹치고 좋은 일은 하나도 없이 나빠져만 가는 '흐름'을 느낄 수 있다. 이것이야말로 나라가 망할 징조였다. 생각해 보면 신라나 조선이 망하기 직전의 기록도 답답한 것은 매한가지이니, 멸망해 가는 나라의 공통점인 걸까.

저물어 가는 고려가 그래도 마지막으로 빛을 발한 시기가 공민왕의 치세였다. 하지만 그 빛은 어이없을 정도로 순식간에 사라졌다.

처음 반원 운동을 시작한 것도 공민왕이요, 말년의 망가진 행동을 한 것 역시 공민왕이다. 공민왕에게는 개혁이라는 좋은 점, 빛이 너무 중요하게 강조되다 보니, 원래 있었던 결점들을 가려 버렸다. 공민왕이 만들어 낸 지옥은 갑자기 뚝 떨어진 게 아니라 원래 그곳에 있었다. 하지만 빛만을 바라보다 보니, 눈이 부셔서 어둠이 보이지 않는다. 그렇게 되면 공민왕의 진정한 모습을 보기 어려울 것이다. 어째서 공민왕이 그렇게 처참하게 몰락했는지, 왜 고려가 멸망의 마침표를 찍게 되었는지도 말이다.

공민왕의 즉위, 배원 개혁의 시작

공민왕은 충숙왕의 둘째 아들로, 형 충혜왕과는 동복형제였지만 무려 열다섯 살이나 차이가 났다. 왕자 시절에는 강릉대군으로 불렸고, 12세 때 원나라로 보내졌다. 그곳에서 공민왕은 원나라 황태자의 숙위가 되었는데, 이 황태자가 바로 기황후의 아들인 애유식리달랍(愛猷識里達臘)이었다. 그러니까 공민왕과 기황후 사이에 어떤 연결고

리가 있었다고 믿는 것은 바로 이때의 인연 때문이다. 그 외 공민왕의 유년 시절은 알려진 내용이 거의 없다. 원래대로라면 둘째 아들인 공민왕은 왕위를 이어받을 수 없는 처지였다. 하지만 복잡한 사정이 있었다.

공민왕의 형인 28대 충혜왕은 왕 이전에 사람으로서 문제가 많았다. 그의 별명은 발피(撥皮), 건달이라는 뜻이다. 이 별명을 붙인 사람은 바로 아버지 충숙왕이었다. 큰아들 충혜왕이 원나라 옷을, 그것도 아주 사치스럽게 입고 몽골식 인사를 하자 충숙왕은 "너는 부모가 모두 고려 사람인데 그게 뭐니? 왜 그렇게 비싸게 입었니? 당장 갈아입어!"라며 아들을 눈물 쏙 빠지게 야단쳤다. 충숙왕의 어머니는 몽골인 의비 야속진이었지만, 스스로 고려인으로서의 정체성을 가진 모양이다. 그러나 이런 아버지의 훈계도 소용없었다.

충숙왕이 상왕으로 물러난 뒤 충혜왕이 왕이 되었는데, 그가 저지른 악행은 그야말로 역대급이었다. 그는 후궁을 100여 명이나 두었으며, 신하들의 미인으로 소문난 부인과 (강제로) 간통하고 다녀서 성병에 걸릴 지경이었다. 이런 인류을 저버리는 끔찍한 짓을 저질렀으니 백성을 잘 돌볼 리 없었다. 걸핏하면 새로 궁궐을 지었고, 그것도 모자라 궁궐 기둥 아래 어린아이를 죽여 묻는다는 끔찍한 소문이 나돌았다. 자연히 민심도 흉흉해졌다.

너무 사고를 치다 보니 국정 운영이 불가능한 수준이라, 즉위한 지 고작 2년 만에 왕 자리에서 쫓겨났고, 상왕으로 물러나 있던 아버지 충숙왕이 수습차 다시 복위해서 나라를 다스려야 했을 정도였다.

하지만 아버지 충숙왕이 세상을 떠난 뒤, 충혜왕은 다시 왕이 되었다. 왕은 여전히 철이 들기는커녕 제정신도 차리지 못하고 의붓어머니인 경화 공주에게 나쁜 짓을 했고, 그런 덕에 조적의 난이 일어났다. 이렇게 충혜왕의 악행이 계속되자, 간신배조차도 등을 돌리고 원나라에 왕의 잘못을 일러바칠 정도였다. 결국 원나라 관리들이 충혜왕을 체포해서 압송했고, 그가 저지른 잘못은 개에게 먹여도 부족하다며 악양으로 귀양 보냈다. 충혜왕은 그곳에서 돌아오지 못하고 비참하게 죽었다. 이 사건은 원나라가 고려 정치에 간섭한 것이지만, 왕이 저지른 악행이 너무 어마어마하다 보니 오히려 다행이라는 생각이 들 정도다.

문제는 충혜왕이 죽은 다음이었다. 누가 고려의 다음 왕이 되어야 할까? 충혜왕의 자식들이 있었지만, 모두 열 살도 안 된 아이들이었다. 일단 충혜왕의 아들 충목왕은 아홉 살에 어머니의 섭정을 받으며 즉위했는데, 몸이 허약했는지 4년 만에 죽었다. 자식을 두기엔 너무 어린 나이로 죽었기에 또다시 다음 왕을 누구로 삼느냐가 문제가 되었다. 이제 유력한 계승자로 떠오른 것은 충혜왕의 동생이었던 19세의 강릉대군과 충혜왕의 서자였던 11세의 저였다. 고려 정부는 누구를 왕으로 삼아야 하냐고 원나라에 물었는데, 좀 더 나이를 먹은 강릉대군 쪽에 비중이 쏠렸다. 원나라는 강릉대군을 다음 왕으로 결정했고, 대군은 고려로 돌아갈 채비를 했다. 하지만 갑작스레 결정이 바뀌어서 저가 충정왕으로 즉위했다. 강릉대군, 곧 훗날의 공민왕은 그렇게 하루아침에 끈 떨어진 연 신세가 되었다.

그로부터 3년이 지난 1351년 10월, 원나라는 충정왕을 폐하고 공민왕을 고려 왕으로 삼았다. 충정왕이 아직 어리나 폭군의 기질이 여실하게 보였다는 이야기도 있고, 내우외환이 계속되는 고려를 다스리기엔 어린 왕이 무리였다는 이야기도 있다. 아무튼 원나라에 온 지 10년, 공민왕은 비로소 왕이 되어 고려로 돌아갈 수 있었다.

한편 폐위된 충정왕의 말로는 비참했다. 강화도로 귀양 간 어린 폐왕은 먹을 것이 없어 굶주리다가 이듬해 3월에 독살되었다. 누가 죽였는지는 분명하게 밝혀지지 않았지만, 공민왕에게 혐의가 돌아가는 것은 어쩔 수 없다. 설령 공민왕이 직접 명령을 내리지 않았을지라도, 조카의 죽음을 묵인했으리라.

이처럼 공민왕은 즉위하기 전부터 무수한 파란을 겪어야 했다. 그 가장 큰 원인은 고려를 손바닥 위에 올려놓은 거대한 제국 원나라였다. 고려의 원 간섭기는 정말 불쾌한 시대였다. 엄연한 독립국인 고려 안에 정동행성이나 만호부 등 원나라 기관을 설치해 내정에 함부로 참견했고, 고려 영토를 뚝 잘라 쌍성총관부나 탐라총관부를 만들었다. 가장 나쁜 점은 원나라에 붙어 왕을 무시하는 부원파가 활개를 치는 일이었다. 고려인으로 나고 자랐으면서 '대국' 몽골에게 목매는 사람들은 참 꼴불견이었다. 누가 시키지 않았는데도 (쿠빌라이 칸은 고려가 자체 복식을 고수하는 것을 허락했다) 스스로 몽골식 머리(변발)를 하고 몽골의 옷을 입고, 고려 말이 아닌 몽골 말을 구사했다. 어느 시대나 모리배들은 있었다. 이들은 출세할 기회를 잡으려고 자식을 원나라에 환관이나 공녀로 바쳤다. 유청신이라는 인물은 원나라에 고려를 직할성으로 만들어 달라고 요청한 일도 있었다. 이처럼 자체 세계화를 위해 전력투구하는 기회주의자들은 언제, 어느 시대에나 있었다.

게다가 공민왕이 즉위하기 이전 몇몇 고려 왕이 원나라의 간섭으로 갈아 치워졌으니, 부원파는 특히 기세등등할 수밖에 없었다. 우리가 원한다면 왕 따위는 얼마든지 바꿀 수 있다! 그렇게 생각했으리라. 애초에 공민왕이 즉위할 수 있었던 것도 이들 부원파가 합의했기 때문이다. 하지만 이래도 괜찮은 걸까? 고려는 독립국이 아니었던가? 이게 괜찮다고 만족한다면 그걸 고려 사람이라고 할 수 있을까.

공민왕은 이미 고려 왕위가 원나라 뜻대로 왔다 갔다 하는 현실을 직접 경험했다. 이대로는 공민왕 역시 언젠가 원나라의 입맛에 따라 왕 자리에서 밀려날 수도 있다는 것을 뜻했다. 그런 상황을 바꾸고 당당한 고려를 만들고 싶었던 게 당연했다.

다행히 공민왕은 혼자가 아니었다. 너무나도 길었던 원나라 간섭기에 염증을 느낀 사람들은 많이 있었다. 이제현, 권준을 비롯해 세상을 바꾸고 싶어 하는 인사들은 공민왕의 즉위를 지지했고 그래서 공민왕의 개혁은 충분한 공감대 위에서 진행될 수 있었다.

고려로 돌아온 직후의 공민왕은 오랜 몽골 생활로 앞머리를 면도하고 뒷머리를 땋는 몽골식 머리 모양을 하고 몽골 옷을 입고 있었다. 감찰대부 이연종은 귀국한 공민왕을 만나자마자 몽골의 습속을 폐지할 것을 권했다.

"변발 호복은 선왕의 제도가 아니니 전하께서는 본받지 마십시오."

공민왕은 이 말에 기뻐하면서 당장 땋은 머리를 풀고 옷을 갈아입었다. 어쩌면 사소한 일이었지만 본디 어떠한 큰일도 처음에는 작은 것에서부터 시작하는 법이다.

다음 해 봄에 발표된 즉위 교서에서 공민왕은 태조 왕건에서부터 이어진 고려의 유구한 역사와 전통을 강조했다. 그냥 의례적인 인사말이었을까? 하지만 이미 고려 옷으로 갈아입고 고려인의 머리 모양을 한 공민왕은 진심으로 고려를 개혁하려고 했다. 그러려면 원나라의 영향력을 끊어야 한다는 것도 잘 알았다. 머리 모양이나 옷처럼 작은 것은 물론, 나라 전체에 이르기까지 나쁜 습속들을 씻어 내야 했다. 그럴 작정이었으리라.

그렇게 공민왕이 바라던 대로 세상이 잘 굴러간다면 얼마나 좋았을까. 하지만 언제나 현실은 시궁창이었고, 개혁은 절대 쉽지 않았다.

목표를 위해
수단과 방법을 가리지 않다

공민왕의 개혁은 모두 좋고 긍정적이었을 것 같은 선입견이 있다. 걸림돌인 부원파를 없앤 뒤 모든 개혁이 말끔하게 진행됐고 모두가 행복했으리라고 말이다. 하지만 공민왕의 적은 부원파뿐만이 아니라 공민왕 자신의 측근들이기도 했다.

고려에는 이미 기황후의 오빠 기철을 비롯한 부원파가 권력을 독점하고 있었고, 공민왕은 오랜 외지 생활로 국내 세력 기반이 그리 강하지 않았다. 공민왕 지지자들은 앞서 충정왕이 즉위하는 것을 막을 수 없을 정도였다. 어떻게 하면 이런 상황을 뒤집고 세상을 바꿀 수 있을 것인가. 공민왕이 선택한 방법은 파벌의 강제적인 제거. 그러니까 유혈 숙청이었다.

그런데 부원파 제거는 공민왕 1년에 벌어진 조일신의 난과 밀접하게 얽혀 있다. 조일신은 원래 공민왕이 원나라에 있을 때부터 측근이었던 사람이다. 그는 고려에 돌아오면 그동안의 고생을 담보로 크게 한몫을 잡을 작정이었던 것 같다. 그간 공민왕이 겪었던 고생을 생각하면 함께했던 측근들이 그러는 것도 이해할 수 있다. 하지만 조일신은 정도가 심했다. 그는 고려로 돌아온 이래 공민왕을 곁에서 모셨다는 것을 핑계로 거들먹거리고 다녔으며, 다른 신하들을 질투했다. 심지어 공민왕에게 자기 편의를 봐 달라며 대놓고 요구했고, 자기 잘못이 왕의 귀에 들어가지 않게 수작을 부리기까지 했다.

하지만 그것만으로는 모자랐던지 공민왕이 즉위한 지 1년도 지나지 않은 1352년 9월, 난을 일으켰다. 난이라고 해도 제1목표는 공민왕이 아닌 부원파의 제거였다. 하지만 기철을 비롯한 기씨 일족들은 조일신이 보낸 자객을 피해 대부분이 무사히 달아났고, 닭 쫓던 개 신세가 된 조일신은 공민왕을 가두고 협박해서 자신을 정승에 임명하게 했다. 그리고 자기 부하들에게 반란의 죄를 덮어씌워 처형했다. 그렇게 살아남을 작정이었던 게 아닐까? 하지만 공민왕은 최영 장군에게 명령을 내려 조일신을 반역자로 잡아 처형하게 했다. 난이 벌어진 지 고작 엿새 만의 일이었다. 상황이 정리된 뒤, 기철을 비롯한 부원파는 멀쩡하게 돌아와 원래 관직을 다시 차지했다. 이 일을 통해 공민왕은 비록 조일신을 죽였지만, 개혁을 하려면 역시 부원파를 없애는 게 유일한 방법이라고 생각했던 것 같다.

그로부터 시간이 지난 공민왕 5년, 이번에 공민왕이 직접 부원파를 제거했다. 왕은 연회가 있다며 기씨 일족들을 비롯한 부원파를 한자리에 모은 뒤, 병사들을 시켜 이들을 몰살했다. 기철은 철퇴에 맞아 죽고, 다른 이들도 모두 죽어 이날 궁궐 안은 죽은 이들의 피로 낭자했다. 몇몇이 달아나자 공민왕은 계엄령을 내리고 금위군을 풀었다. 길거리에서 칼싸움이 벌어지고, 남은 부원파는 마구 학살당했다. 이로써 부원 세력이 소멸하고 공민왕의 개혁 드라이브는 본격적으로 시행된다.

이때 살해당한 기철은 동생 기황후를 등에 업고 출세한 인물로, 공민왕에게 글을 올릴 때 자신을 신(臣)이라 부르지 않을 정도로 기고만장했다. 자기가 노력한 일 없이, 누이동생을 팔아넘기고 얻은 부와 권력인데, 대체 뭐가 그리 자랑스러웠는지 모르겠다. 어쨌든 기철은 머리가 깨져 비참하게 죽었다.

하지만 부원파의 제거를 이대로 넘어가기엔 찜찜한 구석이 남는다. 시기만 달랐을 뿐이지, 공민왕이 한 일은 조일신이 한 것과 너무 많이 닮았다. 이렇게 되니 의심마저 든다. 처음에 있었던 조일신의 난에서 공민왕은 그저 조일신에게 이용당한 것뿐이었을까?

물론 벌건 대낮에 사람들을 때려죽이는 '방법'은 어쩔 수 없는 선택일 수도 있다. 그것이 국내 기반이 취약했던 공민왕으로서는 부원파를 제거할 유일한 방법이었을 수도 있으니까. 하지만 여기에서 문제 삼고 싶은 것은 공민왕의 '사람 쓰는 법'이다.

《고려사》는 조일신의 난은 조일신이 모든 일을 처음부터 끝까지 주도했고, 공민왕은 그저 이용당했다고 말한다. 하지만 어떤 사람들은 공민왕과 조일신의 합작품이었으리라고 보기도 한다. 처음에는 두 사람의 연합이었지만, 상황이 나쁘게 돌아가자 공민왕이 조일신을 희생양으로 삼고 자신은 혐의를 벗었다는 것이다. 이 의견을 그냥 허투루 들을 수 없는 것은 이후 공민왕 시대에 비슷한 일이 계속 반복되었기 때문이다.

부원 세력을 성공적으로 제거한 공민왕은 정열적으로 개혁을 추진했다. 그간 내정을 간섭했던 정동행성을 폐지하고, 원나라의 연호를 없앴으며, 압록강 근처의 쌍성총관부와 동관부 등을 공격해서 고려의 옛 영토를 수복했다.

그런데 부원파를 몰아낸 직후, 공민왕은 인당(印璫)을 서북면병마사(西北面兵馬使)로 삼아 압록강 일대의 원나라 땅을 공격하게 했다. 인당은 군대를 이끌고 압록강을 공격했고, 다음으론 파사부를 쳐서 상당한 전과를 올렸다.

문제는 그다음이었다. 원나라에서 이 정벌을 빌미로 고려를 공격하겠다고 협박했던 것이다. 그러자 당황한 공민왕은 '본의가 아니다'라며 인당의 목을 베고, 잘린 목을 원나라 사신에게 들려 보냈다. 정벌을 명령한 것은 공민왕이었으니, 인당은 그걸 충실하게 이행했을 뿐이다. 하지만 공민왕은 인당이 자기 맘대로 군사를 일으켜 원나라를 공격했다며 누명을 씌웠다. 공을 세우고도 목이 잘려 적국으로 보내진 인당의 처지가 참으로 비참했다. 이 일은 약소국인 고려가 원나라와 싸울 수 없었기 때문에, 어쩔 수 없이 치러진 희생이었다고 애써 납득할 수 있을지도 모르겠다. 아직까지는 말이다.

하지만 이뿐만이 아니었다. 공민왕이 시행한 정치적 숙청 중 가장 질이 나쁜 것은 1362년에 있었던 세 원수의 처형이었다. 그보다 앞선 공민왕 8년(1359)과 10년(1361)에는 홍건적의 침입이 있었다. 머리에 붉은 띠를 두른 홍건적은 원나라가 차츰 쇠퇴하자 나타난 도적 떼 겸 종교단체 겸 반란 세력이었다.

1351년, 처음 백련교라는 종교를 바탕으로 시작된 홍건적은 크게 늘어나 10만을 넘는 대규모 반란 세력이 되었다. 이들은 수많은 군소 세력으로 나누어져 중국 본토를 휘저었고, 이 중 일부가 고려로 흘러 들어왔다(훗날 이 세력의 한 갈래였던 주원장이 명나라를 세운다). 몽골족의 원나라에 시달리던 중국 백성은 홍건적을 환영했고, 홍건적 역시 백성에게 피해를 주지 않았다고 하지만 새빨간 거짓말이다.

어쨌든 공민왕 8년, 홍건적은 고려에 나라를 바치라는 요구를 했다. 당연히 고려는 이를 무시했고, 4만 명의 홍건적이 고려를 공격했다. 이것은 그럭저럭 막았다. 그로부터 2년이 지난 공민왕 10년, 이번에 홍건적은 장장 20만 명의 군사로 침입했다. 고려는 이방실, 이여경, 안우, 김득배 등을 시켜 맞서 싸우게 했지만, 홍건적은 안주를 거쳐 개경으로 폭풍처럼 밀려들어 왔다.

결국 공민왕은 수도를 버리고 안동으로 달아났다. 피난하는 백성 중 힘없는 노인과 아이들은 군사들에게 밟혀 죽었고, 추운 날씨 탓에 수많은 사람이 얼어 죽었다. 홍건적은 개경을 함락한 뒤 가축을 있는 대로 잡아먹는 한편, 미처 떠나지 못한 사람들을 학살했다.

공민왕의 피난은 전략적으로 어쩔 수 없는 선택일 수도 있지만, 이로써 인망을 크게 잃은 것이 사실이었다. 공민왕은 "이 일로 천하의 웃음거리가 되었다."라고 할 만큼 큰 타격을 받았다.

반격의 실마리를 찾아낸 것이 장수 정세운이었다. 피난 중 공민왕 주변에 남아 있는 신하들은 고작 28명 정도로 초라하기 그지없었다 (임진왜란 당시 선조의 신하보다도 적은 숫자였다). 이때 왕을 호종하고 있던 정세운은 다시 군사를 모아 20만 명의 병력을 마련해 마침내 홍건적을 무찌르고 개경을 탈환했다.

하지만 홍건적 때문에 입은 피해는 대단히 심각했다. 고려는 나라 안팎으로 심각한 타격을 받고 친원 정책으로 돌아섰다. 홍건적의 침입을 이겨 내려면 원나라의 도움이 필요했으니 아쉬운 고려 쪽이 굽힐 수밖에 없었다. 그래서 내정간섭 기관이던 정동행성이 부활했고, 없앴던 원나라의 제도를 되살렸다.

하지만 정말로 맥이 빠지는 일은 친원 정책이 부활한 것보다, 용감히 싸웠던 정세운을 비롯한 고려 장군들이 떼죽음을 당했다는 것이었다. 홍건적과 싸우다 죽은 것도 아니고, 정치적 다툼 때문이었다. 홍건적의 난이 진압된 뒤, 고려군 총사령관 정세운은 부하였던 안우, 김득배, 이방실 장군에게 피살되었다.

왜 이런 하극상이 벌어졌는가? 이것은 그들의 독단이 아니라, 공민왕이 내렸다는 비밀명령을 따른 것이었다. 정세운이 죽은 다음에는 세 장군 역시 모두 처형당했다. 이번에는 함부로 총사령관을 죽였다는 죄명이었다. 특히 안우는 궁궐로 들어가 공민왕에게 정세운을 죽이라는 지령이 쓰인 비밀명령서를 보이려다가 궁정 문지기에게 살해당했다. 이들을 모두 처형한 뒤, 공민왕은 교서를 내려 이들이 왕을 무시한 것이 잘못이라며 탓했다. '왕을 왕으로 보지 않았다'라고.

《고려사》에서는 정세운을 비롯한 장수들의 죽음은 모두 그들의 전공을 질투했던 김용의 계획이었고, 밀서 역시 그가 꾸며 낸 것이었다고 적고 있다. 설령 이 모든 것이 김용의 음모 때문이었다고 해도, 공민왕이 장수들을 믿지 않았고, 의심이 생겨도 확인조차 하지 않았던 것이 사실이다. 공민왕은 신하를 믿기보다는 왕의 권위가 실추된 것에 더욱 크게 분노했다. 그래서 고려 장군 네 명의 목이 한꺼번에 날아갔고, 당연하게도 군의 사기와 전력이 크게 떨어졌다.

물론 정벌 이후 난을 피해 달아났던 왕의 위신이 추락했고, 상대적으로 홍건적을 물리친 장군들이 인망을 얻은 것을 생각하면 공민왕이 불안을 느끼는 것도 당연했다. 하지만 꼭 죽여야만 해결되는 일이었을까? 다른 방법은 없었던 것일까? 장수들이 모두 살해당하자, 공민왕은 불안했던 옥좌가 안전해졌다고 안심했을지도 모른다.

하지만 이렇게 유능한 장군들이 모두 죽어서 나라의 국방에 크나큰 공백이 생겼고, 이로써 최영은 물론, 아직 변경의 새내기 무장이었던 이성계가 새로운 스타로 떠올랐다. 이후 역사가 어떻게 굴러갔는지는 잘 알려진 대로이니, 참으로 아이러니하다. 결국 공민왕은 고려의 멸망에 본의 아닌 보탬을 하게 된 셈이다.

쓸쓸한 일이지만, 공민왕 시대에 이런 일이 반복되었다. 많은 이들이 왕에게 파격적으로 등용되었다가 그런 만큼 잔인하게 내쳐졌다. 조일신, 정세운, 김용 그리고 신돈에 이르기까지 공민왕의 측근 중 누구 하나 제명에 죽은 사람이 없었다.

이런 사건들을 읽다 보면, 공민왕이 왜 '한때 총애했던' 신돈을 제거했는지도 알 수 있다. 공민왕은 그를 총애했을지언정, 끝내 믿지는 않았던 것이다. 신돈 역시 그런 사실을 눈치챘다면, 살아남으려고 방법을 강구했을 것이다. 실제로도 신돈은 자신이 권력을 누리자 왕이 자신을 해칠까 두려운 나머지 모반을 꾸몄다고 한다. 이제까지 죽어갔던 다른 충신들이 그랬던 것처럼 말이다.

《고려사》에서는 당시 공민왕의 성격적 결함을 이렇게 말하고 있다.

왕은 성품이 시기심이 많고 잔인하여, 심복 대신일지라도 권세가 강성해지면 반드시 꺼리고 목을 베었다. 신돈은 자신이 폭위를 떨침이 너무 심함을 알고, 왕이 자기를 꺼릴 것이 두려워 반역을 도모하였다.

공민왕은 치세 내내 신하들을 무자비하게 쓰고 버렸다. 처음 원나라에서 공민왕을 모시다가 함께 돌아온 측근들은 연저수종공신(燕邸隨從功臣)으로 봉해졌다. 말 그대로 연경(북경)에서 모셨던 공신들이라는 뜻이다. 공민왕이 힘을 얻기 전, 가장 고달프고 힘들 때 함께했던 신하들이다. 이들은 모두 37명이었으나 단 한 사람, 목인길 외에는 모두 반역 등의 다양한 죄명으로 비명에 죽었다. 아무리 권력자의 길이 외롭다고는 해도, 그들이 다른 신하의 집중적인 모함을 받았다고 해도, 이 바닥을 치는 생존율은 무엇을 뜻할까?

결국 공민왕은 사람을 믿지 않은 것이다. 계속 의심하고 또 의심하다가 어떤 빌미가 생기면 용서하지 않고 죽인 뒤 그들을 죽인 것을 후회했다. 그러면서 또 같은 일을 반복해서 벌였다. 결국 이렇게 피로 얼룩진 결과만 남았다.

공민왕이 진심으로 신뢰한 사람이 있기는 했을까? 단 한 사람의 예외가 있다. 그가 사랑해 마지않았던 왕비, 노국 공주 말이다.

유일한 믿음, 노국 공주

공민왕과 노국 공주의 사랑은 역사 속에서도 굉장히 유명하다. 십

대에 정략적으로 결혼한 사이였지만, 두 사람은 진심으로 서로를 아끼고 사랑했다고 한다. 하지만 《고려사》에는 노국 공주가 직접 공식적인 발언을 한 일이 드물다. 이 때문에 사서를 통해 그녀를 자세하게 알기는 어렵다. 하지만 이 둘은 사랑의 상징으로 이후로도 널리 유명했다. 이들의 사랑이 특히 주목을 받는 이유는 공민왕이 반원 정책을 펼쳤건만, 노국 공주는 조국보다 남편을 따랐다는 것과 노국 공주가 죽은 뒤 공민왕이 반쯤 미쳤다는 데 있다.

그만큼 노국 공주는 공민왕에게 중요한 사람이었다. 가장 유명한 이야기는 노국 공주가 자객에게서 공민왕을 지킨 일화일 것이다. 앞서 말한 대로 공민왕은 왕이 된 이래로 여러 차례 생명의 위협에 시달렸다. 그중에서 가장 극적인 것은 1363년 벌어진 암살 시도, 곧 홍왕사의 난이다. 이 사건은 공민왕을 못마땅하게 여긴 부원 세력의 음모였다. 그런데 이를 주도한 인물이 공민왕의 수종공신이자 측근인 김용이었다는 것은 의외로 잘 알려지지 않았다. 앞에서 등장한, 밀서를 이용해 고려 장군들을 죽음으로 몰아넣었던 바로 그 인물이다.

홍건적의 난이 진압되고 개경으로 돌아온 공민왕은 불에 탄 왕궁 대신 홍왕사를 임시 왕궁으로 삼고 그곳에 머물렀다. 그러면서 원나라에 사신을 보내어 그때까지도 화를 풀고 있지 않았던 기황후를 설득하려고 애썼다(친오빠와 가족이 살해당했으니 화가 날 만도 하다). 이런 와중에 부원파 세력들이 공민왕을 암살하려고 시도하다가 실패한 것이 홍왕사의 난이다.

그런데 이 사건을 자세히 들여다보면 어딘가 이상하다. 윤달 3월

깜깜한 밤중에 50여 명의 괴한이 공민왕이 있는 홍왕사로 숨어들었다. 아니, 문을 지키는 사람을 죽였으니 당당하게 쳐들어온 셈이다. 자객들은 크게 외치며 칼을 휘둘렀다.

"나는 황제의 명령을 받고 왔다."

여기에서 말하는 황제란 당시 원나라의 황제이자 기황후의 남편인 순제를 일컫는 말이리라. 공민왕이 부원 세력이자 황후의 일가친척들을 죽였으니 황제의 명령이 무엇을 뜻하는지는 뻔했다. 이 말을 들은 군사들은 겁에 질려 달아났고, 자객들은 공민왕의 침전에까지 도달했다. 공민왕을 모시던 환관은 공민왕을 업고 창을 통해 달아나 태후의 방에 왕을 숨겼고, 노국 공주가 문 앞을 막고 앉았다. 여성이었지만 노국 공주는 엄연히 원나라 귀족이었다. 만약 그녀가 다치기라도 한다면 외교 문제가 될 수 있었고, 아마 그것 역시 염두에 둔 행동이었으리라. 결국 괴한들은 공민왕인 척 가장하고 침전에 누워 있던 환관 안도적을 대신 죽이고, 정말로 공민왕을 죽였다고 여기고 좋아 날뛰었다. 그런 뒤 몇몇 관리들을 살해하고, 자신들끼리 벼슬자리를 나눠 갖고 괴뢰 정부를 만들었다. 하지만 최영을 비롯한 장수들이 군사를 이끌고 지원을 온 덕에 난은 순식간에 진압되었다.

이 사건은 공민왕을 해치려는 부원 세력의 음모와 남편을 온몸으로 지키려던 노국 공주의 헌신적인 사랑을 드러낸 것으로 굉장히 유명하다. 남편을 지키기 위해 칼날 앞으로 나서는 아내를 보며, 공민왕이 사랑하지 않을 수 있었겠는가. 하지만 이 사건은 조금 찜찜한 구석이 있다. 대체 누가 반란을 일으켰을까?

홍왕사에서 공민왕을 죽이려 했던 자객들은 그들 자신이 주장한 대로 원나라의 원조를 얼마간 받았던 음모자일 수도 있다. 그런데 《고려사》는 다른 이야기를 전한다. 이날 홍왕사의 변을 일으킨 진정한 원흉은 왕의 측근인 제조순군(提調巡軍) 김용이라는 것이다.

홍왕사의 난에 참여한 사람은 90명 남짓이었다. 하지만 김용은 난을 진압한 뒤 사로잡힌 이들을 단 한 명도 제대로 심문하지 않고 마구 죽였다. 혹시 입을 막으려는 것이 아닌가? 하는 의심을 사게 되었다. 그래서 공민왕도 처음에는 김용을 난을 진압한 공신으로 삼았다가 나중에는 귀양 보낸 뒤 목을 베어 죽였다. 난이 일어난 지 고작 한 달이 지난 다음이었다.

물론 먼저 역모 사실을 밝히기 위한 심문은 벌어졌다. 그런데 이때 나온 김용의 주장이 참 궁색했다. 김용은 심문을 받으면서 자신은 이미 재상을 세 번이나 해서 다른 욕심은 없고, 다만 정적이었던 홍언박을 없애고 싶었다고 실토했다. 그것이 난을 벌인 이유였다는 것이다. 하지만 공민왕을 대신해서 죽은 환관의 이야기를 꺼내자 김용은 꿀 먹은 벙어리가 되었고, 더는 아무런 변명을 하지 않고 그대로 처형당하였다. 참 이상한 변명이다.

이상한 것은 옛 친구뿐만이 아니다. 참여자가 고작 수십 명이라는 단출하기 짝이 없는 난의 규모도 규모이지만, 난의 주모자라는 김용은 고개를 갸웃하게 할 정도로 어설펐다. 자객들이 홍왕사를 습격하고 무신들이 이를 진압하는 중, 그는 전혀 다른 곳에서 신하 틈에 섞여 있었다. 즉 왕에게 반기를 드는 중차대한 음모를 실행하면서도 이를 별동대에게 죄다 맡겼고, 일이 실패로 돌아가자 사로잡힌 부하들을 '나중에' 심문하면서 죽인 것이다. 난이 진압되는 와중에 암살자들이 '우리의 배후에는 김용이 있다'라고 실토했다면 어쩌려고 그랬을까? 나라를 뒤집을 역모를 세운 것치고는 굉장히 방만했다. 어쨌든 김용은 흥왕사 난의 주모자로서 죽었다.

그런데 공민왕은 김용을 처형한 뒤 굉장히 슬퍼했다. 옛 친구 김용을 가엾게 여긴 탓은 아니었다.

"누구를 믿어야 좋단 말인가."

왕은 자기 처지가 슬퍼서 눈물을 흘렸다. 김용 역시 조일신이 그랬던 것처럼 함께 원나라를 다녀온 수종공신이었다. 김용이 정말로 흥왕사의 난을 일으킨 것인지, 아니면 그 스스로가 그래 왔던 것처럼 누군가가 판 함정에 빠진 것이든지, 공민왕은 언제나 자신을 배신했다는 이유로 가까운 신하들부터 죽였다. 공민왕의 치세에 고려에는 배신자만이 들끓고 있었던가? 그렇게 사람 운이 나쁜 왕이었던가? 그래도 아직 노국 공주는 살아 있었다. 그래서인지 공민왕은 아직은 정신을 잡고 있었다.

그러다가 마침내 노국 공주가 죽고 신돈이 출세하게 된다. 서자 출신으로 승려가 된 신돈이 공민왕을 처음 만난 것은 1358년으로, 둘은 즉위 초기부터 이미 알고 지내던 사이였다. 신돈은 비천한 신분이었지만 무척 총명했고, 공민왕은 그를 총애했다. 그 때문인지 신돈은 다른 신하들에게 심한 질시를 받았고, 앞서 홍건적을 몰아냈던 정세운은 신돈을 무척 싫어한 나머지 죽이려 들었던 적도 있었다. 그래서 신돈이 정권을 잡은 것은 굉장히 오랜 시간이 지난 뒤였는데, 정확히는 노국 공주가 죽은 뒤 석 달이 지난 다음이었다.

흔히 아내를 잃고 실의에 빠진 공민왕이 나라를 다스릴 의욕을 잃고 신돈에게 모든 정치를 떠맡겼다고 알려져 있다. 그런데 그것은 사실이 아니었으니, 공민왕이 신돈을 등용한 데는 나름의 생각과 계획이 있었다. 그 포부는 공민왕이 스스로 말했다. 힘 있는 세력가들은 당파의 뿌리가 얽혀서 서로 봐주고, 신진 세력은 유명해지고 싶어서 세력가와 얽히려고 애쓰고, 유생들은 아직 약하고 동문으로 연결되어 있으니 큰일을 맡길 수가 없었다. 게다가 공민왕은 이제까지 뜻도 손발도 맞지 않는 재상들을 많이 만났다. 하지만 신돈은 불도를 깨달은 승려로 욕심이 적고, 신분도 천하고, 친한 당파가 없었다. 그러니까 그를 발탁해 정치를 맡긴 것이다.

하지만 신돈은 등용되기 전, 다른 신하들이 왕과 자신의 사이를 이간질할 것이 두렵다며 공민왕에게 자신을 저버리지 않겠다고 약속해 줄 것을 간청했다. 그래서 공민왕은 신돈에게 손수 이런 글을 써 주기까지 했다.

사(師, 신돈)가 나를 구원하고 내가 사를 구원할 것이다. 생사를 같이하여 다른 사람의 말에 의혹됨이 없을 것이니 부처와 하늘이 이를 증명할 것이다.

공민왕이 얼마나 신돈을 믿었는지 보여 주는 글이다. 공민왕은 신돈을 진심으로 믿었다. 이 글을 쓸 당시에는 말이다. 이로써 신돈에게 막강한 권력이 주어졌고, 주변의 질투와 시기를 받으면서도 여러 변화를 추진했다. 대표적으로 전민변정도감(田民辨整都監)을 설치해서 권문세가들이 억지로 빼앗았던 땅을 원래 주인들에게 돌려주었으며, 억울하게 노비가 된 사람들의 신분을 풀어 주었다. 또 성균관을 설치하고 학업을 장려하는 일 등 긍정적인 사업을 많이 벌였다.

하지만 신돈의 개혁이 워낙 파격적이라서 그만큼 커다란 반발을 불렀다. 신하들이 신돈을 제거하려다가 오히려 자신이 처벌을 받는 일이 여러 차례 반복되었다. 《고려사》에는 신돈이 유부녀와 간통하는 등 갖은 음행을 벌이고, 대단히 심각하게 착복을 했다는 말까지 있다. 이 기록이 사실이고 아니고를 떠나, 다른 사람들의 미움을 지독하게 받았다는 것만은 분명하다.

하지만 신돈이 휘둘렀던 권력은 모두 공민왕으로부터 받은 것이었지, 결코 그 자신의 것은 아니었다. 바꾸어 말하면 공민왕의 총애가 사라지는 순간, 신돈의 목숨은 없는 것이나 다름없었다. 처음 신돈이 공민왕에게 각서를 받은 것도 바로 그 때문이었으리라. 하지만 시간이 흐르면서 공민왕은 차츰 신돈을 의심하기 시작했고, 고작 5년여가 지난 뒤 공민왕은 자신이 다시 국정을 다스리겠다고 발표했다.

신돈의 몰락은 그의 등용만큼이나 파격적이었다. 공민왕 20년 7월, 신돈의 부하 중 한 사람이 신돈이 반역을 모의했다는 내용이 담긴 익명의 밀고를 써서 재상 김속명의 집에 던져 넣었다. 밀고서를 받아 든 공민왕은 즉시 명령을 내려 신돈 심복들의 목을 베었다.

《고려사》는 신돈이 반역을 모의한 것이 사실이라고 주장한다. 공민왕이 왕릉을 배알할 때 자객을 시켜 왕을 암살하려고 했다는 것이다. 하지만 이는 실패로 돌아갔고, 다시 모반을 계획하던 중에 밀서가 날아들었다는 것이다. 그래서 신돈의 부하들은 처형되었고, 신돈은 수원으로 귀양 보내졌다. 신하들이 신돈의 처형을 주장하자, 공민왕은 신돈에게 예전에 맹세했던 글을 보여 주고 그의 목을 베게 했다.

목이 떨어지기 전, 신돈은 공민왕이 자신을 불렀다는 말을 듣고 용서받은 것으로 생각하며 기뻐했다고 한다. 그렇지만 공민왕이 처음 써 주었던 맹세는 아무 쓸모없는 휴짓조각이었다. 그럼 이제 합리적인 의심이 든다. 과연 신돈은 역모를 꾸미기는 했을까?

자제위는 조작이었을까

노국 공주가 세상을 떠나고 신돈이 처형된 다음, 공민왕의 말년은 글자 그대로 지옥이었다. 《고려사》〈세가〉에는 공민왕이 벌인 음행이 (지나치게) 자세하게 기술되어 있다.

공민왕은 공신들의 자식 중에서 잘생긴 사람들을 모아 자제위를 만들고, 자신의 경호를 맡겼다. 그리고 자신은 여자 옷을 입고 부인처럼 곱게 화장을 했다. 그러고는 궁궐의 몸종[內婢] 중 어린아이를 방으로 들여 얼굴을 천으로 가리고, 자제위를 시켜 윤간하게 했다. 공민왕은 옆방에서 그 광경을 지켜보았다. 남이 윤간당하는 걸 보다가 흥분하면, 공민왕은 홍륜 등을 데리고 왕의 침실에 들어가 '남자와 여자가 그러는 것처럼' 자신에게 음행을 하게 했다. 그것을 한두 번도 아니고 수십 명과 하고 나서야 그쳤다고 한다.

요즘 식으로 말하면 실사 스너프 필름을 보면서 성욕을 부채질하고 '자신도 그렇게 당하는' 놀이를 했다는 말인데, 너무 충격적이고 끔찍하다. 그런 뒤 공민왕은 자기 왕비들도 자제위에 노리갯감으로 던져 줬고, 반항하는 왕비에게는 칼을 뽑아 위협하기까지 했다. 그래서 무슨 일이 벌어졌겠는가. 게다가 이런 일에 재미가 들린 자제위는 왕명을 꾸며 자주 왕비의 처소에 드나들었으니, 무슨 일이 벌어졌을지는 모두가 상상할 수 있을 것이다.

공민왕을 모델로 만든 영화가 있는데, 그 안에서 펼쳐지는 정사는 충격적이긴 했지만 그래도 《고려사》보다는 오히려 덜한 편이라고 하겠다. 크로스드레서, 강간, 윤간, 관음증, 동성애, 거기다 난교까지 있으니 말이다. 조선의 유학자들이 고려가요를 두고 남녀상열지사라고 비난했다지만, 이처럼 충격적인 성범죄가 국가 권력 아래에서 벌어졌다는 것은 차마 말하지 못한 것 같다. 다른 누구도 아닌 개혁 군주 공민왕이 그 주인공이니.

과연 이런 미친 행동들을 노국 공주가 죽은 탓으로만 돌려야 할까. 《고려사》에서는 '원래 공민왕이 여색을 즐기지 않아, 공주가 살아 있었을 때도 가까이하는 일이 드물었다'라고 했다. 노국 공주가 죽은 이후 어머니 태후가 공민왕에게 왕비들을 가까이하지 않는 이유를 묻자, 공민왕은 눈물까지 흘리면서 공주만 한 사람이 없다고 답했다.

한편 공민왕의 각종 비행이 조작이라고 주장하는 의견도 있다. 고려의 독립을 못마땅하게 여겨 공민왕을 모함하고, 그것도 모자라서 암살하려고 했던 부원 세력이 공민왕의 행실을 최대한 나쁘게 기록했다는 것이다. 하지만 공민왕 17년에 원나라는 이미 망했고, 순제까지 사망했다. 물론 카라코룸 일대에서 아직 북원이 나라로서 명맥은 잇고 있었지만, 고려에 영향력을 끼치기에는 너무 멀었다. 공민왕이 암살된 이후 원나라가 고려 역사 기록에까지 영향력을 행사할 수 있었을까? 원나라를 좋아하는 사람이 기록을 남겼던 것일까? 혹시 조선이 조작했을까? 그러면 공민왕이 개혁을 했다는 좋은 사실도 없애야 하지 않았겠는가? 왜 한편으로 좋은 이야기를 쓰고, 다른 한편으로는 나쁜 이야기를 쓴 것일까?

무엇보다도 공민왕과 자제위들의 사건을 꾸며 낸 이야기라고만 의심할 수 없는 이유가 하나 더 있다. 바로 공민왕의 후계자 문제이다. 공민왕이 자제위에게 왕비들과 난행하도록 한 이유는 본인의 관음증 취향 때문도 있겠지만, 한편으로는 자식, 정확히 말하면 후계자가 없어서였다. 공민왕에게는 그때까지 모니노를 제외한 공식적인 자식이 없었다.

공민왕은 노국 공주와 1349년 결혼했는데, 무려 16년 뒤에야 비로소 아이를 가졌으나 태어나지 못한 채 죽고, 노국 공주도 함께 죽었다. 부부 중 한쪽의 몸에 이상이 있다면 임신이 어려울 수도 있지만, 노국 공주는 아이를 가졌으니 공주 쪽의 문제가 아니다. 공민왕은 노국 공주를 포함해 모두 다섯 명의 비를 두었지만, 자식은 신돈의 계집종이었던 반야를 통해 얻은 우왕뿐이다.

물론 자식이 있었지만 어려서 죽었을 수도 있다. 옛날이야 영아 사망률이 높았고, 아이가 너무 어려서 죽으면 아예 족보에도 올리지 않고 기록하지 않기도 했다. 하지만 공민왕은 일찍부터 자식이 없는 게 걱정돼 대신의 자식들을 양자로 들이기도 했던 걸 보면 아예 자식이 태어나지 않았던 것 같다. 공민왕은 21년간 즉위했으니, 공식적인 부부 사이에 자식이 태어나지 않았다는 것은 운이 나쁘다는 말로 설명이 되지 않는다.

원인이 무엇이든, 공민왕이 후계자 때문에 가졌을 스트레스는 어마어마했을 것이다. 대를 이어 조상의 위업을 전해야 하는 왕에게 후계자를 낳는 것은 가장 중요한 임무 중 하나였다. 공민왕이 이대로 죽게 되면 정식 후계자가 없으니 심양왕이나 기타 부원파 세력에 속한 고려 왕족이 뒤를 이어 즉위할 수도 있다. 그러면 이제까지 고생 끝에 얻어 낸 왕 자리를, 말마따나 '죽 쒀서 개 주는' 꼴이 된다. 그게 아니더라도 똑똑한 양자보다는 못나도 내 핏줄에게 모든 걸 물려 주고 싶은 것이 사람의 본성일지도 모르겠다.

어쨌든 공민왕에게 자식을 만들지 못하는 문제가 있었던 게 아닐까? 그래서 자제위의 난행이 꽤 설득력 있게 느껴지는 것은 물론, 이후 조선 왕조가 우왕과 창왕의 혈통을 의심했던 것도 어쩔 수 없다. 진실은 공민왕과 노국 공주만이 알겠지만, 아무튼 몹시 수상하다고 하겠다.

그래도 공민왕이 끌어안고 있었던 고뇌는 한심하다기보다는 굉장히 처절했다. 수십 년간 아이 없는 고통을 겪다가 처음으로 가진 아이였다. 그것도 사랑해 마지않는 정비 노국 공주의 몸에서. 아이가 남자아이라면 후계자 문제가 단번에 해결되고, 딸이 태어나도 다음에는 후계자가 태어나리라는 희망이 있다. 노국 공주의 뱃속에서 아이가 자라는 열 달 동안 공민왕은 얼마나 기뻤을까? 실제로 공민왕은 노국 공주가 아이를 낳기도 전부터 죄수들을 사면하는 등 만반의 준비를 했다. 그런데 그런 꿈이 한순간 날아갔다. 사랑하던 왕비 노국 공주가 죽었다. 그것도 복중 아이와 함께 죽었다. 실성하는 것도 어쩌면 당연한 결과였다.

차라리 공민왕이 후계자 만들기를 일찌감치 포기하고 잘 기른 양자를 후계자로 만들었다면 어떻게 되었을까? 옛날이니 (아니 어쩌면 지금도) 혈통에 집착하게 되는 것은 어쩔 수 없지만, 그래도 아쉽다. 바로 그 혈통에 매달린 탓에 공민왕 자신이 망가졌으니까 말이다.

미래는 중요한 것이지만, 그렇다고 현재를 충실하게 살지 못한다면 그게 무슨 소용일까. 공민왕은 남을 믿지 않고, 절차도 없었고, 수단과 방법을 가리지 않고 어떻게든 미래를 만들어 내려고 했다. 기초를 닦지도 않고 모래밭 위에 높은 빌딩을 세우면 어떻게 될까? 그저 무너질 뿐이다.

아무도 믿지 못한 개혁 군주

1374년 9월, 공민왕은 살해당했다. 공민왕의 왕비 중 한 사람인 익비 한씨가 아이를 가졌는데, 총애하던 자제위 중 하나인 홍륜이 임신시킨 것이었다. 하지만 임신 소식을 들은 공민왕은 화를 내기는커녕 크게 기뻐했다. 그동안 영전을 부탁할 사람, 곧 대를 이을 사람이 없어 걱정했는데 이제 왕비가 아이를 가졌으니 무슨 근심이 있겠느냐며.

하지만 익비 뱃속의 아이가 자기 아이가 아니라는 것을 공민왕은 잘 알고 있었다. 그리고 이 사실이 어떤 사태를 초래할 수 있는지도. 그에 앞서 공민왕은 신돈의 여종 반야에게 얻은 강녕대군 우(훗날의 우왕)가 있었지만, 그 아이는 공민왕의 아이인지 의심을 받고 있었고, 훗날에도 그러했다. 어쩌면 공민왕도 우가 자기 자식인지 확신이 없었던 것 같다. 그런데 익비가 임신한 아이(딸)도 자신의 아이가 아니었다. 하지만 공민왕의 의도대로 만들어진 자식이었다.

그럼 이제 어떻게 할까. 공민왕은 익비를 임신시킨 것이 자제위 중

홍륜이라는 사실을 확인하기까지 했다. 그런데도 왕비가 낳은 아이를 자기 자식으로 꾸미려고 했다.

그런데 정말 기괴한 것은 그다음이다. 공민왕은 당장 다음 날로 이 사실을 아는 자제위를 모두 죽이려고 했다. 입을 막기 위해서였다. 그런데 이 계획을 환관 최만생에게 모두 말한 뒤 "너도 이 계획을 알고 있으니 마땅히 살아남지 못할 것이다."라고 말했다. 죽이겠다고 예고하다니, 당연히 공포에 질린 최만생은 함께 죽을 운명이 된 자제위에게 공민왕의 계획을 알렸다. 그동안 왕이 시키는 대로, 때로는 안 시켜도 온갖 나쁜 짓을 저질렀다가 죽게 된 이들은 궁지에 몰린 쥐처럼 고양이를 물었다.

그날 밤, 최만생과 홍륜 등 자제위는 술에 취한 공민왕을 칼로 찔러 시해했다. 그리고 도적이 들어왔다며 크게 외쳤다. 궁궐을 지키던 병사들은 겁에 질려 꼼짝 못 했고, 재상들과 다른 신하들은 왕이 살해당했다는 말을 듣고도 무서워서 오지 않았다.

이 내용만 보면 '흥왕사의 난 시즌 2'이다. 다만 공민왕은 이번에는 살아남지 못했다. 언제나 신하들을 배신했던 공민왕이었지만, 이번에는 자신이 그렇게 당했다. 그러나 오래지 않아 공민왕 시해 사건의 전모가 드러났고, 암살자들은 체포되어 수레에 묶여 갈가리 찢겨 죽었다.

이제까지 이야기한 공민왕을 대단히 낯설게 느낀 사람이 있을지도 모른다. 고려를 되살리려고 했던 개혁 군주의 이미지와는 다르게 신하들을 차례차례 배신하고, 마침내 그들에게 배신당해 죽은 이 사람이 정말로 공민왕이냐고 묻고 싶어질 것이다.

그러니까 공민왕 시대에서 개혁이라는 커다란 껍데기를 한 겹 걷어 보면, 그 아래는 좋고 나쁜 것이 뒤섞인 커다란 소용돌이가 있다. 대의명분으로 모든 것을 덮기에는 너무 많은 뒤틀림이 있었다는 소리다. 공민왕은 분명 개혁을 시도했지만, 그것이 만고불변의 진리는 아니고 실패도, 잘못도 있었다.

그리고 정말 많은 희생이 있었다. 공민왕의 측근들은 계속해서 반역하고 처형당했다. 몇 번이나, 몇 번이고. 공민왕이 정말로 결백하고, 모든 것이 주변의 간신배들에게 이용당한 것뿐이라고 해도, 그런 시대가 만들어진 데 공민왕의 책임이 아예 없을까? 개혁을 하면서도 주변의 간신배들을 보지 못하고, 그들이 다른 죄 없는 신하들을 학살하는 것이 반복되는데?

때로는 공민왕에게 잘못이 한 점도 없고 그저 누명을 썼다고 생각하는 의견도 있는 것 같다. 그래야만 개혁의 의미가 퇴색하지 않는다는 듯이. 하지만 피로 얼룩진 개혁이, 피로 피를 씻는 혁명이 얼마나 좋은 세상을 만들어 낼 수 있을지는 의문이다.

물론 공민왕 개인은 불쌍한 사람이었다. 공민왕은 이미 즉위하기 전부터 주변 사람들에게 자주 배신당했고, 즉위 직후에는 조일신의 난마저 겪었다. 홍건적의 침입으로 자신의 개혁을 포기하기도 했으며, 덕흥군에게 왕위를 빼앗길 위기 역시 겪었다. 그랬기 때문에 왕은 신하를 믿지 못했다.

《고려사》에는 몇 번이고 이런 말이 반복된다. 왕에게 의심과 시기가 많아서 공신 중에 목숨을 보전한 사람이 없다고. 그게 두려워서 일부러 벼슬을 버리고 공민왕의 곁을 떠난 이들도 있었다. 이것이야말로 공민왕이 만든 지옥이었고 개혁이 실패한 진정한 이유일 수도 있다. 어떤 이유가 있더라도 왕은 그 시대의 모든 것을 책임지는 인물이다. 그래서 공민왕의 어머니 명덕태후는 아들에게 이렇게 충고를 하기도 했다. 오히려 지금은 난폭했던 충혜왕 때보다도 많은 신하가 죽어 가고 있다면서.

"백성이 다 죽으면 너는 누구의 왕이냐?"

그래서 신하들을 믿지 못했던 공민왕은 홀로 죽었다.

역사 속 몰락한 왕 3

조선 연산군

폭군이 갖춰야 할 모든 것

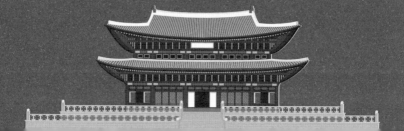

조선 제9대 왕 성종
成宗, 재위 1469~1494년

7년	· 11월 7일, 연산군 출생
10년	· 6월 2일, 윤 씨 폐출
11년	· 11월 8일, 정현왕후 윤씨를 왕비로 책봉 (중종의 어머니)
13년	· 8월 16일, 폐비 윤씨 사사
14년	· 2월 6일, 연산군 세자 책봉
20년	· 5월 20일, 성종, 폐비 윤씨의 제사를 명하다
25년	· 12월 24일, 성종 사망
	· 12월 29일, 세자 연산군 즉위

조선 제10대 왕 연산군
燕山君, 재위 1494~1506년

1년	· 3월 16일, 연산군, 어머니의 폐비 사실을 알게 됨
3년	· 5월, 궁궐 담 바깥 100자 내의 민가를 철거하려다가 신하들의 반대로 그만둠
4년	· 《성종실록》 실록청 설치
	· 7월 11일, 김일손의 사초에서 〈조의제문〉이 문제가 돼 무오사화 시작
	· 7월 17일, 김종직의 부관참시 결정
9년	· 11월, 성균관 근처와 왕궁을 내려다보는 위치의 민가를 철거
10년	· 3월 13일, 연산군, 환관들에게 입조심하라는 패를 차고 다니게 함

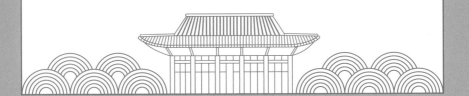

· 4월, 후궁 전향, 수근비가 투기했다고 하여 관계자를 잡아들임
· 6월, 두 후궁을 처형하고 목을 잘라 궁인들에게 보인 뒤 외딴 섬에 묻음
· 7월 19일, 연산군의 통치를 비방한 익명서 발견
· 8월, 금표에 숨어든 사람을 처형
· 10월, 갑자사화 발생

12년
· 1월 28일, 연산군을 시해할 것을 주장하는 익명서가 종루에 나붙음
· 9월 2일, 중종반정으로 연산군 폐위

조선 제11대 왕 중종
中宗, 재위 1506~1544년

즉위년
· 11월 8일, 연산군이 강화도에서 역질로 사망

촉망받았던 후계자

　조선의 제10대 왕 연산군은 그야말로 폭군에게 필요한 모든 것을 갖춘 종합 선물 세트였다. 광해군은 근래 들어 외교적인 성과를 주목하거나, 다음 대 인조의 부정적인 통치와 비교하는 등 재평가를 할 것이 조금은 있다. 그에 비해 연산군은 정말 구제의 여지가 없다.

　그는 온갖 사치와 방탕을 누렸고, 한글(언문)의 사용을 금지했으며, 무고한 사람을 죽이는 사화를 일으켰다. 백성을 괴롭히고, 신하들을 마구 죽였으며, 심지어 아버지의 후궁들을 때려죽이고, 할머니 인수대비를 죽음으로 몰아넣은 패륜아였다.

　물론 연산군도 인간적으로 동정할 구석이 있기는 하다. 어머니 폐비 윤씨가 아버지 성종에게 사약을 받아 죽은 기구한 사연 때문이다. 드라마나 각종 매체에서는 그가 폐비 윤씨의 비극적인 죽음 때문에 슬픔을 가지게 되었고, 어머니의 원수를 갚으려고 했으며, 그러다 보니 나쁜 왕이 되었다며 인간적인 상처와 고통에 호소하며 변명해 주곤 한다.

　딱히 현대 사람들만 그러진 않았다. 연산군의 오래된 야사들도 모두 그가 어머니를 잃은 고아라는 점에 초점을 맞추는 경향이 있다. 어린 연산군이 어미 소와 송아지를 보고 "저 소도 어미가 있는데 왜

저에게는 어머니가 없습니까?"라고 물었다고도 한다. 듣기만 해도 안타까운 이야기지만, 이것은 사실이 아니다. 연산군이 그랬을 것이라고 믿고 싶은 사람들의 바람이 만들어 낸 이야기였다.

그렇다면 실제의 연산군은 어떨까? 실록《연산군일기》에 따르면, 그는 왕이 되고 난 다음, 즉 아버지 성종이 승하한 다음에야 어머니의 일을 알게 되었다고 한다.

연산군 1년 3월 16일, 연산군은 아버지 성종의 묘지문을 보고 승정원에 전교를 내렸다. 묘지문에 윤기무(尹起畝)의 이름이 적혀 있는데 윤호(尹壕)를 잘못 적은 게 아니냐고 물은 것이다. 윤기무는 폐비 윤씨의 아버지이자 연산군의 외할아버지이고, 윤호는 정현왕후의 아버지이다. 연산군은 그때까지 윤호가 자신의 외조부요, 정현왕후가 어머니인 줄 알고 지냈던 것 같다. 그러자 승지들은 이제까지 연산군이 몰랐던 사실을 고했다.

"윤기무는 폐비 윤씨의 아버지인데, 윤 씨가 왕비가 되기 전에 죽었습니다."

그러자 연산군은 주변 사람들에게 폐비 윤씨가 누구인지, 왜 폐해졌는지 물었을 것이다. 실록은 연산군의 반응을 짤막하게 적었다.

왕이 비로소 윤 씨가 폐위되어 죽었다는 것을 알고 수라를 들지 않았다.

그만큼 충격이 컸다는 이야기였으리라. 그리고 결과적으로 연산군은 결국 조선 왕조 최초로 왕위에서 쫓겨난 폭군이 되었다. 이러니 저러니 해도 충격적인 가정사가 있는 것은 사실이고, 연산군이 깊은 영향을 받은 것도 분명하다.

그래서인지 다른 야사에는 이런 이야기가 있다. 연산군의 어머니 폐비가 죽을 때, 많은 사람이 나중에 연산군이 폭군이 되리라는 것을 예측했다고. 하지만 이건 결과론적일 뿐이다. 연산군만큼이나 괴로운 일을 겪었지만, 성군이 된 정조도 있으니 말이다. 그리고 이런 생각도 든다. 연산군이 폭군이 될 줄 알았다면, 왜 왕으로 삼았냐고.

다소 의외이겠지만, 세자 연산군은 나름대로 괜찮은 후계자였다. 우선 역사적인 이유가 있었다. 연산군이 왕이 되기 전까지, 조선의 왕위 계승은 대단히 뒤죽박죽으로 벌어졌다. 가장 처음 문제는 세조였고, 세조 다음은 형이었던 의경세자가 일찍 죽어서 둘째 아들이 왕으로 즉위했다. 그리고 1년 뒤 또다시 예종이 일찍 죽었는데, 왕의 아들인 제안대군이 너무 어렸다. 그래서 일찍 죽은 의경세자의 둘째 아들인 성종이 사촌과 형 월산대군을 제치고 왕이 되었다. 이렇게 어떻게든 조선의 왕위가 이어졌지만, 영 체면이 서질 않았다. 그래서 왕비(폐비 윤씨)에게서 적자인 연산군이 태어났을 때 임금과 신하들은 이보다 더한 경사가 없다며 지극히 기뻐하며 축하했다.

하지만 연산군이 태어난 지 고작 7개월 되었을 무렵, 윤 씨가 폐비되어 서인이 되었다. 원인은 잘 알려졌다시피 부부싸움이었다. 성종이 후궁의 거처로 행차하자 질투심에 불탄 윤 씨가 뛰어들었고, 야사에 따르면 성종의 용안에 손톱자국을 남겼다고 했다. 성종은 화가 머리끝까지 나서 신하들의 만류에도 윤 씨를 폐서인하고 궁궐에서 쫓아냈다. 원래 폐비 윤씨는 후궁으로 들어온 처지였다. 성종은 여러 비빈 중에서도 폐비 윤씨를 지극히 사랑해서 자기 손으로 왕비로 삼았거늘, 이렇게 파국이 벌어졌다. 그건 성종 때문이었을까, 폐비 윤씨 때문이었을까. 정말로 불쌍해진 것은 아이, 그러니까 연산군이었다. 어머니가 쫓겨났을 때 연산군은 아직 강보에 싸인 아기였다. 다시 몇 년의 시간이 흘렀지만, 연산군은 왕궁에 있지 않았다. 조선 초기의 왕자들은 곧잘 다른 왕족이나 대신 집에서 양육되었고 연산군도 다섯 살 무렵까지 왕족과 대신들의 집에서 자랐기에 부모의 결별을 직접 보지도 못하고, 잘 알지도 못했다.

성종은 윤 씨 이야기만 들으면 대단히 신경질적이 되었다. 연산군(당시 원자)을 왕궁에 들이자는 의견을 거절하는 한편, 윤 씨의 이야기를 하는 신하에게는 "죽을 죄를 저질렀다."라며 화를 냈다. 어떤 신하는 폐비 윤씨를 편들며 "원자가 나중에 이 사실을 알면 마음 아파하지 않겠습니까?"라고 했다가 국문을 받기도 했다.

그렇게 몇 년이 지난 성종 13년(1482), 윤 씨에게 사약이 내려졌다. 이유는 나중에 윤 씨가 세자(당시는 원자)를 조종해서 종묘사직을 망칠 위험이 있기 때문이라는 것이다. 오랜 역사를 뒤져 보면 여태후나 측천무후처럼 아들을 조종해서 나라를 망하게 할 뻔한 왕들의 어머니가 있기는 했다. 하지만 이미 폐비된 윤 씨에게 그럴 힘이 있었을까? 그래도 성종은 폐비 윤씨의 사사가 나라를 구하기 위한 결단이라고 애써 주장했다.

폐비 윤씨가 사약을 마시고 죽었을 당시 연산군의 나이는 여섯 살이었다. 연산군은 과연 어머니가 아버지에게 죽임당했다는 사실을 알았을까? 어느 정도 철이 들었을 나이였지만, 어머니의 비극과 어른들의 사정을 알기엔 너무 어렸을 것이다.

역설적이지만 윤 씨의 죽음은 연산군의 자리를 군건하게 해 주었다. 윤 씨가 모든 잘못을 뒤집어쓰고 죽었기에, 연산군은 조선 왕조의 후계자로서 아무 하자도 없어졌다.

그래서 일곱 살의 나이로 세자로 봉해진 이후 연산군은 별 탈 없이 후계자 코스를 밟았다. 열다섯 살에 《소학》을 떼고 《대학》, 《중용》, 《논어》 같은 공부를 차곡차곡 해냈다. 적어도 《성종실록》에 나타나는 연산군은 세자로서의 교육 과정을 무리 없이 이수한 것으로 보인다.

그뿐만 아니라, 성종 25년에는 원손까지 낳았다. 비록 이 원손은 일찍 죽었지만, 세자와 세자빈은 금실이 좋아 연년생으로 줄줄이 자식을 낳아서 후계자를 걱정하는 왕가의 어른들을 안심시켰다.

아버지로서 성종은 세자를 몹시 기특하게 여겼다. 너무 많은 것을 익히기보다는 조금씩 차근차근 익히라고, 공부를 쉬엄쉬엄하라는 자상한 전교를 내리기도 했다. 그리고 자식의 교육에도 열심히 참여했으니 신하들과 함께 세자의 교육 방법을 의논했고, 세자의 얼굴에 난 종기를 치료하려고 중국에서 약을 찾기도 했다. 무엇보다도 나중에는 '세자를 위해' 폐비 윤씨의 제사를 지내 주라고 밀지를 내리기까지 했다. 사랑하는 아들을 위해서라면 전처에의 미움도 누를 수 있었다는 것이니 진정한 자식 사랑이었다.

《성종실록》이 연산군 때 쓰였으니 연산군을 좋게 썼을 거로 생각하더라도, 만약 연산군에게 어떤 문제가 있었다면 반드시 사간원이 물고 뜯었을 것이다. 똑같이 적장자이면서 대형 사고를 연속으로 쳤던 양녕대군에 비하면 세자 연산군에게서 폭군의 조짐은 찾아보기 어려웠다. 이렇게 세자 시절과 왕이 된 이후가 판이하다 보니, 연산군이 어머니의 죽음을 알고 충격으로 미쳤다는 말도 무리가 아니다.

하지만 연산군은 조선의 왕이었다. 연산군이 폭군이 된 이유? 몇 발자국 뒤로 물러서서 연산군이라는 개인 외에 그의 시대를 널리 조망해 본다면, 또 하나의 이유가 드러난다.

성종 시대의 조선은 유교 국가의 기틀이 단단해졌고, 큰 외란이나 내란도 없이 안정되었다. 무엇보다도 성실한 군주였던 성종은 진실로 성군이 되기 위해 노력했다. 밤낮없이 공부하는 것은 물론, 신하들에게 말의 자유를 전폭적으로 허락했다. 만약 자신을 대표적인 폭군인 걸왕이나 주왕에 빗대어 말하더라도 화내지 않겠다고 하면서 신하들에게 자신의 결점을 말해 달라고 부탁하기까지 했다.

이렇게만 본다면 성종의 시대는 태평성대였을 것 같지만, 꼭 그런 것은 아니었다. 가장 먼저는 신권이 너무 강력해졌다. 이는 성종이 잘못했다기보다는 시대의 탓이었다. 왕 혹은 후계자가 일찍 죽고 비정상적인 승계가 계속되면서 성종은 제대로 권위를 가지지 못했다. 형 월산대군과 사촌 제안대군이 있으니, 성종은 계속 신하들의 눈치를 볼 수밖에 없었다. 또 세조의 왕위 찬탈도 크게 한몫했다. 그래서 성종의 시대 내내 왕권을 견제하는 사간원과 홍문관의 힘이 세졌고, 그들은 정책의 결정과 관직 임용 등 여러 국가의 현안에 다양한 의견을 내놓았다. 성실하게 노력하는 왕과 다채로운 주장을 주고받는 신하들. 아주 좋은 정부일 것 같기도 하다. 어느 정도는 그랬다. 하지만 점점 지나쳐져서 너무 큰 폐해를 만들어 냈다.

사간원이 무엇인가, 본디 왕과 대신들에게 잔소리하는 기관이다. 만약 잘못된 일이 있으면 죽음을 두려워하지 않고 권력자인 왕에게 잘못이라고 외칠 수 있는, 가장 기개 있는 자들이 있었고, 많은 존경을 받았다. 그렇지만 성종 시대의 사간원은 잔소리나 충언을 하는 게 아니라 그냥 물고 뜯었다. 새로운 정책을 이러니저러니 물고 뜯고, 새로 임명되는 관리의 자질을 좋으니 나쁘니 하며 헤집고, 온갖 시시콜콜한 것들을 들이대며 대신을 파면하라고 비난했다. 그중에는 부정 축재를 했다거나 비도덕적인 일을 저지르는 등 잘못도 있었지만, 공부가 부족하다거나 나약하다는 등 근거 없이 불확실한 유언비어도 있었다. 사간원은 사실을 제대로 확인하지도 않고 우선 비난한 뒤 '아님 말고'라는 식으로 일관했다.

그래서 노사신은 사간원의 지나침을 지적하면서 "자기들 뜻과 다르면 무작정 몰아세우는 폐단을 없애야 한다."라고 했다. 그러자 사간원은 그를 당장 파직시키자면서 "그 살과 고기를 씹고 싶다."라는 극언을 퍼부었다. 이런 살벌한 분위기는 사간원 내부마저 흉흉하게 만들었다. 정책 비판, 아니 비난에 동참하지 않으면 권력에 아부한다며 몰아세웠다. 이것이 정상일 리 없었다. 비판이 아예 없는 정치는 폭주할 위험이 있지만, 비판을 위한 비난이 난무한다면 국정은 이러지도 저러지도 못하고 나아갈 방향을 잃고 표류하게 된다.

그런 의미에서 성종은 조선의 임금 중 가장 뛰어난 인내심의 소유자였다. 그런 사간원을 데리고 어떻게든 정치를 굴려 갔으니 말이다. 스트레스가 너무 심했는지 서른여섯 살 젊은 나이에 세상을 떠났지만, 이처럼 신하들의 무수한 잔소리 속에서도 꿋꿋하게 왕 노릇을 하며 때로 굽히고 양보했다. 참다못해 울컥 화를 낼 때도 있었지만 그것도 잠깐이었고, 사간원을 필두로 한 신하들이 억지를 부려도 좋게 말하면서 참고 또 참았다. 설령 거슬리는 말이라도 잘 듣겠다는 자신의 말을 충실히 이행한 것이다.

하지만 성종이 세상을 떠나고 연산군이 열아홉에 왕이 되면서 문제가 벌어졌다. 연산군에게는 어머니가 살해당했다는 개인적인 비극과 뛰어난 성군이던 아버지에 대한 콤플렉스도 있었지만, 신권이 너무 커진 조선 왕조의 상황이야말로 그가 물려받은 최악의 유산이었다. 태평성대처럼 보인 성종의 시대였건만, 어떤 의미에서는 폭군 연산군이 자라날 수 있는 토양이 충실하게 마련되어 있었다.

요즘이라면 갓 고등학교를 졸업하거나 대학교에 들어갈 나이의 세자 연산군은 12년 가까이 후계자 교육을 철저히 받았지만, 왕으로서 완벽하게 대비됐다고 할 수는 없었다. 게다가 왕이 바뀌었지만, 신하들은 그대로였다. 새로운 왕 연산군은 아버지 성종의 나라를 다스리게 되었다.

앞서 말했듯이, 태평성대였던 성종의 시대는 신하들의 권한이 지나치게 커져서 왕권은 물론, 정치 지형을 어긋나게 하고 있었다. 당시 사간원을 비롯한 사림의 선비들은 올바른 일을 한다고 믿으면서 현실 정치를 비판했다.

하지만 사회적으로는 아무리 옳아도 현실 정치에서 인정할 수 없는 것이 있다. 예를 들어 세조의 비정상적인 즉위가 그런 경우였다. 단종이 어린 나이에 불쌍하게 죽은 것은 사실이지만, 그에게서 왕위를 빼앗은 세조는 조선 왕조의 어엿한 임금이자 다음 임금들의 선조였다. 만약 세조가 찬탈했다는 사실을 인정한다면, 그 자손인 성종이나 연산군 역시 불법으로 왕위를 점유했다는 말로 번질 수도 있었다. 민감해질 수 있는 사안이건만, 사림을 비롯한 선비들은 자신들이 옳은 말을 한다며 당당하게 목소리를 높였으니 이게 문제였다.

성종은 어쨌든 참았다. 김종직이 "사육신은 충신입니다."라고 말한 일도 있었는데, 이 말인즉슨 사육신을 죽인 세조가 반역자라는 뜻이었다. 그런 세조의 손자인 성종의 눈앞에서 조상을 욕한 것이며, 더 나아가 왕위가 정당하지 않음을 뜻할 수도 있었다. 그런데도 성종은 안색만 변한 채 침묵을 고수했을 만큼 초인적인 인내심을 발휘했다.

하지만 연산군은 아버지와 달리 화를 내며 맞받아쳤다. 그는 신하가 감히 왕을 우습게 보고 얕잡아 본다며 분노했다. 그래서 사간원이 "임금이 (나라의) 일을 하려면 먼저 간하는 말을 들어야 한다."라는 말을 했을 때, 연산군은 "임금을 가벼이 여기므로 감히 그런 말을 하는 것이다."라며 화를 벌컥 내기까지 했다.

왜 성종은 참고 연산군은 참지 않은 것일까? 여기에는 성격 차이도 있겠지만, 성종과 연산군의 입장이 다른 탓도 있었을 것이다. 사실 성종은 즉위한 순간부터 마음을 놓을 수 없이 불안했다. 삼촌 예종의 뒤를 이어 왕이 되기는 했지만, 형인 월산대군과 사촌이자 예종의 아들이던 제안대군이 시퍼렇게 눈을 뜨고 살아 있는 상황이었다. 만약 무엇 하나 어긋났다 하면 '차라리 누구를 왕으로 할 것을'이라는 말이 나오기 십상이었다. 그래서 언제나 좋은 임금이 되기 위해 긴장하고 자기 자신을 다잡아야 했다. 하지만 연산군은 적장자로 태어나 정당한 왕위 계승자로 자랐으며, 그의 라이벌이 되었던 진성대군(중종)은 무려 열두 살이나 어렸다. 따라서 연산군은 독보적인 위치에서 강력한 권위를 타고났기에, 신하들에게 굽혀야 할 이유가 없다고 생각했던 것 같다.

신하인 주제에 감히 왕을 우습게 여기고 대든다. 용서할 수가 없다. 이것은 즉위 초기부터 연산군이 신하들에게 가진 불만이었다. 여기에서 한발 더 나아가, 연산군은 자기 측근을 향한 비난마저 자신에 대한 공격으로 받아들였다. 게다가 연산군에게는 나쁜 버릇이 있었는데 화를 잘 내는 것은 물론, 말꼬리를 잡아 빈정대곤 했다는 것이다. 설령 마음에 들지 않는 의견이고 사람이라도, 왕인 이상 그들도 자신의 백성이기에 어떻게든 들어는 주고, 그다음에 의견 차이를 좁히고 합의를 만들어 가야 하지 않겠는가. 하지만 연산군의 특기는 상대방 속을 박박 긁는 것이었다.

《연산군일기》를 읽노라면 연산군은 정말로 달변가였다. 기발한 표현을 쓰기도 하고 적절하게 상대방의 말을 받아치는 호흡이 기가 막힌다. 분량이 너무 많아 지금 여기에 연산군과 신하들 사이에서 오갔던 설전을 하나하나 옮길 수는 없지만, 그 어느 것이나 재치 있고(나쁜 쪽으로) 통쾌해서(안 좋은 쪽으로) 보는 사람의 성질을 살살 긁는다.

전의 상소에서는 대신을 비방했고, 지금은 대신을 내쫓자고 하니, 그러면 너희들에게 그 소임을 맡길까? 너희는 문서나 맡은 관리[刀筆之吏]이다.

임금의 과실도 다 말해야 하는데 대신의 과실을 어찌하여 말하지 못하겠느냐.

이와 같은 일은 입이 있는 자라 하여 모두 말할 수 있는 일이 아니요, 이미 변방의 일을 잘 아는 재상으로 더불어 상의하였으니, 어찌 지식이 얕은 유생들의 알 바이겠는가.

대저 임금이 수의를 하는 것은 그 좋은 것을 취택하려는 것인데, 지금 대간이 일일이 논박하니, 그렇다면 단지 대간만으로 나라를 다스려야 하느냐.

왕이 이렇게 말하니, 사간원의 신하들도 수준을 맞춰 막말을 쏟아내며 왕과 다퉜다. 연산군 시대의 언쟁 기록을 보면, 왕과 신하가 아니라 철이 덜 든 학생들이 유치하게 싸우는 꼴을 보는 듯하다. 이를 테면 날씨가 나빠지고 천재지변이 일어나면, 신하들은 왕에게 덕이 없어서 이런 일이 벌어졌다고 주장하고, 연산군은 신하들이 못났으니 나쁜 일이 벌어진 것이라고 맞받아쳤다.

덕분에 《연산군일기》는 오가는 말싸움으로 꽤 생기발랄한 기록이 되었고, 강 건너 불구경이 그러하듯 읽는 재미마저 있다. 하지만 이래서야 나라가 제대로 돌아간다고 하겠는가. 왕의 임무는 나라를 다스리는 것이지 신하와 말싸움을 하는 게 아니다. 따라서 왕과 신하는 힘을 합쳐 나라가 잘 굴러가게 해야 하는데, 이제 서로의 속을 긁으며 '말대꾸 누가 잘하나'를 겨루고 앉아 있으니 대단히 한심했다. 이 악순환을 끊으려면 한쪽이 꾹 참거나, 아니면 판을 뒤엎어야 했다. 연산군은 후자를 선택했고, 그것이 바로 사화(士禍)였다.

왕에게 잔소리하지 말라, 두 차례의 사화

생각해 보면, 갓 즉위한 연산군은 왕권과 신권 사이의 균형을 되찾을 수도 있었다. 그럴 힘이 그에게 있었다. 정당한 계승자이자 최고의 교육을 받았고, 평화로운 시대를 이어받았다. 그리고 사간원의 지나친 비난과 참견에는 왕뿐만이 아니라 대신들 역시 염증을 냈다. 만약 현명한 왕이었다면 사간원을 견제하면서 좀 더 좋은 정치를 펼칠 수 있었을지도 모르지만, 사화라는 최악의 결과가 나왔다. '선비 사(士)' 자와 '재앙 화(禍)' 자로 이루어진 단어, 선비들의 재난. 이는 수많은 신하가 죽거나 귀양 가는 정치적인 재해였다. 연산군 치세에는 무오사화와 갑자사화, 두 번의 사화가 있었다. 이들은 워낙 중요한 사건들이었기에 이들을 기준으로 연산군의 시대를 셋으로 나누기도 한다.

먼저 무오사화는 연산군 4년, 김일손이 사초에 스승 김종직의 글 〈조의제문〉을 기록한 것이 계기가 되었다. 그러니까 사림의 종주였던 점필재 김종직이 꿈속에서 항우에게 왕위를 빼앗기고 살해당한 초회왕을 만난 후 〈조의제문〉을 지었다. 그런데 이 글이 단종을 동정하면서 세조를 비판하는 내용이라는 혐의를 받았다. 이 사건에는 간신의 대명사로 알려진 유자광이 크게 관여했는데, 김종직이 그의 시를 불태웠다는 개인적인 원한 때문이었다는 소문도 있었다. 다른 한편으로 어머니의 복수를 하고 싶었던 연산군이 〈조의제문〉을 빌미로 사화를 일으켰다는 의견도 있다. 하지만 연산군에게는 어머니의 복수 외에 또 다른 목표가 있었을 수도 있다.

먼저 무오사화로 벌어진 인명 피해를 분석해 보자. 이때 연산군에게 사람들이 마구 죽임당했다는 선입견이 있지만, 실제 사형당한 사람은 7명이었고, 여기에 유배 등의 다른 처벌을 당한 사람을 합치면 모두 44명이었다. 물론 7명이 죽었으니 사소하다는 말은 아니다. 그리고 이것 말고도 이미 죽은 김종직을 관에서 꺼내 목을 자르는 참혹한 일도 있었다. 그래서 당시에는 큰 충격을 주었지만, 또 그렇다고 산과 들이 피로 물들 정도로 심하지는 않았다는 말이다. 앞서 말했듯이 성종 시대 때 신권이 너무 커지다 보니 사간원이 화를 자초한 면도 있었다. 그러니까 사화가 있었으나 최악의 상황은 아니었다.

하지만 연산군은 적당한 선에서 멈추는 대신, 한발 더 나아가 사태를 악화시켰다. 무오사화가 진행되면서 이미 죽은 김종직의 처벌을 논의할 때였다. 단종의 일은 안타까웠지만, 그래도 세조의 증손자가 왕인 세상에서는 용서받기는 어려운 죄였다. 신하 대부분이 부관참시를 외쳤지만, 사간원을 비롯한 삼사는 조금 다른 의견을 제출했다.

종직의 〈조의제문〉은 부도(不道)하오니, 죄가 베어도 부족하옵니다. 그러나 그 사람이 이미 죽었으니 작호(爵號)를 추탈하고 자손을 폐고(廢錮)하는 것이 어떻겠습니까?

이미 죽은 사람이니, 관직을 삭탈하고 자식들이 과거를 보지 못하게 하자고 주장했다. 나름 합리적이며 현대적인 주장이긴 했다. 그러나 어떻게든 벌을 깎아 주려는 의도가 없지는 않았을 것이다. 연산군은 이것을 대역죄를 옹호하는 것이라고 간주했고, 당장 의견을 제시한 사람들을 끌어내 곤장을 치게 했다. 그래서 쇠사슬을 든 나장

10여 명이 재상, 대간 이하 관리들이 모두 모인 곳으로 들이닥쳐 해당자들을 억지로 끌어내어 곤장을 수십 대 쳤다. 난데없이 벌어진 폭력의 현장 앞에서 신하들은 깜짝 놀라 우왕좌왕했다. 비록 삼사에 조금 불순한 의도가 있었다곤 해도, 너무나도 지독한 모욕과 처벌을 받은 것이다. 이 일 이후 연산군은 이런 전교를 내렸다.

대간(臺諫)이 일을 말하며 꼭 공의(公議)라 하는데, 어떻게 다 공의이겠느냐. 요사이 대간이 망령되게 공론이라 이르고 큰일을 잘못 논한 것은 경들이 함께 본 바이다. 또 선비들이 당파를 만들어 나쁜 짓을 하였는데, 대간이 용렬하여 능히 탄핵하지 못하므로 요즈음의 일을 초래한 것이다.

이후로도 연산군은 '이전의 대간처럼 불초하거나', '어린 사람과 너무 나이 많은 사람을 뽑지 말라'라는 등의 '임용 가이드'를 내리기까지 했다. 결국 이 일은 대간이 무엇을 잘못해서 처벌을 내렸다기보다는, 혼내 주려던 참에 좋은 핑곗거리를 잡은 것뿐이었다.

'나는 나라의 왕이고, 내 뜻에 거역하는 것은 하극상이다.'

이것이 연산군의 치세 내내 그의 철학이었다. 설령 신하들의 의견이 좋건 나쁘건, 그건 연산군에게 상관없었다. 또 그가 입버릇처럼 했던 말이 바로 '능상(凌上)'이었다. 감히 윗사람을 업신여기는 것, 그런 사람 혹은 태도. 연산군은 그걸 도저히 용서하지 못했다. 그래서 즉위 초기부터 능상의 풍속을 고치겠다는 말을 입에 달고 살았고, 실제로 시행했다.

연산군 때 두 번째로 벌어진 사화인 갑자사화도 폐비 윤씨의 복수를 위해 벌인 것이라는 선입견이 있다. 하지만 내막을 들여다보면 사정은 매우 복잡하게 얽혀 있다.

앞서 무오사화는 매우 폭력적인 사건이었지만 그래도 사회적 공감을 어느 정도 얻을 수 있었다. 성종 이래로 사간원은 너무 지나친 면이 있었는데, 무오사화 이후로 타격을 받고 기세가 꺾였다. 그래서 이전처럼 극단적인 간쟁이 조금은 줄어들었다. 이는 곧 왕권 강화를 뜻했는데, 연산군은 이렇게 얻은 권력을 나라를 운영하는 데가 아니라 노는 데 썼다.

연산군은 내내 신하들 때문에 스트레스를 받던 아버지의 모습을 보며 살았다. 그러다가 사화를 통해 새로운 세상이 펼쳐졌다. 왕의 명령대로 휘둘러지는 폭력 앞에서 신하들은 모두 겁에 질려 머리를 조아렸다. 연산군에겐 그 순간이 너무 짜릿했던 게 아닐까. 위대하고도 강력한, 누구의 잔소리도 듣지 않는 왕이 되었던 것이 말이다. 그리하여 연산군은 권력을 쥐고 마음대로 했다. 마음에 드는 절에 선물을 보내거나, 불경을 만들었다. 3년을 입어야 하는 상복제도를 27일로 뜯어고치게도 했다. 명색이 유교의 나라인 조선의 왕이었는데 너무나도 파격적인 행보였다. 그러나 이는 이후 이어질 일에 비하면 얌전한 것이었다.

연산군은 취미 활동에 진심이었다. 그는 춤을 좋아하고, 노래와 시를 좋아했다. 왕은 자주 시를 지어 신하들에게 내렸는데, 《연산군일기》에 기록된 것만도 백여 수가 훨씬 넘는다. 그에게는 예술가의 기질이 있었을지도 모른다. 설령 왕이라 해도 그런 감각이 있다는 것은 꽤 괜찮은 일이다. 하지만 연산군은 자제할 줄을 몰랐고, 결국 나라가 굴러가는 것 역시 예술이 되었다.

그래서 국정을 운영하는 장소에서 나랏일을 의논하는 대신, '시 짓기 대회'가 벌어지곤 했다. 연산군의 시는 아름다운 감성을 담고 있었지만, 동시에 신하들을 놀리고 협박하는 내용도 곧잘 담겨 있었다. 시간이 흐르자 연산군은 골치 아프고 힘든 일을 하는 대신 아름답고 좋은 것만 보고 들으려고 했다. 힘들고 어려운 나랏일 대신 나라 안에서 모아들인 아름다운 여인들을 '흥청망청'의 어원이 된 흥청(興淸)에 집어넣고 시를 짓고 노래하고 춤추고 놀게 했다. 예술에서는 대단히 엄격했던 연산군은 여인들이 춤이나 노래, 시에서 실수하면 벌을 내렸지만, 그러면서도 지극정성을 쏟아 선물을 듬뿍 챙겨 주었다. 그래도 가장 많은 호사를 누린 것은 역시 연산군 본인이었다. 값비싼 젓가락, 좋은 옷, 맛있는 음식, 아주 많은 술을 준비하여 연산군은 즐겁게 놀았다. 그래서 연산군 시대에는 궁궐에서 잡일 하는 사람만 2만 2천 명이었고, 후원에서 불을 피울 때 땔감이 아닌 향을 태웠다고 한다. 이 외에도 연산군의 낭비벽은 좀 더 구체적이고 다양하다.

연산군은 세금으로 올라온 면포 80만 필을 20일 만에 다 쓴 것을 시작으로, 술을 100병씩, 200병씩 바치게 했다. 그뿐만 아니라 전복이나 노루 꼬리, 수정포도 같은 귀한 먹거리를 좋아했고, 백단향이나 침향같이 값비싼 향을 태우는 것도 좋아해서 많이 바치게 했다. 그런데다가 담비 가죽, 금, 꿩, 공작 깃털 등 사치품 수입에 열을 올렸고, 심지어 숙취약까지 중국에서 사 오게 했다. 다른 사람에게 자신의 사치스러운 취향을 강요하기도 했다. 얇고 거친 종이에 글을 써서 올리는 것은 임금을 존경하는 게 아니니까 깨끗하고 좋은 종이를 쓰게 했는데, 이는 황당한 명령이지만 연산군의 예술적 감수성과 과시욕을 보여 주는 사례이다.

이런 일을 할 수 있었던 것은 연산군이 왕이었기 때문이다. 그렇지만 아무리 나라의 재산이 많아도 끝없이 돈이 나오는 화수분은 아니었다. 나라의 돈이 부족해지고 쪼들리자 연산군은 재상들에게 주는 부의금 액수를 깎았다. 연산군 8년에는 충훈부(忠勳府)에서 "어떤 공신이 오랫동안 녹봉을 받지 못했으니 지급해 주자."라는 의견을 올리자, "봉록을 주는 것은 임금의 권한인데 아랫사람이 스스로 먼저 함부로 아뢰었다."라며 국문하려 들기까지 했다. 공신이라면 요즘 말로는 국가유공자였다. 그런데 제대로 녹봉을 주지 못했다니 나라 망신인 일이다. 하지만 연산군은 나라의 지도자인 자기가 챙겨야 할 일을 올바르게 챙긴 사람에게 오히려 화를 냈다. 잘못이 드러나서 창피했던 것일까, 아니면 공신에게 줘야 할 녹봉이 아까웠을까. 아무튼 연산군은 값비싼 명품을 사고 흥청을 꾸밀 돈은 있어도 연금을 지급할 돈은 없었다는 것이다. 이렇게 쩨쩨한 임금을 누가 믿고 충성을 바치겠는가?

이렇게 잘못되면 누군가가 막아야 하지 않을까. 조선의 신하들도 바로 그랬다. 게다가 그래서 무오사화 때만 해도 연산군에게 호의적이었던 대신들(훈구 세력)은 차츰 왕에게 등을 돌렸다. 결국 대신과 사간원이 함께 왕에게 반대했다. 보통의 왕이라면 자신이 무엇을 잘못했는지 반성할 법도 하지만, 연산군은 아니었다. 대신들이 능상, 왕을 업신여긴다며 분노했고 자잘하게 보복했다. 자신에게 반대하거나 잔소리하는 신하들을 하나하나 기록하게 해서 나중에 처벌하는 증거로 삼았고, 아예 그들이 경연에 참여하지 못하게 막았다. 연산군에게 싫은 소리를 하는 사람이라면 왕 얼굴도 보기 힘들었다는 말이다. 그러면서 연산군은 신하들에게 딴 생각하지 말고 왕에게 무조건 충성을 바쳐야 한다는 전교를 내리기도 했는데, 바로 두 번째 사화인 갑자사화 직전의 일이었다.

신하 된 도리가 성의를 다하여 위를 받들되 평탄하거나 험난하거나 한결같아야 하는 것인데, 근래에 인심이 예전 같지 않아 조정에 있는 선비들도 거개 제 몸 편히 하기만 힘쓰고, 나라에 목숨 바치는 절개는 힘쓰지 아니하여, 마음에 하고 싶은 것은 다방면으로 이루고, 뜻에 하고 싶지 않은 것은 온갖 계교로 피하니, 이것이 어찌 몸을 바쳐 신하 되는 의리이겠는가? 쌓인 습성이 폐단이 되어 오래되면 바로잡기 어려우니 백관에게 각각 그 마음을 다하고, 제 생각만을 하는 풍습을 되풀이하지 말도록 하라.

이런 전교만 봐도 연산군이 어째서 폭군인지 알 수 있다. 다른 왕들은 딱히 성군이 아니더라도 "내가 덕이 없어서", "내가 부족하지만"이라는 겸양을 기본으로 깔고 간다. 내심은 안 그럴 수 있어도 일단 그렇게 말하는 것이다. 그러면 신하들도 장단을 맞추어서 "아닙니다, 성군이십니다", "제가 모자라지만 왕을 모시는 데 최선을 다하겠습니다"라고 대답을 한다. 역시 내심은 안 그럴 수 있지만 말이다. 연산군은 이런 문답의 태도가 위선적이라고 생각했던 것일까? 연산군의 발언에는 '오로지 너희들이 잘못하고 있다! 알아서 잘 모셔라!'라는 뜻이 담겨 있다. 그런데 이런 말을 들으면 하려고 했다가도 싫어지는 게 사람의 본심이 아닐까. 더구나 자기 놀 돈은 있어도 신하들 줄 돈은 없는 좀스러운 왕인데 뭐 하러 열심히 모시겠는가?

연산군은 건방진 신하 때문에 분노했고, 신하들도 불만이 가득했다. 이렇게 바짝바짝 긴장이 올라가다가 갑자사화가 벌어진 것이었다. 그 명분은 폐비 윤씨의 죽음을 복수하는 것이었지만, 연산군은 이를 대신들과 사간원, 즉 자기 말 안 듣는 신하들을 함께 제거할 기회로 삼았다. 게다가 그에게는 어머니뻘인 아버지의 후궁들까지 처벌(손수 때려죽이거나 자식들의 손으로 죽게 했다고 한다)했을 만큼 잔인했다.

그래서 무오사화 때와는 달리, 갑자사화 때 조선은 그야말로 피바람이 불어 사람들을 두렵게 했다. 위로는 영의정부터, 아래로는 하인과 일가친척에 이르기까지 모두 처벌받고 죽임당했다. 그런데 죄가 분명했던 것이 아니다. 폐비 윤씨에게 사약을 날랐다, 폐비 윤씨가 폐출되거나 사약을 받을 때 이를 말리지 않았다 등 말도 안 되는 이유로 죽었다. 당시 성종의 분노는 어마어마했고, 신하들로서는 감히 말릴 수가 없었다. 그런데도 연산군은 그것을 이유로 삼아 신하들을 죽였고, 이미 죽은 사람은 관을 파내어 목을 베었다. 그뿐만이 아니라 그들의 가족에게도 벌을 주었다. 나이 든 어머니도, 어린아이도 용서하지 않았다. 그러다 보니 피해는 어마어마하게 늘어났다. 최소 65명이 처형되고 300명 가까이 귀양 가거나 벌을 받았으며, 당사자가 아닌 아주 먼 친척들도 모진 고초를 겪어야 했다. 이렇게 무자비한 폭력을 통해 연산군은 사간원 사람은 물론, 훈구 대신도 숙청했다.

갑자사화를 통해 어머니의 복수를 하는 연산군의 이미지가 만들어졌다. 이때 전하는 전설로는, 폐비 윤씨가 남긴 피를 토한 옷자락을 전해 받은 연산군이 슬퍼하며 복수를 맹세했다고도 한다. 그런데 그게 정말일까?

갑자사화의 명분과는 달리, 연산군이 어머니 폐비 윤씨에게 그렇게까지 애틋한 감정을 가지지 않았다는 주장도 있다. 왜냐하면 그가 어머니 기일에 자중하고 슬퍼하는 대신, 온종일 여자들과 노래하고 춤추고 놀았다는 사실이 《연산군일기》 12년(1506)에 기록되어 있기 때문이다. 그것도 그냥 논 게 아니라 벌거벗고 춤추며 음행을 일삼았다고 했다.

물론 연산군 나름대로 어머니 일에 슬퍼했을 수도 있다. 다만 그는 어머니를 위해서가 아니라 자신을 위해 더 화를 냈을 것 같다. 어머니의 안타까운 일생에 공감하는 대신, 폐비의 자식이라며 왕을 우습게 보았을 신하들에게 화가 났고 사화를 벌일 명분으로 삼았다. 마찬가지로 어머니의 슬픔보다 자기의 욕망과 쾌락이 더 중요했으리라.

앞서 본대로 연산군은 이미 즉위하던 초에 어머니 윤 씨의 일을 알고 있었다. 그래서 즉위한 1년부터 어머니 기일에는 그나마 반찬 수를 줄이는 등 챙기려고는 했다. 하지만 폐비의 무덤을 옮기는 일을 두고 신하들이 "폐비는 선대 임금 성종에게 죄를 지었다"라며 반대하자 그들을 설득하는 대신 화를 내며 당장 국문하라고 펄펄 뛰었다. 결국 연산군은 어머니를 불쌍하게 여겼다기보다는 얄미운 신하들을 때려잡기 위한 명분으로 어머니의 일을 이용했다고 보는 쪽이 적절하다. 결론은 불효자라는 소리다.

언론 탄압, 나붙는 익명서

연산군 때의 명물이 있었으니, 바로 신언패(愼言牌)였다. 말을 삼가는 명찰이라는 이름 그대로 입조심을 하라는 경고문이 새겨져 있었다.

입은 재난을 불러들이는 문이요, 혀는 몸을 베는 칼이다. 입을 다물고 혀를 깊이 간수해야 몸이 편안하고 어디서나 든든하리라.

물론 말조심은 해야 한다. 해야 할 말과 하지 말아야 할 말을 구분하지 못하고 마구 하면 남는 것은 상처이고 일어나는 것은 분란뿐이다. 그러나 아주 말을 하지 않는다면 그것도 좋은 일일 리 없다. 문제가 있으면 충분한 대화로 풀어야 하는 것도 틀림없다. 하지만 연산군은 신언패를 만들었고, 신하들의 입을 다물게 했다.

《연산군일기》에서는 이 신언패가 연산군 10년 3월에 만들어졌고, 환관들이 차고 다녔다고 했다. 환관들은 왕궁의 일을 도맡은 하인들이니 왕과 왕실의 비밀스러운 일을 알기 쉬웠고, 그들이 이를 외부 세계에 흘리면 걷잡을 수 없어졌다. 더군다나 환관은 자주 왕의 눈을 가리고 나라를 망치는 단골들이었다.《삼국지》의 십상시나 명나라를 비롯한 역대 중국 왕조에서 환관의 폐해는 어마어마했으니까.

그러면 환관이 아닌 다른 신하들은 신언패를 차지 않았을까? 그럴 리 없지 않은가. 연산군 11년, 연산군의 총애를 받아 권세를 누렸던 대제학 김감(金勘)이 시를 지어 올렸다.

시종 마음을 변치 말아야
왕을 섬기는 도리가 곧 올바르니라.

그 시가 마음에 들었던지, 연산군은 동반과 서반 그러니까 문관들과 장수들 모두의 신언패에 김감의 시를 새기게 했다. 참으로 참신한 언론 탄압이었다. 신하들은 신언패를 몸에 달면서, 다른 사람이 달고 있는 명찰을 보면서 경고를 되새겼을 것이다. 그리고 폐해와 잘못을 보고서도 침묵하게 되었으리라.

　연산군은 이처럼이나 폭군이었다. 그래서 신언패 말고도 사간원과 홍문관을 통째로 없앴다. 조선 왕조에 여러 왕이 있지만, 이만큼의 '위업(나쁜 쪽으로)'을 이룬 사람은 없다. 또 연산군은 자기가 싫어하는 것을 못 견디는 편협한 사람이었으니, 그걸 잘 보여 주는 사건이 언문(한글) 금지령이었다. 그보다 앞서서는 익명서 사건이 있었다.

　익명서란 말 그대로 쓴 사람의 이름이 적히지 않은 비밀 투서였다. 몰래 편지로 보내거나 사람들이 많이 오가는 자리에 붙여 놓기도 했다. '온라인 악플의 역사 시대' 버전이라고 할까. 이런 익명서는 벼슬아치 중 누군가의 비리를 고발하거나 흉을 볼 때 활용되었고, 대체로 충격적인 내용을 담고 있었기에 사람들 입에 오르내리는 커다란 사건으로 번지곤 했다. 바로 그런 이유로 조선의 법전이었던 《경국대전》에는 '설령 익명서가 있어도 내용을 읽지 말고 없애라'라는 내용이 있었다. 어차피 분란의 씨앗이 되리라는 것이 수천수백 년 동안의 검증으로 밝혀졌기 때문이었다.

　그런데 연산군 8년 즈음에는 누군가를 욕하는 글을 써서 사람들이 볼만한 곳에 붙여 두는 일이 자주 벌어졌던 모양이다. 어떤 신하가 《경국대전》을 따라 익명서 내용을 공개하지 말자고 주장하자, 연산군은 그답지 않게 애매하게 대답했다.

　"법이 엄중하지 않은 것이 아니라 풍속이 경박하기 때문에 이같이 되었을 뿐이다."

언뜻 들으면 맞는 것도 같지만, 사태 해결에는 전혀 도움이 안 되는 말이었다. 적어도 분명한 것은, 이때의 익명서는 연산군 혹은 그가 좋아하는 사람들을 비방한 내용이 아니었다.

그런데 연산군 10년 4월에 궁녀 전향(田香), 수근비(水斤非)의 사건이 벌어졌다. 전향과 수근비는 한때 연산군의 후궁으로 사랑받았는데, 장녹수로 더 잘 알려진 장숙원이 등장하면서 총애를 잃게 되었다. 이후 두 여인은 장숙원을 질투하다가 (혹은 장녹수의 모함으로) 지방으로 귀양을 가게 되었다. 그런데 갑작스레 장숙원을 비방하는 익명서가 나붙었다. 연산군은 이미 유배를 가 있던 전향과 수근비를 범인으로 지목하고, 이들의 가족과 친족, 지인까지 잡아들여 총 60여 명을 심문했다. 게다가 곤장을 때리는 정도도 아니고 낙형, 곧 불로 지지는 형벌을 남녀 불문하고 시행했다. 그리고 주모자로 의심받은 전향과 수근비도 예외 없이 유배지에서 끌려 나와 형장을 맞는 신세가 되었다. 국문하는 신하들은 "아무리 그래도 왕의 후궁을 때리는 것은 할 수 없다."라고 호소했지만, 연산군은 듣지 않았다.

그런데 이렇게 크나큰 사달을 냈음에도 뾰족한 증거는 없었던 것 같다. 잡혀 온 사람들은 처음에는 완강히 혐의를 부인했지만, 문초가 계속되다 보니 마침내 자백했다. 하지만 내용이 죄다 뒤죽박죽이라 오히려 들어맞지 않는 것투성이였다. 한마디로 고문에 못 이겨 억지로 말한 것이라는 소리다.

그런데도 연산군은 범인이 밝혀졌다고 단정 짓고, 한때 자신의 후궁이었던 여인들을 능지처참에 처했다. 그것만으로 모자랐는지, 연산군은 이들의 잘린 머리를 가져와 궁인들에게 보이고, 시체를 외딴 섬에 묻고 죄를 적은 표를 세우게 했다.

연산군 10년 4월에 터지고 6월에 처형이 끝난 이 사건의 처리는 잔인하고 끔찍한 처리 과정에 비하면 끝마무리는 애매하고 어설펐다. 정말로 전향과 수근비가 장녹수를 비방하는 글을 적었을까? 설령 그랬다고 해도, 이렇게 참혹하게 처형당할 만큼 큰 죄였단 말인가? 연산군이나 사건을 담당한 관리들도 이런 사실을 모르지는 않았을 것이다. 그런데도 왜 이렇게까지 가혹하게 처분했던가? 답은 어렵지 않으니, 감히 왕이 사랑하는 여인을 험담한다면 이같이 된다는 본보기였다. 그런데 이것은 한때 왕이 사랑했던 여인이라고 해도 절대로 용서하지 않는다는 것이기도 했다.

이보다도 더 심각한 익명서 사건은 연산군 10년 7월에 터졌다. 19일 새벽에 연산군의 왕비인 신 씨(훗날의 폐비 신씨)의 삼촌 신수영에게 한 통의 익명서가 전달되었다. 신수영은 이 사실을 연산군에게 알렸고, 연산군은 당장 군사를 동원해 도성의 각 문을 걸어 잠그게 했다. 그런 다음 혼자서 문서의 봉인을 뜯어 보았다. 익명서는 언문으로 쓰여 있었는데, 개금(介今), 덕금(德今), 고온지(古溫知)라는 세 의녀가 자기들끼리 놀다가 주고받았던 대화록이 적혀 있었다. 언제, 어디 그리고 어떤 상황이었는지도 말이다.

개금　옛 임금은 난시(亂時)라도 이토록 사람을 죽이지는 않았는데, 지

금 임금은 어떤 임금이기에 신하를 파리 대가리 자르듯이 죽이
는 걸까.

덕금 그렇다면 오래 가지 못할 게 틀림없지.

이 외에도 이들은 연산군이 지나치게 여색을 밝힌다는 점을 지적
하며 기생이나 의녀를 모조리 후궁에 집어넣고 있다고 흉을 보거나,
중전의 집안이 연산군의 폭정을 모른 체하고 있으니 이들의 씨를 말
려야 한다고 비난했다. 익명서는 세 사람이 모여 임금을 욕하거나 그
걸 듣고도 모른 척했으니 신고해야 하며, 만약 처벌되지 않는다면 오
히려 그쪽을 가만히 안 두겠다는 고발 겸 협박을 담고 있었다.

어쩐지 어디선가 많이 들어본 듯한 대화다. 그런데 이 대화를 한
사람들은 궁궐의 허드렛일이나 하고 살 것 같은 의녀들이었다. 당연
하지만 그들도 사람이었으니 볼 수 있는 눈이 있고, 생각을 했으며,
자기들끼리 나라 세태를 주제로 의견을 나누었던 것이다. 하지만 어
디까지나 사적인 대화였다. 관리도 아니고, 선비도 아니며, 남자조차
도 아닌 사람들의.

그런데도 이들이 나눈 대화를 몰래 일러바친 상황은 '막걸리 보안
법'이라는 옛날 말을 저절로 떠올리게 한다. 군사 정권 때 술집에서
친구들과 모여 놀다가 대통령과 현 정부 욕을 하면 안기부가 있는 남
산으로 끌고 간다는 바로 그것. 어쩌면 이 익명서는 의녀들에게 원한
이 있는 누군가가 썼던 게 아닐까. 익명서에 실린 세 개의 대화록이
모두 '이런 계집은 징계해야 한다'라는 말투로 마무리 지은 것을 보

면 작정하고 그들을 미워하고 해칠 의도로 쓴 것 같다.

이때 고발자가 자신의 이름을 적었다면 오히려 포상을 받을 수 있었을 텐데 익명으로 적은 걸 보면, 익명서라는 형식을 빌려 연산군을 비난한 게 아니냐는 주장도 있다. 그 숨겨진 사정이야 알 수 없는 노릇이지만, 연산군의 조치는 대단히 신속하고 철저했다.

당장 그날로 익명서에 나온 인물들은 물론이거니와, 그녀들의 지아비를 비롯한 일가친척을 모두 잡아 와서 문초를 벌이고 사정을 캐물었다. 이 익명서가 발견된 바로 다음 날 계엄령을 내렸고, 세 의녀가 쓴 편지를 모두 거둬 오게 했다. 또 대단히 획기적인 조치를 내렸으니 바로 언문 금지령이었다.

앞으로는 언문을 가르치지도 말고, 배우지도 말며, 이미 배운 자도 쓰지 못하게 하며, 언문을 아는 모든 자를 한성의 오부(五部)로 하여금 적발하여 고하게 하되, 알고도 고발하지 않는 자는 이웃 사람을 아울러 죄주라.

이것이 바로 폭군 연산군의 대표적인 업적(나쁜 쪽으로)이었다. 익명서 내용은 하잘것없는 의녀들이 술을 마시며 자기들끼리 수다를 떤 이야기이다. 과연 이렇게까지 나라를 뒤집어엎을 정도로 큰일이었던 걸까. 백성 사이에서 왕을 비난하는 말이 나왔다손 치자. 어쩌다 백성마저 왕을 원망하게 되었는지 이유를 찾아야 할까, 아랫것들의 건방짐을 성토하며 입을 다물라고 형벌을 내려야 할까? 연산군은 후자를 선택했다.

다시금 피바람이 불었다. 수많은 사람이 잡혀 들어오고 서릿발처럼 엄한 형벌과 취조가 거듭되었지만, 좀처럼 익명서를 쓴 진범은 밝혀지지 않았다. 해결 기미는 지지부진하되 왕의 명령은 추상같으니, 기기묘묘한 방안이 동원되었다. 앞서 체포된 이들과 알고 지냈던 사람들도 모두 잡혔고, 익명서와 필적이 조금이라도 비슷하거나 비슷한 글귀를 쓴 적이 있으면 마찬가지로 줄줄이 잡혀가서 형장으로 두들겨 맞았다.

이뿐이랴? 직접적인 혐의가 없어도 연산군에게 불만을 가졌을 것 같은 사람들까지 모두 국문을 받았다. 앞서 사화에 휩쓸려 죽은 사람들의 친인척들은 물론이요, 연산군의 쾌락적인 취미 생활인 운평, 흥청에 강제로 끌려온 여성의 남편들도 대상이 되었고, 과거 시험에 합격했으나 자격이 정지된 사람 등등도 잡혀 왔다. 익명서를 쓸 가능성이 있다는 이유였다. 상황이 이러니 밀고와 잘못된 처벌도 빗발쳤다. 어떤 노비는 자신의 주인이 언문으로 된 책을 가지고 있다고 고발하기도 했다.

이 사건은 1년하고도 반년이 더 지난 연산군 11년 말까지도 해결되기는커녕, 여전히 160여 명이 감옥에 갇혀 있을 정도로 끔찍하게 계속되었다. 아이러니한 것은 처음 익명서에 이름이 실린 의녀들은 사건이 종결될 때까지도 멀쩡히 살아 있었다는 것이다. 하지만 수사가 확대되는 와중에 잡혀 들어간, 사화에 휘말린 사람들의 친인척이 오히려 많이 죽어 나갔다.

연산군 12년에 용두사미 꼴이긴 하지만 겨우 의녀들의 익명서 사건이 종결되었다. 모든 사건의 발단이 되었던 개금, 덕금, 고온지는 해외(제주도 혹은 섬)의 관비가 되었다. 벌을 받긴 했지만 그래도 죽지 않은 게 어디인가.

그런데 얼마 지나지 않은 연산군 12년 1월 28일, 또 다른 익명서가 종루에 나붙었다. 이번에는 연산군을 비난하는 내용이었다.

임금을 시해(弒害)하는 일이 역사책에도 있으니, 가엾은 사량(司良, 선비와 양민, 모든 백성)들아, 나의 의병(義兵)을 따르라.

연산군은 이 익명서의 소식을 듣자마자, 범인이 성균관 유생들이라고 단정 지었다. 증거도 없는데 왜 그런 결론을 내렸는지는 알 수 없지만, 아마 평소 성균관 유생들이 왕이 한 일을 비판해 왔기에 그랬으리라. 그렇게 결론을 내린 연산군은 이제 증거를 찾았다. 그래서 성균관을 뒤져 범인을 색출하게 했다. 의심이 가는 사람들은 또 있었다. 금표(禁標) 설치로 집이 철거되어 원한을 품은 사람들도 있었으니, 연산군은 이들도 잡아들이라 명령했다. 또 있다! 길거리에서 무리 지어 있는 수상한 사람들이나 글자를 알고 있는 사람들을 모두 잡아들이라고 했다. 앞서 사화에 말려들었거나 귀양 간 사람들의 (아직 안 죽은) 친인척을 잡아들이라는 말도 잊지 않았다. 그렇게 더 많은 수상한 사람들을 찾아 댔고, 그들을 심문하면서 형벌은 더욱 가혹해졌다. 그러나 사태는 진정될 국면이 보이지 않았다. 익명서를 쓴 사람은 분명하게 밝혀지지 않았기 때문이다. 그해 7월에 내려진 연산군의 명령은 더욱 섬뜩하다.

간신의 동성 친족이지만 (국문에서는) 빠진 사람을 서인(庶人)까지 아울러 모조리 찾아내고, 명성을 노리는 대간(臺諫)과 죽임당한 사람의 족친을 또한 아울러 모조리 찾아내어 익명서에 대해 묻되, 날마다 고문하여 멸종되도록 하라.

이쯤 되면 연산군에게 진상은 아무래도 상관없었던 게 아닐까. 그냥 불만이 있거나, 가질 법한 사람들을 마구 잡아들일 빌미로 이용했을 뿐이다. 그렇지만 사람을 멸종시킨다는 말이란 얼마나 끔찍한가. 천만다행으로 두 달 뒤에 중종반정이 있었기에 더 잔인한 일은 벌어지지 않았다.

익명서에는 어떤 내용이 있었길래 이렇게 연산군이 화가 났을까? 당연히 폭군이 가장 듣기 싫어하는 말이었다. "왕을 시해하는 일은 역사상 얼마든지 있었다."라는. 명색이 임금이 하늘이던 왕조 시절이었는데, 이렇게까지 대담한 주장이 종로 한복판에 붙었다는 것은 놀랍다. 그전의 의녀들이 뒷말하는데 그쳤던 것에 비해, 익명서는 사람들에게 외쳤던 것이다.

"왕을 죽여라! 역사가 언제나 그래 왔다!"

이 익명서를 누가 썼는지는 끝내 알 수 없었지만, 당시 연산군에의 증오가 얼마나 크고 깊었는지 짐작할 수 있게 한다. 그러나 이런 말을 듣고도 연산군은 자신에게 쏟아지는 비난에 제대로 대응하지 못했다.

환관들에게 입조심하라는 팻말을 차게 하고, 왕을 비난하는 익명서에 등장한 사람들을 가혹하게 심문하면 그 효과는 당장 드러난다. 누구나 말을 하지 않으려 하고, 공포는 사회를 위축시킨다. 비록 연산군은 환관에게만 입조심시키려 했을지라도, 그런 조치가 있다는 것만으로도 신하와 백성은 공포에 질리게 된다. 게다가 언문까지 금지했으니, 연산군은 환관뿐만 아니라 모든 사람에게 공평한 폭군이었다.

한편 연산군의 언문 금지 조치는 환관이나 궁인들에게 한정된 것이었으며, 그다지 잘 시행되지는 않았을 것이라는 연구 결과가 있다. 실제로도 그랬을 것이다. 조선 사람들은 한글을 빠르게 배우고 즐겁게 사용했다. 그런데 왕이 추상같이 명령한다 해도 어떻게 글을 쓰지 않고 살 수 있단 말인가?

애초에 왕이 말과 글을 금지하는 명령을 내린 것부터가 문제였다. 그걸 들은 백성은 '나는 궁인이 아니니까 괜찮아'라고 생각했을까? 나도 한글을 쓰니 죽을 것이라며 공포에 질렸을 것이다.

이게 문제다. 한 시대에 드리워진 공포와 압제. 지나치게 잔인하고 끔찍한 처벌, 겁에 질려 침묵하는 신하와 백성. 그래서 연산군은 폭군인 것이다.

앞서 익명서 사건이 벌어진 뒤, 한 관리가 장녹수에게 사소한 실수를 저지른 적이 있었다. 그런데 연산군은 이것이 윗사람을 우습게 본 것이라며 처벌하고 제주도로 귀양 보내는 중형에 처하라고 했다. 당연히 신하들은 반대했다. 그렇게 혹독한 벌을 받을 정도의 일은 아니라고. 그러자 연산군은 익명서의 사건도 그렇고, 자신이 다스리는 때는 유난히 윗사람을 우습게 보는 풍조가 만연하다면서[凌上] 시를 하나 지어 보냈다.

참소를 당하니 진실로 덕이 없음을 알겠노라.
꿈을 이루기 어려운 속에 한과 부끄러움이 가득하네.
누가 능히 충경(忠敬)을 다하여
용렬한 인군 도와 잘못된 풍속 바로잡으랴.

늘 그래 왔지만, 연산군은 곧 죽어도 자기 잘못 탓은 안 하고, 풍속의 탓을 하거나 쓸 만한 신하가 없다고 투덜댔다. 그러면서 작은 잘못도 자기 기분에 거스르면 가혹한 벌을 내렸다.

감히 신하가 왕에게 토를 다는 것을 절대로 용납하지 못했던 연산군은 신하들의 모든 발언을 왕에의 도전이라고 착각했고, 신경질적으로 반응했다. 그리고 가장 중요한 정책 결정은 자기 좋을 대로 했다. 그렇기에 그의 나라는 폭정으로 휩싸였다.

재개발과 철거, 금표 설치

금표(禁標)는 왕이 사냥을 하거나, 군사 훈련을 하거나, 산림을 보호하기 위해 만들어진 일종의 개발 제한 구역이다. 때로는 왕성 주변의 땅도 금표가 되었고, 백성이 함부로 집을 지을 수 없었고 통행도 제한됐다. 《경국대전》에는 궁성에서 100자 이내에는 민가를 세우지 못한다는 규정이 있는데, 지금 대통령이 사는 곳 근처가 제한되듯이 왕성 보안이나 왕의 위엄 등 여러 문제를 고려해 만들어진 것이리라.

그런데 이 법령은 그다지 잘 지켜지지 않았다. 이미 세종 때부터 한양은 과밀 상태였다. 그리고 연산군 시대에 이 문제는 더 심각해졌지 해결되진 않았다. 수백 년이 지나는 동안 조선, 특히 한양은 큰 전쟁이 없었고, 내분도 없는 데다, 나라의 수도이다 보니 세월과 더불어 인구는 꾸준히 불어났다. 하지만 땅은 한정됐으니, 도로를 야금야금 침범해 집을 짓기도 했고, 가난한 사람들이 지은 가건물, 곧 움막도 많아졌다. 이런 일들은 엄밀히 말해 법을 어긴 것이었고, 이런 집들이 많아질수록 교통이 불편해졌으며, 무엇보다 대형 화재의 위험도 있었다. 그렇기에 세종 때에도 이런 가건물을 철거하긴 했지만, 그리 쉽게 내려지는 조치는 아니었다. 아무리 불법이라도 그곳에는 사는 사람들이 있었다. 함부로 부숴 버린다면 그들이 살 곳이 없어지기 때문이다.

그런데 그런 문제에 신경을 쓰면 폭군이 아니다. 연산군은 즉위 초부터 성균관 앞에 들어선 민가 10여 채를 철거하라는 명령을 내렸다가 신하들의 만류로 그만둔 적이 있었다. 그러다가 연산군 3년 5월에는 궁궐 담의 바깥에서 100자 이내에 있는 민가를 철거하라는 명령을 내렸다. 《경국대전》의 법대로 창덕궁과 성균관 근처의 민가를 철거하라는 것이다. 그래도 이때는 당장 하라는 것은 아니고 '가을이 되면'이라는 조건을 달기는 했다.

이런 사정에 몇몇 신하들이 '그런 법이 있지만' 백성이 원하고 바라는 게 중요한데 그 명령이 내려지는 날 백성의 통곡이 길을 메웠다며 반대했다. 연산군은 이를 받아들였다. 물론 순순히 받아들인 것은 아니었다. 정당한 법은 이렇지만, 너희들이 말하니까 그리하겠다면서 신하들에게 짜증을 부렸다.

"대간들이 들어줄 수 없는 말을 늘어놓으며 궐의 뜰에 서 있으니 여기엔 백성의 원망이 없겠느냐?"

백성에게는 대간들이 무슨 말을 하든 자신과 가족들이 머무는 한 뼘 움막이 더 소중할 것이다. 그러나 이 말은 연산군이 대간을 대단히 못마땅하게 여기고 있다는 것을 여실히 보여 준다.

연산군의 뒤끝은 그로부터 6년 뒤인 연산군 9년 11월 4일에 본격적으로 터진다. 궁궐을 내려다보는 곳에 들어선 인가를 철거하라는 명령을 내린 것이다.

"이전에 대궐을 내려다보는 민가를 철거하려다가 반대하는 사람이 있어 그만두었는데 역시 철거하는 게 좋지 않겠는가? 만일 백성의 집이 경등의 집을 내려다본다면 그대들의 생각에는 어떻겠는가?"

바로 그다음 날 연달아 내린 명령에는 연산군의 통치 철학이 담겨 있다. 궁궐이 내려다보이는 곳, 금지된 곳에 집을 짓는 것은 백성이 '윗사람을 업신여기기 때문[凌上]'이라는 것이다. 그리고 연산군은 함부로 집을 짓는 백성뿐만 아니라 신하들이 자신을 우습게 본다며 분노했다.

"법을 무릅쓰고 집을 지은 것은 위를 업신여기는 풍습이 있기 때문이다. 재상이나 조사(朝士)들이 모두 위를 위하지 않고 아랫사람과 부동(符同)하여 태만하게 금지하지 않았는데, 신하로서 인군(人君)을 정성과 공경으로 섬겨야 하건만, 국법을 무서워하지 않고 집을 짓는 자 역시 참으로 잘못되었다. 지금 집을 헐리게 된 사람으로 원망하는 사람도 혹 있지만, 사리를 아는 사람으로서야 어찌 이럴 수 있겠는가? 재상이나 대간(臺諫)이 더러 추운 겨울에 민가를 헐 수 없다고 말하는 것도 역시 공평하지 않다."

그래서 당장 2주 안에 사람들의 집을 철거하라는 명령을 내렸고, 또 이런 말을 하기도 했다.

"나의 토지니까 남의 것을 빼앗은 게 아니다."

연산군의 말이 아주 틀리지는 않았다. 원래부터 나랏법이 그러했으니까.

세종 시대부터 불법 건물을 철거하는 일은 있었다. 하지만 이것은 화재를 예방하기 위해서였다. 이미 세종 5년에 한양의 5분의 1이 불타는 대화재가 벌어져서 불이 다른 집으로 번지는 것을 막고 소화용 물을 나를 통로를 확보하기 위해 지나치게 밀집되거나 난립된 건물을 철거했다. 왕궁의 보안 문제 역시 무시할 수 없었다. 그리고 백성의 집이 왕성 옆에 다닥다닥 붙어 있으면 보기에도 좋지 않았다. 다만 연산군에게 중요한 것은 백성이 감히 왕의 땅에 건물을 짓거나, 왕궁을 내려다보는 것을 금지하고 혼내는 것이었다. 그래서 철거도 기괴하고 엉망진창으로 진행되었다.

하지만 금표의 설치는 이 정도로 끝나지 않았다. 연산군 10년 윤4월, 이번에는 성균관 일대의 민가를 모조리 철거하게 했다.

"일전에 대간이 사람이 사는 집들을 헐면 백성의 원망이 많을 것이라 했는데, 이것은 사실을 알지 못해서 하는 말이다. 처음 집을 지을 때 백성이 법을 어긴 것인데, 그것을 밝혀내지 않은 것은 관청의 과실이다."

백성이 법을 어긴 것도, 연산군이 합법적인 것도 틀림없다. 하지만 이게 과연 왕이 할 말이던가. 왕이 할 조치이던가. 연산군은 이런 핑계를 들어 민가의 철거를 강행했고, 모든 원인을 관리들에게 뒤집어씌워 반대를 원천 봉쇄했다. 백성의 어려운 사정을 봐주는 것도 불법을 묵인하는 죄로 간주했던 것이다. 연산군의 철거 정책은 더욱 박차를 가해서 한창 더울 7월에 궁궐 주변 민가를 철거하고 사람들이 금표 지역 내에 들어 오지 못하게 했다.

한편 보상금을 내리기는 했다. 집 크기에 따라 면포로 지급했는데,

30필에서 10필 정도였다. 당시 한양 집값 시세에 비교해서 충분한 비용이었을지는 의문이다. 또 집주인이야 보상을 받겠지만, 세입자들은 어땠을까. 이런 세세한 문제점들을 연산군이 잘 고려해서 챙겨 줬을 리가 없었다.

신하 중 어떤 이는 정말 가난한 백성에게는 면포보다는 당장 먹을 쌀을 주는 게 낫겠다는 의견을 제시하기도 했으나 연산군은 듣지 않았다. 만약 금표로 지정된 지역 안에 밭이 있다면, '아직 곡식이 익지 않았으므로' 본래 가격의 3분의 1을 치러 주고, 나중에 곡식이 익으면 관공서가 추수하되 잡다한 사람(그중에는 원래 밭주인도 있을 것이다)이 드나들지 못하게 했다. 여기까지는 그래도 합리적인 정책이라고 할 수 있었다. 하지만 연산군은 만약 금표의 설치에 불만을 보이거나 원망하는 사람이 있다면 삼족을 멸하라는 명령을 더했다. 신하들이 너무하다고 반대해도 연산군은 나쁜 풍속을 바로잡아야 한다며 고집을 꺾지 않았다.

그렇게 수많은 사람이 집을 잃고 삶의 터전에서 내쫓겼다. 금표가 본격적으로 설치된 것은 추석 즈음이었는데, 철거가 너무 갑작스러웠기 때문에 사람들은 다 익은 곡식을 미처 수확하지 못하고 쫓겨났다.

여기에서 만족하는 연산군이 아니었다. 금표 지역을 더욱 넓히고, 백성이 드나들 수 없도록 울타리를 세웠다. 백성에게 피해가 가지만 어쩔 수 없다는 게 그의 일관된 주장이었는데, 풍속이 나빠지고 인심이 야박해져서 윗사람을 우습게 보며 법을 어기게 되니 이것을 바로 잡아야 한다는 것이다.

연산군이 이렇게 한 일은 모두 합법이었다. 철거 자체는 《경국대
전》에서 지정한 법대로였으며, 금표에 침입한 사람은 모두 사형이라
는 법률 또한 그랬다. 그래서 8월에 연산군은 금표 안에 숨어든 두 사
람의 목을 잘라 내걸고, 죄명까지도 써 붙였다. 모든 걸 '법대로' 처리
한다. 이것이 연산군의 주장이었다.

그런데도 백성은 몰래 금표 안에 숨어들어 왔다. 이유는 여러 가지
였다. 하루아침에 금표가 되었지만, 그 안에는 수십 년 넘게 살던 집
이 있었고, 애써 가꾸던 밭떼기가 있었으며, 조상님들의 무덤이 있었
다. 생계도 있었다. 갑자기 내쫓긴 백성이 살아갈 방도가 충분히 마
련되어 있었겠는가?

백성이 끊임없이 금표에 들어오자 연산군은 한밤중에 병사들을
풀어 금표 안에 들어온 사람들을 토끼 몰듯 잡게 했다. 이렇게 해서
40여 명이 잡혔는데, 모두 법대로 처리된 듯하다. 왜냐하면 열흘 뒤
의금부에서 의견을 올렸기 때문이다. 금표 안에 잡힌 사람 중에 열두
살, 열세 살, 열다섯 살 아이가 있다며, 이들마저 법대로 벌을 준다면
너무 가혹하다고 한 것이다. 하지만 연산군은 용서하지 않았다.

"법에는 귀하고 천하고 어리고 나이 많음이 없어, 범한 것이 있으
면 한결같이 벌하고 용서하지 않는 것이다."

그러면서 어린 죄인도 용서하지 않고 성인이 되기를 기다려 처벌
하도록 했다. 하물며 나이 많은 사람들이 용서받을 리 없었으니 모두

죽임당했을 것이다.

금표 안에 들어간 백성이 죽을 만큼 큰 죄를 저지른 것일까? 법으로 본다면야 연산군은 잘못이 없으나, 법보다도 좀 더 중요한 게 있는 법이다. 애초에 백성을 사지로 내몰고 법을 어기게 만든 것은 연산군 자신이 아니었던가.

이런 사건이 끊임없이 일어났건만, 연산군은 금표를 더 크게 만들었다. 먼저 연산군 10년 8월 6일에 설치된 금표는 화전동과 현천동 일대로, 행주 쪽까지를 포함해서 고양시의 30퍼센트에 해당하는 지역으로 추정된다. 고작 열흘 뒤에는 더 넓히게 했는데, 양주 홍복산에서 고양과 파주 일대까지 확장되어 지금 고양시 전부가 금표가 되었다. 그다음으로 동서남북 사방에 70여 리 근방으로 넓혀졌으니 지금의 서울은 물론, 고양, 양주, 광주, 파주, 포천 일대까지였다. 다음 해, 그러니까 연산군이 쫓겨나기 직전인 11년 즈음에는 서울 주변 100리 정도까지 확장했다. 결국 지금 경기도의 절반 정도가 금표 구역이 된 것이다. 대체 얼마나 많은 백성이 집을 잃고 고난을 겪었을까. 생각하는 것만도 괴롭다.

이처럼 연산군은 조선이라는 나라를 자기 것으로 생각했고, 백성을 자기 것을 좀먹는 골칫덩이로 생각했다. 그러니까 이런 비인간적인 정책을 신나게 추진하면서도, 하늘을 보고 한 점 부끄러움이 없었다. 큰일을 하는데 철거를 꺼리겠냐! 그게 그의 의지였다.

당연히 한양과 주변의 인심은 몹시 흉흉해졌다. 마침내 왕이 도성 안의 사람들을 모두 쫓아낼 것이라는 소문마저 돌았다. 이렇게 마구 늘어나는 금표 구역들을 생각하면 백성의 두려움에는 일리가 있었다.

하루아침에 집과 밭을 잃은 사람들은 여기저기를 떠돌며 형편없는 집을 짓고 겨우 살 거나, 도저히 살 수가 없어서 도적이 되었다. 이런 도적 떼들은 금표 안에 근거지를 만들어 약탈했고, 다른 백성은 피해를 당해도 '금표에 들어갈 수 없어서' 도적을 잡지 못하는 일이 벌어졌다. 금표로 인한 철거와 이주의 소란이 계속되자 몇몇 악덕 관리들은 왕의 명령을 핑계로 백성의 재산을 털어 가기도 했다.

이처럼 온갖 폐해가 벌어졌건만 어째서 금표를 넓혔을까? 연산군은 금표의 설치를 통해 백성과 신하들에게 본보기를 보이고 왕의 위엄을 세운다고 이유를 밝혔다. 하지만 그 정도가 너무 심해져서 금표 설치 때문에 행정 구역이나 정부 기관이 옮겨지는 일까지 벌어졌다. 금표를 넓히고자 충청도 땅을 떼어다가 경기도에 붙이기도 했고, 녹양평(綠楊坪)에 설치되었던 군사 주둔지마저 금표 바깥으로 옮겼으며, 봉수대는 필요가 없다며 몽땅 없애기까지 했다. 맨 처음 보안을 위해 금표를 만들었건만, 이제는 금표를 위해 국가의 보안이 희생되는 지경이 된 것이다.

그럼 금표는 무슨 용도로 사용했을까? 《연산군일기》에 나타나는 금표는 왕을 위한 사냥, 놀이 공간이었다. 연산군은 사냥이란 노는 게 아니라 나라를 다스리는 스트레스를 풀고 사방을 살펴보기 위한 것이니, 민폐를 신경 쓰지 않겠다고 했다. 자신을 위한 일에는 정말로 최선을 다하는 것이 연산군이었다. 그래서 효과적인 노루 사냥을 위해 사람의 통행을 금지했고, 백운산에서 송이버섯이 난다며 그곳도 금표 안에 집어넣게 했다. 한마디로 왕만이 노루와 송이를 독차지하고 백성이 손 못 대게 하겠다는 말이다. 이래서야 그냥 자기 좋을 대로 금표를 설치했다고 해도 무슨 변명할 말이 있겠는가.

더 큰 문제는 갈수록 금표의 운영이 흐지부지해졌다는 것이다. 원래 연산군은 "간사한 무리를 처벌하고 풍속을 바로잡으려면 아무리 잔인한 형벌이라도 감수해야 한다."라고 주장했지만, 정작 금표의 원칙을 가장 크게 깬 것은 백성도, 신하도 아닌 연산군 자신이었다. 시간이 흐를수록 금표 지역 내의 모든 것을 없애고, 들어오는 사람은 무조건 사형이라는 원칙이 흔들리기 시작했다. 가장 큰 이유는 금표가 너무나도 넓어졌기 때문이다. 마침내 지엄한 왕명보다도 무서운 현실이 금표의 유지를 어렵게 했다. 금표로 삶의 터전을 잃은 백성이 너무 많아졌고, 그들은 목숨을 걸고 끊임없이 금표를 넘어갔다. 금표를 설치한 지 채 1년도 지나지 않은 즈음부터는 범법자가 너무 많아서 모두 처형하기 곤란해졌다. 어느 정도였냐면, 사화를 두 번씩이나 일으켰던 연산군마저 모두 죽일 엄두를 낼 수 없을 정도로 말이다.

결국 금표 안에 살았던 사람들을 다 몰아내지 않고 일부는 그냥 살게 했다. 금표 안에 조상의 무덤이 있으면 이틀간 출입을 허용하기도 했다. 그런 와중에도 연산군은 금표를 계속 확장해 나갔으니 관리가 더욱 어려워졌다. 그러자 연산군 12년, '금표 안에 원래 살았던 사람의 팔에 색실을 묶어서 관리하자'라는 아이디어를 연산군이 직접 내기도 했다. 이미 폭군에게 길들여진 신하들은 기계처럼 찬성했지만, 백성이 강아지도 아닌데 제대로 시행될 리가 없는 정책이었다.

게다가 연산군은 자기 좋을 대로 원칙을 굽히는 데는 대단한 재능을 보였다. 만약 연산군의 후궁이나 시녀의 집이 금표 안에 들어가면 충분한 보상을 하라는 특별한 명령을 내린 것이다.

이처럼 연산군은 제멋대로였다. 자기 기준으로 나쁜 일을 바로잡기 위해서라면 포락(사람을 달궈진 기둥에 불태우는 잔인하고 가혹한 형벌)을 써도 된다고 말했지만, 자신에게는 무한히 관대했다. 이런 사람의 명령이 어떻게 권위를 가질 수 있을까? 공정하지도 않은 엄격한 법을 휘두르는 것은 깡패이지 결코 법대로 하는 통치가 아니다.

결국 금표는 왕권을 강화하는 것도, 법을 바로잡는 것도 아닌 그저 왕 자신의 취미이자 변덕의 장소로 전락했다. 하지만 연산군 시대가 계속되자 신하들은 잘못을 지적하는 대신 입을 닫고 침묵을 지켰다. 이미 수많은 사람이 무자비하게 처형당했으니 누가 용기를 내겠는가. 차츰 조정 안에는 신하들의 목소리가 사라졌으니, 연산군은 11년 2월에 기뻐하며 이런 전교를 내렸다.

간사한 무리를 징계하는 것이라면 중하게 형벌하지 않고서는 풍속을 바로잡을 수가 없다. 요사이 논계 하는 사람이 없으니 풍속이 바른 데로 돌아간 듯하구나.

실제로도 그렇다. 연산군은 12년 동안 조선의 왕으로 있었는데, 《연산군일기》 초반을 보면 그래도 보통의 왕과 비슷하게 신하들과 의논이나 대화도 했다. 가끔 연산군이 신경질을 내거나 신하들이 토를 달았지만, 그건 어느 시대에나 그렇다. 그런데 시간이 흐를수록 신하들의 목소리가 차츰 줄어든다. 연산군이 빈정대기도 하고, 무엇보다 사화와 처벌이 연달아 이어지면서 왕에게 잔소리할 수 있는 사람들은 죽거나 아니면 입을 다물었다. 그렇기에 연산군의 마지막 시대는 오로지 왕의 목소리만 남아 있다. 물론 아부꾼과 간신들이 있기는 했지만, 그들조차 왕의 변덕에 따라 처벌받았다. 그래서 찬성도 반대도 없는 침묵만이 있고, 목소리를 내는 사람은 오로지 왕 하나뿐인 기록들이 《연산군일기》 후반이다.

연산군이 원하는 세계란 그런 것이었다. 왕이 결정을 내리면 신하들이 아무 군말 없이 따르기만 하는 것. 모두가 왕을 우러러보며 두려워하고 감히 업신여기지 않는 것. 하지만 그게 제대로 된 나라라고 할 수 있을까? 그 끝이 반정이었음을 우리는 모두 알고 있다.

그래서 연산군의 시대가 끝나자 그의 금표도 사라졌다. 중종반정 직후, 그러니까 중종 원년 9월 2일에 동쪽과 서쪽의 금표를 폐지하라는 명령이 내려졌다. 비로소 사람들은 다시 황폐해진 밭을 일구게 되었고, 금표 안에 있다는 이유로 철폐되어 풀밭이 된 동학, 서학, 남학 등 학교들도 다시 세워졌다(그렇다. 학교들도 죄다 폐교되었다). 중종은 금표 안의 땅으로 돌아가는 백성이 안정되게 살 수 있도록 세금을 감면해 주었다. 이렇게 내내 백성을 괴롭혔던 금표는 많이 축소되었고, 연산군의 대표적인 악정 중 하나로 기억되었다.

고립된 왕 그리고 반정

연산군의 말기는 암울했다. 조선이라는 나라는 무거운 침묵에 뒤덮여 있고, 왕이 일방적으로 내린 명령만이 진리이자 길로 통했다. 특히 반정이 일어나기 직전인 연산군 11~12년 즈음이 되면 사간원과 홍문관을 비롯해 당시 언론을 담당했던 기관들도 철폐되고, 경연도 없어졌다. 성균관을 비롯한 학교들은 문을 닫고 그 자리에서 연산군의 여인들이 연회를 벌였다.

무자비한 폭력을 통해 절대 권력을 얻게 된 왕은 이제 신하들의 눈치를 볼 필요가 없었다. 아무도 연산군의 결정에 거역하지 못하고, 아부하거나 침묵을 지켰다. 그렇다면 나라를 다스리기엔 편해졌을까? 천만의 말씀이다. 당시 조선은 신하도 없고, 백성도 없고, 오로지 왕만 있는 나라였다. 보기에는 절대 왕권이 설립된 것처럼 보였지만 실상은 껍데기뿐이었다. 그리하여 마침내 반정이 벌어지고 연산군은 왕위에서 쫓겨났다.

중종반정의 계기가 된 사건으로 가장 유명한 것은 월산대군의 후처였던 박씨 부인의 이야기이다. 전하는 바에 따르면, 연산군은 숙모뻘이 되는 박씨 부인을 사랑했고, 마침내는 강제로 관계를 가졌다고 한다. 박씨 부인은 수치심을 견디지 못해 자결했으며, 그 동생인 박원종이 복수를 위해 반정을 주도했다고 한다. 이것은 근래에 만들어진 게 아니라, 이미 조선 시대부터 널리 퍼져 있던 야사였다.

이게 사실이 아니라는 반론 역시 있다. 박씨 부인이 원래부터 품행이 단정한 사람이 아니었다든지, 이미 나이가 많이 들었으니 여성의 매력이 없었을 것이라느니, 박원종은 연산군에게 아부할 사람이지 누이의 원수를 생각할 만한 사람이 아니라는 것 등등.

하지만 박원종이 정말로 연산군에게 원한이 있고 없고는 딱히 문제가 되지 않았다. 세상이 연산군을 증오하고 있었다. 이제까지 연산군은 자기 뜻에 거스르는 이들을 무수히 처벌했다. 설령 왕의 환심을 사기 위해 온갖 아부를 하는 신하라 하더라도 왕이 마음에 안 드는 무언가가 있으면 즉시 벌을 내렸다.

앞서 연산군이 총애하는 후궁이었다가 목이 잘리고 일가친척마저 죽임당했던 여인들을 이야기했다. 왕은 누구에게나 공평하게 이런 변덕을 부렸다. 연산군 11년 10월, 연산군은 평소에 총애하던 조계형(曺繼衡), 이희보(李希輔), 김지(金祉)가 자신을 불쾌하게 했다고 하여 당장 의금부(당시 밀위청으로 이름이 바뀌었다)에 가두었다. 무슨 일이 있어서 연산군이 화를 냈는지는 알 수 없지만, 평소 그들은 연산군의 환심을 사기 위해 온갖 더러운 짓을 다 하고 다닌다는 평가를 들어왔다. 그동안 입안의 혀처럼 아부를 떨던 사람들마저 감옥에 갇힌다면 과연 누가 왕에게 벌을 받지 않을 수 있겠는가.

그리고 연산군의 처벌은 상대가 누구인지 전혀 가리지 않았다. 연산군은 정말 많은 사람을 죽였지만, 잔인한 정도로 가장 유명한 것은 김처선의 살해였다. 김처선은 원래 환관이었다. 환관은 다른 관리보다 다소 격이 떨어진다고 여겨졌으나, 김처선은 무려 세종 때부터 왕들을 곁에서 모시고 여러 관직을 역임했던 궁궐의 원로였다. 그런데 김처선은 연산군에게 간언했다가 그가 쏜 화살에 맞고 그가 휘두른 칼에 맞아 죽었다는 야사가 전한다. 실제로 《조선왕조실록》에서 연산군은 김처선과 그 양자를 궁궐 안에서 죽였다. 또 김처선의 집을 허물고 연못으로 만든 뒤 김처선의 죄를 새긴 돌을 그 자리에 파묻었으며, 가족은 물론, 7촌에 이르기까지 벌을 내렸다. 그것으로도 화가 안 풀렸는지 김처선의 이름과 같은 사람들은 모조리 이름을 바꾸게 하고, 김처선의 이름에 쓴 '처(處)' 자를 아예 못 쓰게 만들었으며, 쓴 사람들에게 모두 벌을 내렸다.

아무리 오랫동안 충성을 바쳐도 연산군의 마음에 들지 않으면 처참하게 죽임당했다. 이렇게 되니 이제 간언을 하는 것은 아예 엄두도 못 내고, 어디로 튈지 모르는 왕의 심기를 거스를까 무서워서 부정적인 사실(이를테면 지나친 과소비 덕에 국고가 텅 비었다는)은 왕에게 보고되지도 않았다.

그런데도 연산군은 만족할 줄을 모르고 더 짜증을 내고 신경질을 부렸다. 별 이상하고 사소한 문제로 벌컥 화를 내고 숨겨진 뜻이 있느냐고 캐물어 댄 것이다. 한 번은 신하들에게 시를 한 수씩 지어 올리라는 명령을 내렸다. 그런데 누군가가 두 수를 지어 올리자 왜 그랬냐며 국문을 했다. 심지어 관리들이 앉아 있는 자세가 삐딱하다거나, 기침했다는 이유로 벌을 내렸고, 관리들에게 '충성'이라는 글자가 쓰인 모자를 쓰게 했다. 신하들이나 별감들이 마실 것을 주고받으며 만나는 것도 금지했다.

아무리 봐도 정상이 아니다. 불안에 시달리며 주변 사람들을 끊임없이 의심했던 것 같다. 실제로 연산군은 자신이 왕위에서 쫓겨나거나 악평을 듣게 되리라는 사실을 심각하게 고민했던 것 같다. 그래서 신하들에게 거듭 훈계를 했다. 연산군 12년 4월 8일의 말이다.

임금이 두려워하는 것은 역사뿐이다.

여기까진 좋다.

이제 이미 사관에게 임금의 일을 쓰지 못하게 하였으나 아예 역사가 없는 것이 더욱 낫다. 임금의 행사는 역사에 구애될 수 없다.

왕이 역사를 두려워하는 것은 자기가 잘못한 일이 박제되어 후대의 사람들에게 알려지기 때문이다. 지극히 일반적인 상식을 가진 왕이라면 잘못한 일이 없도록 정치를 바로잡아야 한다고 생각할 것이다. 그러나 연산군은 '역사가 내 결점을 기록한다면 역사를 기록하지 않으면 되잖아?'라는 참신하면서도 어이없는 결론을 도출했다. 더군다나 연산군은 '나는 임금이니 역사에 얽매이지 않는다!'라는 쓸데없는 자의식까지 폭발시켰다.

그런데 연산군이 모든 역사 기록을 거부한 것은 아니었다.

"임금의 착한 일이 있으면 마땅히 적어서 뒷사람에게 보일 것이며, 착하지 못한 일이 있더라도 신하 된 자로서 마땅히 임금을 위하여 숨겨야 할 것이다."

한마디로 역사의 면죄부를 요구한 셈인데, 지난 그의 행적을 돌이켜보면 참으로 가당치도 않은 소리였다.

여러 차례의 사화와 무수한 처벌이 벌어진 끝에 연산군의 조정에서 반대의 목소리는 사라졌고 그래서 몹시 조용해졌다. 그렇게 자기가 바라는 나라를 만들어 냈으니 여기에 취할 법도 하건만, 절대 왕권을 가진 연산군은 오히려 불안해했던 것 같다. 당연하다. 그가 한 일들은 정말 나쁜 짓들이었고, 수많은 사람이 피눈물을 흘리게 했으며, 불만이 나라 안에 가득 차 있었음을 스스로 느낀 탓이리라.

그런데 이때부터 마음을 고쳐먹고 좋은 정치, 하다못해 좀 더 너그러운 국가 운영을 한다는 생각은 하지 않았다. 대신 궁궐 주변을 수비하는 병사들의 숫자를 대대적으로 늘리고, 별 이유 없이 궁궐 근처를 배회하는 것을 금지하고, 순찰 보고를 꼬박꼬박 받았다. 신하들이 무기를 숨기고 들어올 것을 두려워해서 소매를 모으고 서지 못하게 한 일도 있었다. 가장 황당한 것은 경주에서 만파식적을 찾아오라고 명령을 내린 일이었다. 먼 옛날 신라의 문무왕이 용이 되어 가져다주었다는, 한번 불면 풍랑과 난리가 가라앉는다는 전설의 그 피리 말이다. 그게 왜 필요했을까? 그게 있으면 왕권이 안전하리라 믿었던 걸까? 그 외에도 자신이 어디에 있는지 철저하게 비밀에 부치게 했다. 그러면서도 "신하들이 자기 편한 것만 찾으니 누가 왕을 위해 죽겠느냐." 하고 투덜거리는 것을 잊지 않았다. 이쯤 되면 양심도 없다고 하겠다. 나라를 그 지경으로 몰아간 것은 대체 누구였는가?

그러니 연산군이 불안을 느꼈던 것도 자연스러운 결과였다. 겉으로는 연산군에게 복종하는 듯도 했지만, 조선은 더 이상 연산군이라는 임금을 용납할 수 없는 지경이 되었다. 왕에게 충성을 바치기 이전에, 간언하든 하지 않든, 도시에서 살든 깊은 산골에서 살든, 조선 사람이라면 누구나 연산군의 횡포로 날벼락을 당할 수 있었고 심지어 목숨까지 잃을 수 있었다. 연산군 시절에 가장 큰 권세를 누렸던 임사홍 등도 왕의 기분을 제때 못 챙겼다는 이유로 욕설을 듣거나 처벌을 받았고, 그의 아들도 반역죄로 처형당했다. 다른 간신으로 유명한 유자광도 연산군에게 신선하고 맛있는 굴과 전복을 바쳐 가며 지극정성을 떨었지만, 연산군 10년에 "잔치할 때 음식을 나르는 소반이 너무 무거우니 둘로 나눠서 들게 합시다."라며 궁인을 위한 말을 했다가 '신하가 왕 앞에서 공경하고 조심한다면 잘 들 수 있다'라는 황당한 이유로 국문까지 당했다.

이렇게 억지를 쓰는 왕을 과연 누가 섬기려 하겠는가. 그래서 신하들은 차츰 하나둘 연산군에게서 등을 돌렸다. 마침내 간신조차 연산군을 버렸으니, 유자광이나 조계형 같은 연산군 시대의 대표적인 간신이 중종반정에 참여하게 된 이유였다. 그러나 연산군은 서서히 사람들의 마음이 떠나가는 것을 느끼고 불안해하면서도 곧 죽어도 자기 하고 싶은 대로 했다. 중종반정이 일어나기 바로 전날만 해도 연산군은 땅에 엎드려 머리를 숙이지 않고 무릎만 꿇는 '어긋난 예절'을 행하는 승지들을 혼내는 거만한 명령을 내리기도 했다.

그러나 이제 한계였다. 아무리 비위를 맞춰도 끝이 없고, 변덕으로 벌을 내리는 왕을 어떻게 그대로 둘까. 그래서 신하들은 뜻을 모았다. '왕을 갈아 치우자, 안 그러면 우리도 죽는다'라고. 이것이야말로 진정한 반정의 원동력이었다.

중종반정은 박씨 부인의 동생 박원종을 비롯해 성희안(成希顔)이 모의했고, 여기에 신윤무와 박영문도 참여했다. 특히 신윤무는 본디 연산군의 총애와 신임을 받았지만, 그 역시 왕의 변덕 때문에 언제 죽게 될지 알 수 없어 겁에 질려 있었다. 여기에 줄타기의 선수 유자광까지 참여했다. 이들은 모두 연산군에게 총애와 은혜를 받고 권세도 누렸지만, 동시에 사소한 일로 연산군에게 호되게 질책받은 적이 있다는 공통점이 있었다.

사람들이 모이자 반정은 일사천리로 진행됐다. 반정 주도자들이 한밤중에 군사를 일으켜 감옥을 열고 죄수들을 풀어 주었으며, 궁궐을 포위했다. 날이 밝자 연산군의 계모이자 성종의 후비였던 자순대비를 설득해 또 다른 적장자인 진성대군을 다음 왕으로 세웠다. 이제

껏 있었던 왕자의 난이나 훗날 있을 인조반정에 비하면 큰 다툼 없이 하루 만에 깔끔하게 정리가 끝났다. 중종은 얼떨결에 왕이 되었다.

그리고 왕위에서 쫓겨난 연산군은 강화도로 귀양 갔다가 고작 3개월 만에 급작스럽게 세상을 떠났다. 사인이 독살이라는 이야기도 있지만, 평소의 성질머리로 돌아보건대 갑작스러운 몰락으로 화병에 걸려 죽었을 가능성도 충분히 있을 것이다.

연산군을 평가할 때 곧잘 나오는 말이 있다. 연산군의 시대가 쿠데타로 인해 무너졌으니, 《연산군일기》나 실록 역시 모두 연산군에게 과도한 비판을 한다는 것이다. 하지만 그 시대의 기록을 읽노라면 이처럼 이상한 사람이 잘도 12년 동안 나라의 왕 노릇을 했구나 싶다.

연산군은 들도 보도 못한 참신한 정책을 시행하고, 유례가 없는 기기괴괴한 처벌을 했으며, 짜증을 내고 신경질을 부려 댔다. 그 까탈스러움이 얼마나 다채로운지, 이런 걸 어떻게 조작할 수 있겠나. 충신 하나둘을 없애거나, 사악한 여인들과 놀아나며 사치를 부린 것뿐만이 아니라, 누구를 책망하고, 누구의 재산을 몰수하며, 누구를 처형하고 무엇을 금지했는지에 관한 세세한 사항들이 실록에 가득 실려 있다. 또 별것 아닌 일로 많은 사람이 처벌을 받고 귀양을 가거나 또 죽임당한 기록도 있다. 그런 많은 사람의 이름들을 하나하나 읽다 보면, 연산군의 시대가 얼마나 끔찍했는지 분명하게 보인다.

연산군이 정말 어머니의 일 때문에 상처를 받은 불쌍한 사람이라면, 어째서 다른 사람들에게 연민을 느끼지 못했는가. 질투했다는 이유로 처참하게 죽은 후궁과 하루아침에 집과 밭을 잃고 쫓겨난 백성을 불쌍히 여기지 못한 것일까. 심지어 자기가 잘못을 저지르지도 않았는데, 혹은 왕의 변덕 때문에 죽어 간 사람들도 있었다.

따지고 보면 연산군이 그렇게까지 할 이유도 딱히 없었다. 성종의 맏아들이며 적자였으며, 세자에 책봉되고 즉위했다. 어머니가 폐비 당했지만, 성종은 어쩌면 아들에게 흠을 남기지 않기 위해 전처를 죽였다. 인간적으로 잘한 일은 아니었지만, 생모가 폐위된 채로 살아 있었다면 연산군은 세자와 왕이 되는 것도 껄끄러워졌을 게 분명하다. 그렇게 아버지 왕의 피 묻은 배려 속에서 왕이 된 연산군이었건만, 신하들을 마구 죽였다. 아버지 성종이 사간원에 시달리는 모습을 보고 그런 것이라도, 사화를 두 번이나 일으켰던 것은 도가 지나쳤다.

무엇보다 연산군의 국정 운영은 너무나도 즉흥적이었다. 연산군은 신하가 왕을 무시했다고 화내며 무거운 벌을 내리곤 했는데, 그 기준이 명백하지 않았다. 대표적으로 연산군의 어머니인 폐비 윤씨에게 사약을 날랐다는 이유로 죽임당했다고 알려진 이세좌가 있다. 그가 연산군에게 미움을 받게 된 결정적인 계기는 연산군이 내린 술을 받다가 실수로 떨어뜨렸기 때문이었다. 농담 같지만 연산군은 이 점을 대단히 중요하게 생각하고 몇 번이고 강조해서 말했다. 연산군 9년 9월, 연산군은 직접 말했다.

"이세좌가 하사하는 술을 엎질러 내 옷까지 적시고 자리 위에도 흘려 오래도록 마르지 않았다. 이것은 심히 공경스럽지 못한 일이니

버려둘 수 없다."

그래서 국문하라고 명하면서 '소리가 나도록 엎질러서 어의까지 적셨다'라고 더 써넣으라고 참견했다. 이세좌가 술을 엎지른 것은 사실인 것 같다. 하필 왕 앞에서 그런 실수를 하고, 술 방울이 왕에게 튀기까지 했으니 이것 참 대단한 망신이었다. 그런데 이게 죽을 만큼의 죄였을까?

연산군의 화를 부채질한 것은 다른 신하들이 이세좌의 처벌을 주장하지 않아서였다. 처음에 이세좌의 벼슬만 없앤 것은 다른 신하들이 더 벌을 내려야 한다고 요청하면 못 이기는 척 더욱 큰 벌을 주려는 의도였다. 그런데 신하들은 그런 연산군의 속내에 발맞춰 주지 않았다(당연하다. 고작 술을 엎질렀으니). 연산군이 화를 내자 신하들은 그제야 "술을 엎은 이세좌가 죽어 마땅하다"라고 응답하긴 했지만, 그래도 벌이 지나치지 않느냐며 상식적인 반응을 보였다. 하지만 연산군은 이세좌를 먼 산골로 귀양 보냈다가, 다시 데려와 곤장을 때렸고, 마침내 죽였다. 여기에 더해 그의 집을 모두 부수고 일가친척까지 모조리 처벌하는 피비린내 나는 후속 조치가 이어졌다. 고작 술을 엎었다고 목숨을 잃었던 이세좌와 가족의 일화에서 연산군의 제멋대로 짜증으로 나라가 오락가락하는 모습을 확실히 볼 수 있다.

왕에게는 막강한 권력이 있다. 그렇지만 그 힘은 휘두르라고 있는 것이 아니라 나라를 다스리기 위해 있는 것이다. 그렇기에 현명한 왕은 때로 신하들을 포섭하고, 때로는 위협하면서 국정을 조율한다. 이것을 우리는 정치라고 부른다. 저마다 생각도 다르고 뜻도 다르고 이상도 다른 사람들이 모여 일하는 것은 대단히 어려운 일이다. 그렇기에 정치는 어려울 수밖에 없고, 피곤하다. 그런데도 할 수밖에 없는 일이건만, 연산군은 그게 싫었다. 그냥 군림하고 싶어 했다.

연산군은 '신하들이 왕을 업신여기는' 것을 너무나도 싫어했다. 신하들의 말에 숨은 뜻이 있는 게 아니냐고 언제나 의심했고, 확신이 들면 신하들을 마구 때려잡았다. 그렇게 10여 년이 흐르자 아무도 왕에게 입도 뻥긋하지 않는 조용한 세상이 만들어졌다. 연산군은 이제야 풍습이 좋아졌다고 기뻐했지만, 그럴 리가 없었다. 인간이 사는 세상은 시끄러운 법이고, 다툼은 언제나 벌어지는 게 자연스럽다. 연산군의 오랜 폭정에 시달린 백성과 신하들은 하나둘 떠나고, 텅 빈 세상에 오로지 왕 혼자만이 남아 있는 것이었다. 연산군도 불안해하며 신하들에게 충성을 요구했지만, 주는 것 없이 바라기만 하는 왕의 부탁을 누가 들어줄 것인가. 그렇게 반정이 벌어지고 연산군은 신하와 백성에게 버림을 받았다.

폐비 윤씨의 일은 연산군에게는 변명거리가 될 수 있을지언정, 속죄의 명분이 되지는 않는다. 하지만 조금 다른 의미에서 연산군의 본질을 꿰뚫어 볼 수 있다. 어머니 폐비 윤씨는 개인의 사정이고, 연산군은 왕이자 지도자로 공인이었다. 그런데 어머니의 일로 사화를 일으킨다면, 그건 사적인 일을 공적으로 터뜨린 것이다. 결국 공과 사를 잘 구분하지 못했다는 말이다. 연산군은 내내 비정치적인 일을 정치적인 문제로 바꾸었다. 나와 다른 생각이나 의견을 모두 왕에의 모욕으로 간주하고, 사적인 감정을 담아 왕의 권위를 휘둘렀다. 이것은 올바른 왕 이전에, 어른이 되지 못한 철부지 어린아이가 아닌가.

　연산군에게도 하나의 업적이 있기는 했다. 조선 최초의 폭군으로서 나쁜 예를 남겼기에 후대의 왕들은 조금이라도 엇나가면 '연산군이 되려고 하냐?'라는 경고를 듣고 살아야 했다. 게다가 연산군은 자신의 취미 생활에 너무나도 적극적이었기에, 후대 왕들은 나랏일 말고는 제대로 된 취미 하나 가지기가 어려웠다. 이처럼 폭군의 피해는 길고도 많았다.

역사 속 몰락한 왕 4

조선 선조

폭군을 키워 낸 왕의 그늘

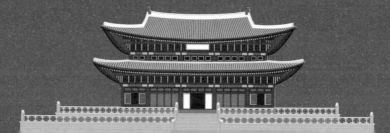

조선 제14대 왕 선조

宣祖, 재위 1567~1608년

8년	· 차남 광해군 출생
10년	· 5월 1일, 광해군의 어머니 공빈 김씨 사망
25년	· 4월 13일, 임진왜란 시작
	· 12월, 이여송의 명나라 원군 파견
31년	· 정유재란 종결
35년	· 7월 13일, 김제남의 딸을 계비로 책봉(훗날의 인목대비)
39년	· 영창대군 출생
40년	· 10월 11일, 비망기를 통해 전위 의사를 밝혔으나 유영경이 이를 막으려 함
41년	· 1월 18일, 정인홍, 영의정 유영경을 공격하는 상소를 올림
	· 2월 1일, 선조 사망, 광해군 즉위

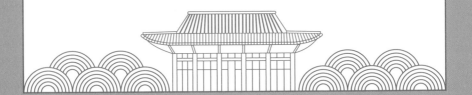

선조는 폭군인가?

    폭군을 다룬 책에 선조가 실린 게 조금 의외일 수도 있겠다. 그는 쫓겨나지도 않았고, 왕으로 죽어 종묘에 당당하게 위패가 모셔지기도 했다. 하지만 조선 역대 임금 중에서 최악을 꼽는다면 당당히 다섯 손가락 안에 들지 않겠는가. 동구릉에 있는 선조 왕릉의 리뷰를 보면, 백성을 버리고 달아난 왕이라며 '런조'라 부르고 비아냥대는 리뷰가 가득하다. 나쁜 지도자는 시대와 나라가 바뀌더라도 비난을 받는다는 좋은 예가 될지도 모르겠다.

    물론 그에게 공이 없는 것은 아니었다. 조선의 묘호는 대체로 조, 종이 붙는데, 그 차이는 왕에게 공이 있느냐 없느냐의 차이다. 훌륭한 임금에게는 조를 붙이고 평범한 왕에게는 종을 붙인다. 정말 못난 왕은 쫓겨나니까 군을 붙인다.

    여기까지 이야기하면 세종대왕은 왜 종이고, 선조는 왜 조인지 분개하는 독자가 있을지도 모르겠다. 사실은 쓰면서 필자가 불쾌해진다. 태종이나 세종 등 총점을 매기면 절대로 선조보다도 나은 왕이 몇 있을 것 같기 때문이다. 사실 선조도 처음엔 '선종'이었는데, 나중에 그의 공로를 높이 쳐서 '선조'로 바꾼 것이다. 대체 그 사람에게 무슨 공이 있냐? 묻는다면 틀림없이 있었다.

《선조실록》〈총서〉에 따르면 '왕업을 중흥하게 한 공로'였다. 무슨 말이냐 하면 나라를 망하지 않게 한 공이라고 할까. 사실이 그러했다. 임진왜란이라는 국가적인 위기를 맞이해 조선의 명맥을 이어 나가게 하기는 했으니까 말이다. 솔직히 말하자면 선조가 왕이었음에도 망하지 않았던 조선과 백성이야말로 칭찬받아야 할 것 같다. 조선, 중국, 일본을 합쳐 동아시아의 국제 전쟁이었던 임진왜란은 나라를 뿌리째 뒤흔든 역경이었다. 그러나 난세를 맞이하여 수많은 영웅이 태어났고, 이로써 조선은 무사할 수 있었다.

하지만 선조의 가장 큰 업적, 아니 과오는 어쩌면 명군이 될 수 있었던 광해군을 망친 것일 수도 있다. 선조는 조선 왕조에서 영조, 인조와 어깨를 나란히 하는 '막장 부모'였고, 아들에게 정말로 크고 나쁜 영향을 끼쳤다. 그 폐는 나라의 운명까지 어지럽혔다. 그야말로 수신제가치국평천하(修身齊家治國平天下) 중에서 어느 것도 제대로 하지 못했건만, 쫓겨나지 않았기에 왕으로 남았다고나 할까.

선조에게도 사연은 있었다. 선조는 즉위하면서 한 가지 중요한 위업을 달성했으니, 조선 왕조 최초로 방계로 왕위에 올랐다는 것이다. 선조 바로 전의 임금은 명종이었다. 그는 폭군은 아니었어도 암군으로의 충분한 자격을 갖추고 있었는데, 그중 하나는 후계자가 없었다는 것이다. 명종은 왕비 이외의 후궁도 없었고, 따라서 자식도 거의 없었다. 다만 명종은 한 환관을 몹시 사랑해서 낮이나 밤이나 함께 다녔다고 했는데 그와 상관없이 후계자는 필요했다. 아들을 단 하나 낳아 세자로 삼았지만, 어린 나이에 세상을 떠났으니 바로 순회세자다.

그렇게 조선에는 후계자가 없어졌다. 나라에 비상이 걸렸다. 그런데 명종은 그렇게까지 마음이 급하진 않았던 것 같다. 그렇지 않았다면야 죽는 순간까지 후계자를 정하지 않았을 리가 없다. 그래도 신하들이 조카 중에서 후계자를 정하자고 이야기한 덕에 물색은 해 두었으니, 그것이 하성군, 훗날의 선조였다.

그런데 중종에게는 서자이긴 해도 아들이 여럿 있었고, 하성군(선조)도 덕흥군의 자식 중에서 셋째 아들이었다. 어째서 덕흥군이, 그중에서도 셋째 하성군이 뽑혔을까. 여기에는 나름의 장점이 있었기 때문이다. 하성군의 아버지 덕흥군과 어머니 하동부대부인 정씨는 모두 일찍 세상을 떠났다. 일찍 부모를 잃은 게 무슨 장점이냐 하면, 양자가 되기에 유리했다.

물론 그런 이유만으로 왕으로 세운 것은 아니고, 몹시 중요한 조건이 있었다. 하성군은 총명했다. 흔히 임진왜란 당시 선조를 생각하면 일본군이 쳐들어오는 것을 예상하지 못하고 도망만 다닌 어리석은 왕이라는 선입견이 있다. 그러나 선조는 어릴 적부터 대단히 똑똑하고 눈치가 빨랐다. 수많은 일가친척 중에서 다음 왕으로 점찍어질 정도로 말이다.

조선 왕조의 왕자를 떠올리면 충녕대군이나 안평대군 등 재주 많고 똑똑한 사람들을 생각하지만, 공부는 안 하고 산과 들로 놀러 다니며 행패나 부리는 말썽꾼 왕족이 더 많았다. 세종이 왕족의 학교인 종학을 만들었지만, 공부는커녕 도망 다니기 일쑤였다. 명종도 종친들에게 어떻게든 공부를 시키려 했는데, 그중 하나가 바로 덕흥군의 자식인 하성군이었다.

그러나 기초 학력보다 더 중요한 게 눈치 아닐까. 선조의 행장에는 이런 일화가 전한다. 명종이 하성군과 조카들을 불러 자신이 쓰는 모자를 벗어 주고 써 보라고 권했다. 왕이 쓰는 모자인데 평범한 것일 리 없다. 바로 익선관, 왕만이 쓸 수 있는 모자다. 하성군의 두 형은 왕의 모자를 써 보고 신이 났지만, 하성군은 (형들이 쓰고 나서 자기 차례가 왔을 때) 거절했다.

"왕께서 쓰시던 것을 신하가 어떻게 감히 머리에 얹어 쓸 수 있겠습니까?"

그러자 명종은 감동하여 "이 모자가 네 것이 될 것이다."라고 말했다고 한다.

이것은 실록에 실린 일화일 뿐이지만, 선조라는 사람의 성향을 너무나도 잘 보여 준다. 어떤 말을 해야 상대방을 기쁘게 할 수 있는지를 파악하고, 주변 사람을 깎아내려 상대적으로 자신의 주가를 올린다. 앞서 일화만 해도 '왕의 허락을 받고' 모자를 쓴 두 형을 바보로 만들지 않았던가. 어쨌든 당시 조선 왕실에 선조만 한 인물조차 없었던 건 사실이었다.

그래서 1565년 명종이 큰 병을 앓았을 때 그 많은 조카 중에서 오로지 하성군만 병간호를 하게 했다. 유교의 나라 조선에서 부모를 간병하는 것은 효도의 기본 조건으로 무척 중요한 임무였고, 하성군이 왕을 간호했다는 것은 후계자로 점찍었다는 뜻이었다.

그런데 그뿐이었다. 명종의 병이 낫자 세자 책봉 이야기는 쑥 들어 갔다. 왜 그랬을까? 언젠가 친자식을 낳을 수 있으리라 생각했을까?

하지만 그런 일은 없었다. 1567년, 명종은 갑자기 병에 걸려 말하지 못하게 되었다. 아마 붓을 들어 쓸 수도 없었으리라. 정해진 후계자가 없는데 왕이 죽으면 어떻게 하는가? 신하들이 찾아간 것은 명종의 왕비인 인순왕후 심씨였다.

"혹시 다음 왕을 정한 일을 알고 계십니까?"

신하들이 묻자 인순왕후는 대답했다.

"을축년 때 일이 있고 경들도 알고 있지 않느냐."

여기에서 말하는 을축년의 일은 명종이 병을 앓았던 때의 일이었다. 짐작건대 명종도, 인순왕후도 2년 전 그때 이후로는 후계자 고민 혹은 의논을 아예 안 하고 있었던 게 아닐까. 신하들은 인순왕후에게 확실하게 결정해 달라고 했다. 만약 인순왕후가 자기주장이 분명하고 권력욕이 강했다면 자기가 맘에 드는 후계자를 골랐을 수도 있겠지만 그런 일은 없었고, 다음 왕은 하성군이 되었다.

그렇게 단 한 번도 세자가 되어 본 적 없고, 단 한 번도 왕위 후계자로 교육을 받아 보지도 못하고, 왕의 아들도 아니었던 사람이 왕이 되었다. 이렇게 본다면 참 운이 좋았다 하겠지만, 조선 역사에서 가장 힘든 시절을 왕으로 살았으니 그게 불운인지 행운인지 알 수 없었다.

그리고 선조에게는 재능이 있었다. 앞서 말했듯이 전혀 준비되지 않은 채 왕이 되었다. 수렴청정을 받기는 했지만, 금방 그만두고 스스로 왕이 되었음에도 맡은 바 임무를 꽤 잘 해낸 것이다. 앞서 명종이 일평생 어머니 문정왕후의 치마폭에 싸여 있었던 것과 대조적이다.

그럴 만도 했던 게 선조는 꽤 현명하고 능력도 있었다. 《선조실록》은 전쟁통에 만들어졌다는 게 믿어지지 않을 정도로 굉장히 양이 방대하다. 특히 왕과 신하들의 대화 기록도 꽤 많이 남아 있는데, 전쟁의 수행 및 작전을 두고 의논한 흔적들이다. 이걸 보다 보면 선조는 절대로 어리석은 왕이 아니라는 확신이 든다. 자신이 무엇을 해야 할지도 알고, 중국과 일본 두 나라의 본심을 예측하고 신하들이 제시하는 다양한 의견 중에서 합당한 것을 골라 결정을 내린다. 그 안에서 보이는 선조는 통찰력이 있고, 의견도 조리가 있으며, 추진력도 있다. 한양을 버리고 도망간다거나, 이순신을 자른다거나 하는 나쁜 쪽의 추진력 말고도 광해군을 세자로 전격 책봉한다거나 권율에게 한양으로의 진군을 허락하는 것도 있었다. 즉 찾아보면 선조는 때로 현명한 판단을 내리기도 하는 등 아주 형편없지는 않았다. 어쩌면 그래서 문제일 수도 있었다. 눈치도 있고, 결단력도 있고, 앞일을 내다볼 수도 있었다. 그런데 그만한 능력을 나라 혹은 공공 이익을 위해서가 아니라 자기 자신을 위해서만 썼다. 그래서 조선은 망하지는 않았지만, 좋아질 수도 있었던 것이 나빠졌으며, 마침내 폭군 광해군의 시대를 낳았다.

그래서 말인데, 선조의 업적(나쁜 쪽)으로 곧잘 임진왜란을 말하지만, 그전에 한 가지 매우 중요한 업적이 있었다.

당파싸움의 왕

선조가 다스리던 시기에 훌륭한 인물이 정말 많이 있지만, 딱 두 사람만 뽑는다면 바로 퇴계 이황과 율곡 이이다. 특히나 이황은 명종 때 벼슬을 하고 선조 때는 주로 시골에 머물렀지만, 이이는 선조 때 관직을 했다. 그러니까 현역이었다. 오늘날 대한민국의 화폐에 얼굴이 실려 있는 두 사람이다. 이제는 조선의 철학인 성리학이 얼마나 쓸모가 있느냐를 두고 말이 많지만, 이 두 사람이 조선의 근간을 만들어 낸 것은 분명하다.

율곡 이이는 조선 최고의 천재라고 불리는 사람이다. 단 한 번도 하기 힘들다는 과거 장원 급제를 아홉 번이나 해냈으니까. 그런데 이상하지 않은가? 율곡 이이가 어머니에게 많은 것을 배우고 장원을 아홉 번 했는데, 정작 어른이 되어서 무엇을 했는지 묻는다면 아는 사람이 많지 않을 것이다. 누군가는 '십만양병설'을 말할 수도 있겠지만 이것은 지어낸 이야기일 가능성이 크다. 그러면 그토록 천재였던 이이는 어른이 되어서는 대체 무엇을 했을까? 바로 당파싸움에 치여 살았다. 선조라는 왕의 치세에서 말이다.

율곡 이이가 아홉 번의 장원 중 여섯 번을 한 것이 명종 19년의 일이었다. 그래서 사간원 정원 등의 벼슬을 했지만, 3년 뒤 명종이 갑자기 죽었기 때문에 본격적인 관직 생활은 선조 때 했다고 해도 무방하다. 《선조실록》에는 이이의 수많은 말이 남아 있다. 과연 서인의 종주(본인은 바라지 않았겠지만)이자 시대를 풍미한 철학자답게 날카롭게 벼린 칼날처럼 시대를 바라보았다. 이 나라는 쇠퇴하고 있다! 바로 잡아야 한다! 그러려면 많은 일을 해야 한다!

형이상학적인 세계를 다루는 성리학을 이해하고 여기에 도교와 불교까지 섭렵한 철학의 천재 이이. 선조가 이이의 수준 높은 정신세계를 이해할 정도는 아니었던 것 같다. 그런 높은 차원을 생각할 머리가 있었다면 이후의 모든 비극은 벌어지지 않았을 터. 선조는 자신이 살고 있는 이 순간, 이 장소, 좋게 말하면 현실에 충실하고 나쁘게 말하면 내일은 생각하지 않았다. 그렇기에 선조는 이이에게 대단히 친절한 좋은 왕으로 있었다. 이이가 나라를 고칠 개혁안을 올리면 들었고, 못 하겠다며 벼슬을 버리고 떠나가면 돌아오라고 애타게 불렀다. 그러면서 이이가 주장했던 개혁안을 잘 들어준 것은 아니었다.

사실 이이는 그의 천재성만큼이나 세상에 잘 섞이진 못했다. 흰 것은 희고 검은 것은 검으며 그것을 똑바로 말해야 직성이 풀리는 사람이었다. 비록 사회성은 그리 좋지 못했지만, 새로운 세상을 만들고야 말겠다는 꺾이지 않는 강인한 마음가짐의 소유자였다. 그리하여 이이는 선조를 자주 야단쳤다. 왕이니까 신하들이 하는 말에 제대로 성의 있게 대답해야 한다거나, 목소리가 낭랑하지 않다는 등 사소한 것까지 말이다. 그러면서도 선조의 자질이 뛰어나다는 칭찬도 했다. 좋게 말하면 강직하고 거침없는 이이의 발언은 많은 사람을 화나게 했고 원한을 샀으며, 심지어 욕하는 말과 무수한 비난을 들어야 했다. 이이는 실망한 나머지 시골로 갔다가, 다시 기운을 차려 한양으로 돌아와 개혁을 외치기를 반복했다. 그러다 결국 1548년 49세의 나이로 세상을 떠났다. 살아서는 판서였지만, 죽은 뒤에 영의정 벼슬이 내려졌다. 조선 최고 천재의 마지막치고는 서글프다.

그런데 그의 시대에 이이만 있었던 것은 아니다. 천재가 두 사람이나 더 있었다. 한 명은 송강 정철이고, 다른 한 명은 구봉 송익필이다. 또 친구였던 성혼도 뛰어났다. 이 중에서 선조가 아주 잘 활용한 천재가 송강 정철로, 기축옥사, 즉 정여립의 난에서 칼잡이로 썼다.

송강 정철. 뛰어난 작품을 많이 남긴 터에 대학수학능력시험 언어 영역에서 수많은 수험생의 원한을 사고 있으며, 살아서도 많은 원한을 샀다. 동인이었던 정여립의 난을 수사하면서 수많은 사람을 죽음으로 몰아넣었기 때문이다. 그런 피바람을 몰고 온 정철은 본명도 아니라 독철, 흉철 등 온갖 악명으로 불렸으며, 실록에 기록된 그에의 원한은 무시무시할 정도였다. 물론 정철은 뛰어난 문학적 재능만큼 훌륭한 정치가는 아니었을 수 있으며, 정여립의 난을 수사하며 많은 실수를 저질렀을 수도 있다. 그런 그에게 칼을 쥐어 준 것은 틀림없는 선조였다.

정여립의 난은 당시 사람들에게 큰 상처로 남았다. 그런데 이때 왕인 선조는 무엇을 했던가? 정여립의 난을 크게 부풀려 숙청의 장으로 만들고, 지나치게 과열되어 가는 분위기를 막지 않고 내버려둔 것이 바로 선조이다. 그런데 왕을 직접 욕할 수 없으니 꼬리인 정철을 대신 욕하는 것이다. 무엇보다 정철은 옥사가 끝난 뒤, 광해군을 세자로 삼자고 주장했다가 왕에게 미움을 받고 쫓겨났다.

이렇게 보면 선조는 훌륭한 세상을 만들어 낸다거나 좋은 나라를 만드는 데는 딱히 관심이 없었던 것 같다. 똑같은 왕이라 해도 그 힘을 써서 최대한 많은 일을 벌였던 세종이나 정조, 성종에 비하면 말이다. 그렇다고 적극적으로 폭정을 저지르지는 않았지만, 사람을 쓰고 버렸다. 더구나 그토록 아름다운 문장들을 쓴 사람을 피투성이 인간 백정으로 쓰다니 참으로 무참하다. 제대로 쓰이지도 못한 이이 쪽이 차라리 낫겠다 싶을 정도로 말이다. 그러나 인재에게서 단물만 빨아내고 버리는 것은 선조의 나쁜 특기 중 하나였다.

어쨌든 이런 옥사 덕분에 선조 시대에는 정말로 큰 골이 하나 생겼다. 바로 당파싸움이다. 사실 이전에도 당파는 있었다. 어느 나라, 어느 시대나 정치가 있으면 파벌이 있는 법이고, 대립이 있다. 그러니까 조선의 당파싸움이 심하긴 했지만, 딱히 나라가 망할 정도로 유별나게 심하다고 할 건 없다. 그러나 선조 시대의 당파싸움이 문제인 것은 대대적인 숙청이 국제 전쟁 바로 직전에 있었고, 이 때문에 수많은 인재가 죽었으며, 이로써 서로 간에 너무나도 깊은 골이 파여 수많은 피해를 만들어 냈다는 데 있었다.

신하들끼리의 싸움은 선조에게 나쁠 것이 없었다. 자기들끼리 치열하게 싸우고 죽이려 들면, 그동안 왕은 이쪽저쪽 편을 들며 견제하고 균형을 잡으면서 자기 권위를 높일 수 있었다. 신하의 힘이 너무 강해 왕이 눈치를 봐야 했던 중종, 명종과 달리 방계 왕손으로 시작했던 선조는 틀림없이 조선의 왕이 되었다.

그리고 왜란이 벌어졌다.

임진왜란

임진왜란에는 잘못된 신화가 많이 있다. 일본이 침략을 준비하고 있었는데, 조선은 전혀 예측하지 않고 농땡이를 부리다가 처참하게 졌다는 것이다. 선조 및 조선 관군이 왜란 초기에 패전한 것은 사실이지만, 그렇다고 침략을 아예 예측하지 못한 것은 아니었다. 일본이 쳐들어온다는 소문은 일반인 사이에도 널리 퍼져 있어서 유희춘의 《미암일기》에도 나올 정도였다. 일부 성을 수리하며 수비 태세를 갖추기도 했다. 무엇보다도 선조 24년, 정읍에서 사또 노릇을 하고 있던 '평범한' 무과 12등 급제자를 특진시켜 전라좌수사 자리에 낙하산으로도 꽂아 넣는 일도 있었다. 이런 파격 인사에는 당시 인사권을 가진 이조판서 유성룡의 입김이 틀림없이 작용했겠지만, 이순신의 낙하산을 반대하는 신하들에게 "인재가 모자라 그렇게 하게 하지 않을 수 없었다. 그 사람이면 충분히 감당할 터이니 관작의 고하를 따질 필요가 없다."라고 대답한 데는 선조의 뜻도 어느 정도 작용했다.

그럼 질문을 뒤집어 보자. 전쟁에 대비했는데 왜 그렇게 패했을까? 이순신을 전라좌수사가 아니라 경상좌수사에 두지 않아서였을까? 정말 그랬다면 임진왜란 초반 전황이 어떨지 궁금해지지만, 어쨌든 선조는 전쟁을 대비했다.

군이 말하자면 상대가 나빴다. 천한 무사로 시작해서 출세하고 일본 최고 권력자인 관백까지 되었던 도요토미 히데요시. 그는 나라 안의 병사를 긁어모아 20만이 넘는 대군들을 이끌고 바다를 건너왔다. 그만한 대군을 이끌고 오는데 눈치를 못 챘다니 한심할 수도 있지만, 이런 일들은 세계대전에도 있었다. 좋게 해석하자면 '설마 전쟁을 하겠어?'라는 안타까운 낙관주의가 아니었을까. 덕분에 도요토미 히데요시는 동아시아에 길이 이름을 남길 전범이 되었고, 사적으로는 대가 끊겼으니 업보는 받은 것으로 하자.

선조의 중요한 악행으로 꼽는 것은 일본군의 공세 앞에서 백성과 왕궁을 버리고 도망친 것이다. 그런데 역사상 도망친 임금들은 꽤 있었다. 고려 현종과 공민왕, 최씨 무신 정권의 왕들은 수도를 버리고 몽진한 적이 있었다. 왜 그 왕들은 원망을 듣지 않았을까? 다만 오래되어 기록이 적어졌을 뿐, 그때라고 왕이 백성의 원망을 안 듣진 않았을 것이다. 나라를 지키지 못한 임금이라고 비난을 들을 수 있다. 겁에 질린 나머지 차라리 나라를 버리고 도망가겠다는 말도 인간적으로는 할 수 있겠다.

그러나 임진왜란 초기, 선조의 말과 행동은 대단히 꼴사나운 것이 사실이다. 한양과 평양이 차례로 함락되면서 선조는 궁지에 몰렸다. 신하들은 하나둘 왕을 버리고 떠났고, 왕의 일행은 밥을 굶으며 처참하게 피난 갔으며, 일본군은 거침없이 쳐들어왔다. 백성은 왕의 행렬이라고 하기도 초라한 이들에게 욕설을 퍼부었다. 그러자 선조는 외쳤다.

"중국으로 갈 테다! 요동으로 갈 테다!"

나라가 무너져도 자기 한 몸 살면 된다는 이기적인 태도는 인간으로서는 가질 수 있지만, 나라의 왕으로서는 절대로 책임감 있는 태도가 아니었다. 이런 와중에도 신하들의 탓을 하는 선조였다.

"당초에 일찍이 요동으로 갔어야 했는데, 의논이 일치하지 않아 이렇게 됐다."

신하들도 가만히 있지 않고 접견을 거부하는 선조를 억지로 찾아가기도 했다. 이때 선조의 주장이 참으로 가관이었다. 반드시 압록강을 건너갈 것이라는 둥, 큰 뜻이 있다는 둥, 이전 안남국(베트남)의 왕이 중국으로 도망갔다가 나라를 다시 일으킨 적이 있으니 그렇게 할 거라는 둥 이런저런 주장을 했다. 더하여 비빈들을 다 데려갈 순 없으니 몇 명 골라가고, 대신 세자 광해군은 남겨 두려고 했다. 결국 자기만 안전한 곳에 잘 있겠다는 괘씸한 생각 아닌가. 이것이 선조 25년 6월의 일이었고, 한참 조선이 불리하던 때니 선조가 반쯤 미쳐 있었던 것도 이해는 할 수 있다.

그런데 그다음이 문제다. 제정신이 돌아왔을 때 어떤 일을 하느냐가 중요하다. 이후로 7년 가까이 전쟁이 계속되다가 마침내 임진왜란이 끝났다. 어째서 끝났는가? 전쟁의 원흉인 도요토미가 죽은 것도 있지만, 이제까지 조선을 지키기 위해 장수들이, 신하들이, 백성들이 목숨을 바쳐 싸운 덕분이었다.

선조 37년, 마침내 공신 명단이 정리되었는데, 호성공신(扈聖功臣), 선무공신(宣武功臣), 청난공신(淸難功臣)이 있었다. 이 중 가장 중요하게 다뤄진 것은 호성공신이었는데, 여기에서 말하는 '성'이란 바로 선조 자신을 일컫는 말이다. 성인을 지킨 공신, 즉 왕의 곁에서 머문 사람들이다. 바로 한양에서 의주까지 내내 선조를 따라왔던 사람들을 공신으로 삼은 것이다. 여기까진 좋다. 왕을 버리고 도망친 신하들이 즐비한데, 자기 가족들도 안 챙기고 왕을 따라나선 사람들이었으니까. 그중에 대신이나 의관, 내시들도 많았지만, 그들도 나랏일 하는 사람들이니 공신이 될 수 있다고 치자.

그런데 함께 호종하고도 일본군과 회담을 하느라 벗어났던 이덕형이나 도중에 세자를 따라 분조로 간 신하들은 포함되지 않았다. 똑같이 나랏일을 했는데 이유가 무엇일까? 여기에는 선조의 원한이 있었다. 선조와 세자 광해군이 각각 다른 길로 가자, 선조는 신하들이 광해군에게만 간다며 투덜댔다. 광해군이 가는 길이 더 위험했는데도 말이다. 사람들이 미래의 왕이 될 광해군에게 기대를 거는 것을 질투했던 게 아니었겠나.

더 화가 나는 것은 그다음이다. 선무공신은 일본과 직접 맞서 싸우고 군량을 댔던 참전용사들이다. 이들이야말로 전쟁의 최고 공신들이 아니겠는가? 그런데 호종공신이 무려 86명(이중 내시가 24명, 하인이 10명)인데 선무공신은 겨우 18명이었다. 7년의 전쟁에서 많은 장수와 의병장들이 목숨을 바쳐 싸웠거늘, 선무공신에서 우리가 잘 알고 있는 곽재우, 고경명, 조헌 같은 의병장의 이름은 찾아볼 수도 없다. 그리고 선무공신 1등이 세 명인데, 바로 이순신, 권율, 원균이었다. 앞의 두 사람은 몰라도 맨 뒤의 사람은 왜 있는 걸까. 혹시 조선 수군을 부활시키려면 일단 한 번 죽어야 하니까, 그렇게 한 것도 원균의 공헌일까.

마지막으로 청난공신은 임진왜란 와중에 있었던 이몽학의 난을 진압한 공로가 있는 사람 다섯 명을 뽑은 것이다.

결국 이 공신 목록이 무엇을 뜻하는가? 공신은 원래 나라에 공을 세운 사람을 칭찬하기 위한 것이다. 그런데 이 공신 목록은 어디까지나 선조 자신에게 얼마나 도움이 되었는지 그리고 자신의 마음에 들었는지가 기준이었다. 왕을 지킨 사람도 중요하지만, 무엇보다 전쟁에서 목숨을 걸고 싸운 사람을 충분히 논공해야 하는 게 아닌가? 하지만 선조에게는 그보다도 자신에게 잘했느냐가 더 중요했다.

선정 기준이 얼마나 기가 막히는지, 《조선왕조실록》의 사관까지 날카롭게 비판하고 있다. 이런 식으로 공신을 정하다니 외람된 일이라고 말이다. 나라를 위해 목숨을 바친 공신을 표창한다면, 그들은 긍지를 얻고, 지켜보는 사람들은 그들을 존경한다. 그러면 다시 나라가 어지러워졌을 때 공신들을 보고 자라난 이들이 또다시 싸우러 나갈 수 있다. 그런데 선조는 그걸 사리사욕을 위해 써 버렸다. 그걸 보고 당시 조선 사람들은 얼마나 기가 막혔을까. 과연 선조의 나라는 목숨 걸고 싸울 만한 가치가 있었던 걸까.

이후로 수십 년 뒤 조선은 다시 전란에 휩싸인다. 그때도 의병이 있었지만, 임진왜란만큼 선명하게 활약하지 못한 것에 과연 선조의 탓이 없었을까?

잘 알려진 이순신의 두 번째 백의종군은 굉장히 살벌한 분위기에서 벌어졌다. 당시 일본군의 잘못된 정보에 넘어간 조선 정부는 이순신에게 부산포를 공격하라는 명령을 내렸다. 그렇지만 이순신은 가서 살펴보고는 싸우지 않고 돌아왔다. 적의 방비가 단단해서 싸워 봤자 아군의 피해가 크리라는 판단을 내린 것인데, 선조는 이순신이 명령을 거부했다며 당장 처벌하려고 했다.

물론 그전에도 미운털이 박혀 있었을 것이다. 누구는 백성을 버리고 도망친 임금님이지만, 누구는 백성을 지켜 주는 든든한 장군님이었으니까. 아무리 명령에 복종하지 않았던들, 선조가 직접 "지금 비록 그의 손으로 청정의 목을 베어 오더라도 결코 그 죄는 용서해 줄 수 없다. 이순신을 용서할 수 없다."(선조 30년 1월 27일)라고 외친 것은 사적인 감정이 많이 포함되지 않았을까. 적장 중 하나인 청정, 곧 가토 기요마사가 조선에 큰 피해를 준 원수지만, 그래도 쓸만한 조선의 장수만 하겠는가. 게다가 그 장수는 바로 성웅 이순신이다. 그런데 이 발언의 가장 큰 문제는 선조가 한 말을 당시 조정에 있던 사람들이 보고 들어 모든 사람에게 전해졌으리란 것이다. 왕이 이순신을 몹시 미워하고 있다는 사실을 널리 퍼뜨린 것이고, 그것이 의도였으리라. 그리하여 유성룡 등은 더는 이순신을 감쌀 수 없었고, 이순신은 파직되었다.

선조의 못남은 나중에 조선 수군이 패한 뒤 이순신에게 보낸 사과 편지에서도 드러나니, 정말 짜증 나는 임금이었다. 그리고 선조의 진정한 뒤끝은 시호였다. 나라에 공을 많이 세운 신하에게는 시호를 내린다. 이순신은 잘 알려진 대로 충무공이다. 그러나 이순신이 이 시호를 받은 것은 죽은 지 40년이 지난 인조 21년(1643)의 일이었다. 전후 처리를 하느라 바빴을 수는 있지만, 살아서 이순신이 받았던 박대를 생각하면 몹시 찜찜하다.

편파적인 자식 사랑

조선 왕으로서 선조의 가장 큰 실책 중 하나는 후계자 문제였다. 선조는 정비 의인왕후와의 사이에서 자식이 없는 대신, 다른 후궁에게서 많은 자식을 낳았으니 아들만 15명이었다. 가장 처음 총애를 받은 공빈 김씨는 임해군과 광해군을 낳고 갑자기 세상을 떠났다. 죽기 전 공빈은 자신이 독살당하는 것이라고 주장했다. 이후 선조는 죽은 공빈 대신 인빈 김씨를 더 총애하게 되었고, 그 사이에서 많은 자식을 낳았다. 그래서 선조는 인빈 김씨의 큰아들 신성군을 세자로 삼으려 했으나, 신성군은 임진왜란 때 13세의 나이로 요절했다. 그 외 후궁들에게서도 여러 아들을 얻었지만, 하나같이 말썽꾼이었다.

그러나 선조는 자식들에게 너무나도 편파적인 사랑을 퍼부었다. 특히 서자이자 장자인 임해군에게는 그 정도가 몹시 심했다. 임해군은 세자 책봉의 물망에 오르지 않을 정도로 떡잎부터 싯누런 인물이었고, 나이가 들어서도 문제가 가라앉기는커녕 더 심각해졌다. 백성을 상대로 약탈이나 폭행 같은 사건을 일으켰고, 도승지 유희서를 부하들을 시켜 살해하기까지 했다. 아무리 왕자라 해도 관리를 살해했으니 중죄로 다스려야 했고, 선조도 놀라 임해군을 불러서 캐물었다. 그러나 임해군은 뻔뻔하게 오리발을 내밀었다. 그러자 선조는 광해군에게는 한 조각도 나눠 주지 않은 무한한 사랑으로 임해군을 감쌌다. 임해군의 노비들을 처벌하는 한편, 피해자 가족을 처벌했다. 특히 유희서의 억울한 죽음을 고발했던 유희서의 아들을 죽이려고 했다. 다행히 유희서의 이종사촌인 이덕형이 나섰고, 유희서의 아내가 아들을 살려 달라고 애원한 덕에 귀양 보내는 데서 끝났지만, 애초에 피해자가 더 심한 처벌을 받고 가해자는 무사하다니 이는 안 될 일이었다.

그런데 임해군보다 더 말썽꾼이 있었으니 정원군이었다. 후에 인조의 아버지가 되는 바로 그 사람이다. 정원군의 하인들이 남의 땅을 빼앗고 노비를 약탈하는 일이 곧잘 벌어졌고, 심지어는 하원군의 부인을 납치해 집에 가두는 일까지 벌어졌다. 하원군이 누구인가. 덕흥군의 장남, 선조의 큰형이었다. 즉 큰어머니를 잡아 가둔 셈인데, 이 유인즉슨 노비들끼리 싸움이 벌어진 탓이었다. 이 일은 노비들끼리 벌인 일로 마무리되었지만, 과연 정원군이 아무것도 몰랐을까. 정원군의 노비들은 무엇을 믿고 이만한 횡포를 부릴 수 있었을까. 왕실의 부인마저 납치 감금을 하는데, 힘없는 백성에게는 대체 무슨 짓을 했을까. 그런데도 선조는 정원군을 사랑으로 감쌌다. 또 다른 말썽꾼 아들인 순화군에게도 그러했다.

　못난 자식들을 싸고도는 대신 다른 자식은 정말 못살게 괴롭혔으니, 그게 바로 세자인 광해군이었다. 선조는 광해군을 정말 미워했다. 선조 41년에 "지금 세자는 책명을 받지 못했으니 이는 천자도 허락하지 않은 것이고 천하도 알지 못한다."라고 말했는데, 이는 세자 광해군의 정통성을 뿌리까지 뒤흔드는 말로, 해서는 안 되는 말이었다. 그때 광해군은 이미 세자가 된 지 17년째였고 국가 경영에도 잔뼈가 굵은 베테랑이었다. 그러나 조선의 전쟁과 명나라의 복잡한 사정으로 세자 책봉이 늦어졌기로서니 어떻게 그런 말을 한단 말인가. 광해군이 아들로서 매일 아침 문안 인사를 와도 물리치고 만나지 않는 일도 있었다. 게다가 늦게 들인 후비 인목왕후에게서 갑자기 최초의 적자 영창대군까지 태어났다. 그러니 세자 광해군의 위치는 조금씩 흔들릴 수밖에 없었고, 무엇보다 광해군의 정신 건강이 심각하게 위협을 받았다. 세상 누구보다도 가장 많이 지지해 주어야 할 아버지가 앞장서서 괴롭히는데 어느 아들이 돌아버리지 않겠는가.

선조는 왜 광해군을 미워했을까. 그건 당연한 일 아닌가. 자기 자리를 위협하는 아들이었기 때문이다. 처음 임진왜란 당시 세자로 삼을 때만 하더라도, 선조는 광해군을 걱정하고 눈물을 흘릴 정도였다. 생각이 달라진 것은 왕 자리를 빼앗길 것 같은 위기가 닥쳐서이다. 패색이 짙어지자, 선조에게 왕위를 세자에게 물려주라는 상소가 여러 개 올라왔다. 평소라면 역적 소리를 들을 말이었지만, 전쟁에서 패배해 인심을 잃은 왕보다는 젊고 희망찬 새 임금을 세우자는 의견이었으니, 꽤 솔깃한 주장이었다. 더구나 명나라도 그렇게 생각했다. 선조를 물러나게 하고 세자를 왕으로 세우자. 그런 의견이 공공연하게 오가자 선조는 세자에게 양위하겠다는 글을 쓰고, 유성룡을 불러서 술을 마시며 "이게 그대와 같이 마시는 마지막 술이다."라며 청승을 떨기도 했다. 그때 선조가 정말로 왕 자리에서 그만뒀으면 참 좋았겠지만, 선조는 왕 자리에 남을 수 있었다.

이 소동으로 자신의 권위가 (상대적으로) 강력해질 수 있었다는 것을 깨달은 선조는 틈만 나면 양위 소동을 벌였다.

"왕 그만하겠다, 양위하겠다."

선조가 외치면 우는 애 입에 사탕 물려 주듯이 신하들은 달려와 뜻을 거두어 달라고 외치고, 세자는 차가운 돌바닥 위에 꿇어앉아 명을 거두라고 사정한다. 그렇게 한참을 버티다 못 이기는 척 양위를 거두는 식으로 선조는 자신의 권위를 세웠다.

그런데 신선놀음도 한두 번이지, 선조는 23번 넘게 양위를 외쳤다. 이것이 계속되자 신하들은 못 들은 척하고, 흐지부지하는 일마저 벌어졌다. 광해군 때 써진 《선조실록》에는 선조의 계속된 양위 선언을 두고, 비록 왕이 물러나면 안타까운 일이지만 나라에는 좋은 일이다, 그걸 다 받아주니 왕 버릇만 나빠졌다는 사관의 호령이 남아 있다. 그러게나 말이다.

하지만 선조가 양위를 외칠 때마다 마음 졸이며 뛰어가 무릎을 꿇어야 했던 사람이 있으니, 바로 세자인 광해군이었다. 왕위를 이어받을 당사자였기 때문에 끝내 무심할 수가 없었고, 아버지의 장난질에 몸은 물론, 마음도 많이 상해야 했다.

최악은 영창대군이었다. 선조의 첫 번째 정비 의인왕후가 세상을 떠난 뒤, 선조는 수많은 비빈이 있음에도 굳이 새장가를 들려고 했다. 그런 덕분에 세자 광해군보다 아홉 살이나 어린 왕비가 내전에 들어왔으니, 바로 인목왕후였다. 인목왕후는 어린 왕비로 귀여움을 받으며 아들을 낳았고, 선조에게 최초의 적자를 안겨 주었다. 여기에서 문제가 생겼다.

유교에서는 적장자가 계승하는 게 원칙이지만, 그 원칙이 제대로 지켜지지는 않았다. 선조 자신만 하더라도 방계, 그것도 셋째 아들인데 왕이 되지 않았던가. 게다가 광해군의 경력을 생각해 보면, 갓 태어난 영창대군이 상대될 리 없었다, 원칙적으로는. 하지만 선조는 영창대군을 띄워 주는 한편, 세자 광해군을 언제나처럼 구박했다. 그러

다 보니 영창대군을 다음 왕으로 지지하는 유영경을 비롯한 소북 당
파가 생겼을 정도였다. 그리고 인목왕후도 영창대군에게 세자의 옷
을 입히는 등 설레발을 쳤다.

선조가 이후로 수십 년을 더 살아서 장수했다면 영창대군은 광해
군의 라이벌로 성장했을지도 모른다. 하지만 그럴 수가 없었다. 우선
선조 자신의 병이 깊어졌다. 또 전쟁을 수행하며 대북과 서인, 남인
을 비롯한 여러 당파의 지지를 얻고(처음엔 그랬다) 백성의 사랑을 받는
세자를 갈아 치우는 것만큼 무모한 일은 없었다. 더구나 갓 전쟁을
끝내 피폐해진 나라의 왕으로 세 살짜리를 삼는 것은 정신 나간 일이
었다. 야사에는 영창대군이 훌륭했다는 말도 있지만, 영창대군은 너
무 어린 나이에 죽어서 자질을 알아볼 지경은 아니었다. 다만 세자
광해군이 손위 누이 정명공주는 안아 주었지만 자신을 안아 주지 않
자 "내가 남자로 태어난 탓이다. 나도 여자로 태어났어야 한다."라고
슬퍼했을 만큼 눈치가 빠른 아이였다. 만약 선조가 광해군을 후계자
로 인정하고 든든하게 뒷배가 되어 주었다면, 광해군도 까마득하게
어린 이복동생을 사랑하고 안아 주지 않았을까. 또 강화도로 귀양 보
내 비명에 죽게 하지는 않지 않았을까. 왕 자리를 놓고 벌어지는 암
투는 음울하고 잔인해서 광해군과 영창대군의 또 다른 미래를 상상
하기 어렵지만, 그래도 선조가 살아 있었을 당시 광해군이 영창대군
을 사랑할 수 없게 만든 것은 틀림없이 아버지 선조의 잘못이었다.

선조가 광해군을 왕의 재목으로 보지 않은 것은 아니었다. 그리고
광해군을 그토록 괴롭혔던 것은 그만큼 광해군의 능력을 인정했기

때문일 수도 있다. 선조의 가장 큰 원동력 중 하나는 열등감이 아니었을까? 그래서 이순신을 괴롭혔고, 전시 재상으로 이름을 날린 유성룡도 쫓아냈으며, 친아들 광해군을 학대했다. 그러니 가장 마지막 순간, 죽기 직전에 진심을 드러냈던 것이다. 그래도 다음 대를 이을 아들은 광해군 너라고. 그제야 선조에게 이용당했던 유영경이 제발 광해군을 다음 왕으로 삼는다는 명령을 거두어 달라고 사정했지만, 선조는 그냥 죽었다.

그러니까 더 악질이었다. 그런 걸 뻔히 잘 알면서도 마지막의 마지막까지 세자 자리를 두고 자식을 장기 말 삼아 정치놀이를 했던 사람이 선조였다. 그나마 완전히 미치지 않고 무엇이 중요한지 구분할 수 있었기에 어린아이를 다음 왕으로 삼는 대신 광해군에게 왕위를 물려주는 결정을 내린 것이다.

그러나 때는 너무 늦었다. 선조의 광해군 학대는 너무나도 질이 나빴다. 총명했고 용감했던 세자가 아무도 믿지 못하는 잔인한 사람이 된 데는 아버지의 학대가 주요한 역할을 하지 않았을까. 후대에 조선 왕조에서 가장 자식을 학대한 영조가 등장하는 바람에 상대적으로 선조의 악행은 묻히는 감이 있다. 이것도 선조의 행운이라 하겠다.

선조가 다스리는 동안 얼마나 많은 잘못이 있었던가. 그걸 다 말하기엔 끝이 없다. 분명한 것은 광해군이라는 어둠의 시대를 불러온 것은 선조의 크나큰 과오라는 사실이다.

역사 속 몰락한 왕 5

조선 광해군

운명에 외면당하고, 마침내 잊히다

조선 제15대 왕 광해군
光海君, 재위 1608~1623년

즉위년
- 2월 14일, 임해군의 역모 사건 발발
- 4월 12일, 광해군 책봉을 위해 명나라로 파견된 이호민의 설화
- 6월, 광해군, 조선 국왕으로 책봉. 6만 냥에 달하는 뇌물을 명나라 사신에게 줌

1년
- 4월 29일, 임해군 사망

2년
- 9월 5일, 이황, 이언적 문묘에 종사됨

3년
- 3월 26일, 정인홍, 〈회퇴변척〉을 올림

4년
- 2월, 황혁이 순화군의 아들 진릉군을 옹립하려는 역모 발각

5년
- 4월, 계축옥사로 영창대군 강화도 유배

6년
- 2월 10일, 영창대군 사망

8년
- 누르하치, 후금(청나라) 건국

10년
- 1월, 인목대비, 서궁으로 격하

11년
- 2월, 강홍립을 원수로, 김경서를 부원수로 한 병력 파견
- 3월 4일, 조선-명나라 연합군 패전. 강홍립 등 항복

15년
- 3월 13일, 인조반정 발발. 광해군, 강화도로 유배

총체적 난국

　광해군의 시대를 보노라면 한 가지 생각밖에 떠오르지 않는다. 총체적 난국. 제대로 되는 것은 하나도 없고, 도움이 될 만한 것도 없으며, 처음부터 끝까지 비비 꼬여서 답답하고 까마득하다. 아무리 고민해 봐도 해결할 방도가 없어, 그저 가슴 한번 치고 하늘을 보며 당시를 살았던 사람들을 동정할 수밖에. 어떻게 이런 답답한 시대가 있었을까? 그때를 살았던 사람들도 원해서 그런 시대를 만들어 내거나 살고 싶진 않았겠지만, 어쩔 수 없었다. 어느 시대에나 있었을 나쁜 것이 있고, 이것들이 조금씩 모여 정말 최악이 만들어졌다. 광해군은 실패한 군주고, 잘못이 없지 않다. 하지만 그의 잘못을 마냥 탓할 수 없는 까닭이 바로 여기에 있다.

　광해군의 인생은 나면서부터 질곡과 고난의 연속이었다. 그의 어머니 공빈 김씨는 선조의 총애를 받아 두 아들을 낳았다. 그러나 둘째 아들인 광해군을 낳고 얼마 지나지 않아 세상을 떠났으니, 이때가 선조 10년 5월 1일이다. 선조는 처음에는 슬퍼했지만, 그 사랑은 이내 또 다른 후궁인 인빈 김씨에게로 옮겨 갔다. 인빈은 아들 셋과 딸 다섯을 줄줄이 낳으며 왕에게 사랑받았다. 그래서 어린 시절의 광해군이 어떠했는지는 《선조실록》에도 거의 기록이 없어 알 수 없지만, 자식 사랑은 어머니를 따라가는 법. 인빈 김씨의 아들 신성군은 대놓고 총애를 받았지만, 광해군은 그리 행복했을 것 같지는 않다. 그런데도 광해군은 그의 평생에 걸쳐 입증해 낸 굉장한 인내심을 보였고, 왕은 몰라도 주변 사람들에게는 높은 평가를 받았다. 신하들 사이에서도 세자감으로 거론될 만큼 말이다.

그런데 상황이 나빴다. 광해군은 왕비의 자식이 아니라 후궁에게서 태어난 서자였고, 그러면서도 차남이었다. 유교의 원칙은 적장자 계승. 왕비가 낳은 첫 번째 아들이 다음 왕이 되어야 했다. 그런데 광해군은 그 어느 쪽도 아니었다. 그나마 유일한 위안이 있다면 선조는 왕비인 의인왕후 박씨와의 사이에 자식이 없어서 적자가 없었다는 것이다.

그래서 후계자 문제가 꼬였다. 누구를 세자로 삼을 것인가. 이런저런 사정으로 미루어 볼 때, 선조는 정통 후계자에게 집착했던 것 같다. 아무 흠 없는 적장자가 후계자로 있기를 바라는 것은 모든 왕의 소원이겠지만, 선조는 특별히 여기에 집착할 만한 이유가 있었다. 원래 선조부터가 왕이 될 사람이 아니었지만, 왕이 되었다.

조선 제13대 임금 명종은 유일한 아들 순회세자가 요절한 뒤, 본인도 후계자를 지명하지도 못하고 갑자기 죽어 버렸다. 그래서 중종의 서자였던 덕흥군(훗날 아들인 선조가 왕이 되면서 대원군이 되었다)의 셋째 아들 하성군이 명종의 왕비 인순왕후의 교지를 받고 왕이 되었으니, 그가 바로 선조였다. 따라서 선조는 세자로 책봉된 적도, 정식으로 후계자 교육을 받은 적도 없었다. 입지가 굉장히 약할 수밖에 없었다. 그러니 내 자식만큼은 적장자로 세우겠다고 생각했던 것 같다. 그래서인지 왕비 대신 수많은 비빈을 두고 많은 자식을 얻었건만, 세자를 책봉하지 않고 질질 끌었던 이유가 무엇일까. 혹시 언젠가 적자를 얻으리라는 희망이 있었던 걸까. 무려 왕이 된 지 25년이 되도록 말이다. 그리고 신하들이 세자 책봉을 거론하는 것도 꺼렸으니, 송강 정철은 광해군을 세자로 삼자고 했다가 귀양까지 가야 했다.

하지만 더는 미룰 수 없는 사태가 벌어진다. 전쟁, 임진왜란이 시작된 것이다. 선조 25년 4월, 선조는 급히 광해군을 세자로 책봉한다. 《선조실록》에는 4월로 적혀 있는데, 《선조수정실록》에는 5월에 평양에서 세자를 책봉한 것으로 되어 있다. 광해군이 수많은 다른 형제를 제치고 세자감으로 발탁된 것은 그만큼 뛰어났기 때문이다. 동시에 맏형이던 임해군은 그만큼 구제 불능이었다. 좋은 시절 다 보내고 나라가 외적에게 넘어가기 직전, 번갯불에 콩을 볶듯이 세자가 책봉되었다. 선조는 신하들에게 광해군을 세자감으로 제안하면서 "총명하고 학문을 좋아한다."라고 했다. 그런데 말이 좋아 세자지, 당장 왜군이 나라를 집어삼키기 직전이었다. 평온한 시절이라고 해도 세자 자리는 편하지 않았는데, 전쟁 시기의 세자란 그야말로 고생이 구만리처럼 펼쳐진 자리였다.

그렇게 세자가 된 광해군의 나이는 18세. 그로부터 두 달이 지난 즈음인 6월 21일에는 일종의 임시정부인 분조(分朝)를 이끌고 함경도로 향했다. 왕과 세자가 따로따로 몽진한 것은 설령 어느 한쪽이 외적에게 붙잡혀도 나라의 명맥을 유지하기 위한 것이었다. 이렇게 아버지와 아들은 각각 다른 곳으로 향했다. 명색이 왕이라며 좀 더 안전한 그리고 언제든지 중국으로 도망갈 수 있는 의주로 물러나 있던 선조와 달리, 세자는 언제 왜군과 맞닥뜨릴지 모르는 위험한 지역으로 향했다. 이때 선조는 신하들이 자기를 버리고 장래성 있는 분조로 간다며 심통을 냈지만, 실제 분조에 참여한 것은 사지로 향하는 젊은 세자를 그냥 내버려둘 수 없었던 처가 유씨 사람들과 젊고 용감한 사람들이었다. 그렇게 세자 광해군은 전국을 돌아다녔다. 어두운 밤에 온몸이 푹 잠길 정도로 깊은 강물을 건너기도 하며, 곳곳의 의병들을 만나고 함께 싸울 인재들을 뽑았다.

훗날 전쟁이 끝난 뒤, 선조는 분조가 한 일은 별것 없다며 제대로 상을 주지 않았다. 하지만 분조의 역할은 절대 작지 않았다. 무엇보다도 희망의 상징이 되었다는 점에서 말이다. 임진왜란 당시 패전을 거듭하는 조선 왕조의 체면은 땅에 떨어졌고, 많은 신하가 왕을 버리고 달아났다. 바로 이럴 때 세자 광해군은 전국을 돌아다니며 아직 조선이 건재하다는 사실을 백성에게 알렸고 의병을 모집했다. 외적이 쳐들어와서 위기에 빠진 나라. 그리고 태어나자마자 어머니를 잃는 비극을 겪었지만 그래도 나라를 구하기 위해 나선 십 대의 세자. 그가 최전선을 돌아다니며 고초를 겪는 것을 보고 있자면 없던 충성심과 동정심마저 생겨났을 것이다.

그래서 당연하게도 선조는 도성과 백성을 버리고 달아난 임금으로 평판이 크게 깎였지만, 세자 광해군은 큰 인망을 얻었다. 또 중국 장수들도 광해군에게 좋은 인상을 받았고, 전국 각지에서 싸우던 의병장들도 세자와 인연을 맺었다. 당시 나라를 지키기 위한 의병이 당파를 불문하고 일어났지만, 그중에서도 유명했던 것은 정인홍, 곽재우로 대표되는 북인이었다. 그들은 나라를 위해 자기 목숨을 포함해 가지고 있던 모든 것을 버리고 왜군과 싸울 만큼 열렬했던, 이를테면 강성 행동파들이었다. 앞장서서 왜군과 싸웠던 용감한 그들은 훗날 광해군의 열렬한 지지층이 되었다.

그러나 명나라가 가세하고 어느 정도 전황이 안정되자, 일본군보다 더 무서운 적이 나타났다. 아버지 선조였다. 그는 툭하면 짜증을 부리며 "나는 왕답지 않으니 세자에게 양위하겠다!"라고 소동을 벌였다. 당시는 먼 옛날 조선으로, 어떤 이유든 왕이 그만두겠다면 뜯어말리는 게 신하 된 도리였다. 세자 역시 선위를 거두어 달라며 애걸해야 했다. 그러면 선조는 못 이기는 척 허락하거나, 언제 그런 말을 했냐면서 시치미를 뗐다. 이런 일이 열 번, 스무 번을 넘게 거듭되었다. 나중에는 신하들마저 양위 선언을 지긋지긋해 하다못해 모른 척했고, 그러다가 흐지부지되기까지 했지만, 당사자인 광해군은 그럴 수도 없었다.

국제 문제도 광해군을 괴롭혔다. 명나라는 광해군의 세자 책봉을 거절했는데, 이유는 적장자가 아니라는 것이었다. 여기엔 여러 가지 원인이 얽혀 있었는데, 조선과 명나라의 기싸움에 세자 책봉이 이용당한 것이기도 했고, 뇌물을 탐낸 명나라 사신 때문이기도 했으며, 또 당시 명나라 만력제가 셋째 아들을 후계자로 세우겠다며 신하들과 십여 년간 싸움을 벌인 탓이기도 했다. 그런데 그 말에 팔랑거린 조선 사람 역시 문제였다.

조선 왕조가 세워진 이래 이즈음까지만 해도 적장자로 왕이 된 사람은 오로지 연산군뿐이었다. 선조 자신도 방계 왕족의, 그것도 셋째 아들이면서 즉위하지 않았던가? 하지만 조선의 많은 사람이 광해군을 세자로 대우하지 않고 괴롭혔으니, 그 선두에는 아버지 선조가 있었다. 이런 사람을 아버지로 둔 광해군이 불쌍해질 지경이다.

광해군의 친형 임해군도 골칫거리였다. 옛날 양녕대군은 동생 세종에게 세자 자리를 넘겨주려고 미친 척을 했다는 야사가 있었다. 실제는 아니지만, 그래도 이제까지 동생이 왕이 된 형들은 여럿이 있었고 그들의 행동원칙은 있는 듯 없는 듯 죽은 척하고 지내기였다. 그게 나라를 위한 일이자 자기 자신의 안전을 위한 현명한 선택이었다. 하지만 임해군은 대놓고 패악질을 부렸다. 동네방네 말썽을 부렸고, 임진왜란 때는 백성에게 밉보여 일본군에게 포로로 잡힌 적이 있을 만큼 악질이었다. 국제적인 문제도 일으켰으니 중국 사신에게 "내 아래에 동궁(세자)이 있다."라는 말을 하기까지 했다. 결국 아버지도, 하나밖에 없는 친형제도 광해군에게 도움을 주기는커녕 짐만 없었다.

여기에 선조는 의인왕후 박씨가 죽고 상을 마치자마자 재빠르게 새장가를 들었다. 그 상대는 인목대비란 이름으로 더 잘 알려진 인목왕후(仁穆王后) 김씨였다. 팔자 드세기로는 조선 왕조 안에서도 몇 손가락에 드는, 바로 그 인목대비 말이다. 조선의 왕비는 왕과 더불어 한 쌍을 이뤄 나라를 상징했기에 원칙적으로 자리가 차 있기는 해야 했다. 결혼할 당시 선조의 나이 51세, 인목대비의 나이 19세, 광해군의 나이가 28세였으니 결코 상식적인 가족 관계는 아니다.

그러다가 4년 뒤에 선조의 유일한 적자 영창대군이 태어나면서 상황은 더 꼬인다. 영창대군은 차라리 태어나지 않았더라면, 최소한 왕자로 태어나지 않았더라면 좋았을 텐데. 아무튼 영창대군이 있었기에 다음 왕으로 광해군을 지지하는 대북과 영창대군을 지지하는 소북이 갈린다. 대북은 정인홍, 소북은 유영경이 대표자였다.

선조도 늘 그랬듯이 광해군을 괴롭혔다. 이처럼 조정 안에 온통 적뿐인 불리한 상황이었지만, 광해군은 용의주도하게 세자 자리를 보전했다. 피를 토할 만큼 괴로워하긴 했지만 그래도 인내하고 버틴 것이다. 그리고 시간은 흘러 선조 40년 10월, 계속 건강이 안 좋았던 선조는 감기가 악화되어 드러누웠다. 나을 수 있는 병이 아니라는 것을 직감한 선조는 세자 광해군에게 왕위를 전한다는 비망기를 내렸다. 당시 영의정이었던 유영경은 당황해 다른 신하들을 내쫓고 정신이 오락가락하는 선조를 붙들고 명령을 거둬 달라고 애걸하는 한편, 비망기를 숨기기까지 했다(고 한다).

그러나 다른 신하들은 물론이거니와 이 계획이 가장 기꺼웠을 인목대비마저도 오히려 광해군의 전위를 지지하는 언문 교서를 내렸다. 그녀가 생각해도 16년 동안 세자로 있던 광해군을 밀어내고 세 살짜리 영창대군을 왕으로 세우는 것은 불가능하다고 여긴 것 같다.

다행인지 불행인지 선조가 차도를 보이면서 이 문제는 흐지부지됐지만, 이런 일이 벌어졌다는 것만으로도 광해군의 입지가 얼마나 약했는지를 확인할 수 있다. 이렇게 위태로운 광해군의 현실, 유영경의 음모, 선조의 속 좁음에 분개해서 피 끓는 상소를 올린 이가 있었으니, 바로 대북을 이끄는 정인홍이었다.

> 신이 삼가 도로에서 듣건대, 상께서 전위한다는 전교를 내리자 영의정 유영경(柳永慶)이 마음속으로 원임 대신을 꺼려 다 내쫓아서 원임 대신들로 하여금 참여하여 보지 못하게 하였다니, 영경은 무슨 음모와 흉계가 있어서 이토록 남들이 알지 못하게 하는 것입니까.
> 아, 영경은 실로 간사한 자이지만 원임 대신들도 어찌 잘못이 없겠습니까. 정사에 이미 참여하여 들을 수 있었다면 어찌 영경의 방자함을 듣고도 묵묵히 쫓겨나기를 마치 양 떼처럼 할 뿐입니까. 대저 일이 있으면 반드시 빈청에서 널리 의논하고 이는 바로 권간(權奸) 횡포의 피해를 막기 위한 것인데, 끝내 이와 같다면 장차 저런 정승을 어디에 쓰겠습니까.

정인홍이 1차 비난 목표로 삼은 것은 유영경이었다. 나쁜 건 죄다 유영경이라며 그의 이름을 수십 번 넘게 들며 비난했다. 상소의 내용을 읽다 보면 그 행간의 열기에 읽는 사람의 마음이 후끈 달아오를 지경이다. 하지만 이 상소는 유영경을 욕하되, 이제까지 사람들이 생각만 하고 차마 하지 못한 말, 즉 광해군에게 왕 자리를 넘기라고 외치고 있었다. 그뿐만 아니라 상소는 선조의 양심(남아 있었는지는 모르지만)을 콕콕 아프게 찔러 대는 말로 가득했다.

왕위를 물려주거나 혹 섭정(攝政)하여 인심을 모으고 국가의 근본을 안정시키며 옥후(玉候, 선조의 건강)를 조섭하여 완쾌되는 경사를 빨리 오게 하는 것은 조정 신하들의 뜻이고 서울 남녀들의 뜻이며 온 지방 백성의 뜻입니다. 신은 감히 알지 못하겠습니다. 여러 아들 중에서 선택하여 세자로 삼은 것은 전하께서 아들을 잘 알고 한 게 아닙니까? 의인왕후(懿仁王后)께서 자기 소생처럼 키우고 족보에 실은 것이 전하의 본뜻이 아닙니까?

사실 유영경을 비롯한 신하들이 세자를 바꾸겠다는, 즉 광해군을 우습게 보는 것은 그만큼 선조가 세자 대접을 안 한 탓도 있었다. 그런데 광해군을 세자로 고른 것 역시 선조가 아니던가? 정인홍의 글을 요약하면 선위하겠다는 핑계로 나라를 들었다 났다 하는 것은 적당히 하고, 광해군에게 왕위를 넘기라는 것이다. 이 일로 속을 끓여 온 사람들의 체증이 쑥 내려갈 만큼 통쾌한 내용이었지만, 당연히 선조는 격노했으며 조정은 발칵 뒤집혔다. 선조는 정인홍의 상소를 보고 분개한 나머지 말했다.

"제후의 세자는 천자의 명을 받은 뒤에 비로소 세자라고 할 수 있다. 지금 세자는 책명을 받지 못했으니 이는 천자도 허락하지 않은 것이고 천하도 모른다."

끝내 반성할 줄 모르는 못난 어른이었다. 그러나 그걸 들은 신하들

그리고 광해군의 마음에 대못을 박는 말이었다. 정인홍은 무려 70세의 나이로 유배 갔지만, 다행히 한 달 뒤 선조는 세상을 떠났고, 광해군의 시대가 열렸다.

대북의 대두

세자 시절 내내 온갖 일로 고생했던 광해군은 마침내 조선의 왕이 되었다. 하지만 즉위와 함께 '이후로 행복하게 살았습니다'라는 해피엔딩이 되지는 않았다. 당시 조선은 멀쩡한 구석을 찾기 어려울 정도였다. 임진왜란의 여파는 아직도 남아 있었고, 당파싸움은 여전히 치열했다. 광해군은 즉위하자마자 각 당파 사람들을 주요 관직에 고루 배치했다. 당파들이 골고루 자리를 가지면 덜 싸울까 하는 기대가 있었을 것이다. 하지만 잘되지 않았다.

우선 광해군의 시대는 북인 세력을 빼놓고 이야기할 수 없다. 당파는 처음에는 동인과 서인으로 나누어졌는데 이 중 동인들이 남과 북으로 갈렸다. 북인들은 요즈음 세상에서 강성 노조원, 운동권 등과 비교하면 적절할 듯싶다. 그만큼 용감하고 강한, 대의를 위해서라면 자기 자신을 기꺼이 희생하며 제일 앞에 서서 싸우는 사람들이었다.

그래서 북인은 어느 시대에나 선봉에 서서 싸움을 이끌었다. 북인의 시조인 조식은 명종 시대 때 명종과 문정왕후를 직접 비판하는 기개를 보였다. 그의 수제자 정인홍 역시 앞서 선조에게 직격탄을 날렸다. 그들은 다른 사람들이 차마 말하지 못하는 세상의 잘못들을 거침없이 비난했다. 이처럼 대담한 이들이었지만 단점도 있었으니, 어떨 땐 도저히 타협하지 않는다는 것이다. 대쪽 같다는 것은 이런저런 사정에 따라 굽히지 않는다는 뜻이니까!

그러나 그런 북인들의 기개가 빛을 발하는 시대가 있었으니, 바로 전쟁 때였다. 다른 사람들은 자기 목숨과 재산이 아까워 나라를 버리고 도망쳤지만, 북인들은 자신의 생명과 재산을 바쳐 의병을 이끌고 일본군과 싸웠다. 그것이 옳은 일이니까! 의령에서 봉기해 홍의 장군으로 이름을 떨친 곽재우는 조식의 제자이자 사위였고, 합천에서 일어난 정인홍은 조식의 친척이자 수제자였다. 그래서 정인홍의 근거지인 경상우도의 인사가 이끄는 의병들은 기록의 오차를 고려하더라도 조선 전체 의병의 절반을 차지했다. 의병장들은 자기 재산을 모두 쏟아부은 탓에 가족들은 굶주리거나 왜군의 표적이 되어 죽기도 했고, 자신도 과로로 죽었으니 그야말로 모든 것을 바쳐 나라를 위해 싸웠다.

그런데 이런 의병장들은 전쟁이 끝난 뒤 공신 책봉에서 최하위인 3등 공신조차 되지 못했다. 누구는 최전선에서 가족과 친구를 잃으며 싸웠는데, 공신으로 책봉된 것은 후방에서 안전한 왕의 곁에 붙어 있었던 내관들과 신하들이었다. 이 얼마나 억울하고 분통 터지는가. 물론 의병장들은 상을 받기 위해서가 아니라 나라를 위해서 싸웠다. 그래도 이건 너무했다. 게다가 상은커녕 벌이나 받지 않으면 다행이었다. 의병장들 몇몇은 역모에 연루되었다는 누명을 쓰고 무참하게 형장에서 죽었다. 김덕령이 그랬고, 토정 이지함의 서자 이산겸이 그랬다.

비록 나라는 인정해 주지 않았지만, 의병들의 위세는 당당했다. 전쟁 이후인 선조 35년, 이귀는 공무 집행 중인 자신보다 정인홍이 열렬히 대접받는다며 불만에 찬 글을 올리기도 했다. 하지만 전쟁 때 달아난 관군보다 맞서 싸운 의병에게 신망이 모이는 것은 당연한 일이 아닌가?

그래서 북인은 임진왜란 이후 정치적으로 큰 힘을 얻고, 대북과 소북으로 나누어진다. 영창대군을 지지했던 소북은 광해군이 즉위하고 유영경이 실각하자 위축되고, 대북이 더 강해진다. 대북의 대표적인 인물은 정인홍 그리고 이이첨이었다. 정인홍은 중앙 정치에 나서는 대신 내내 지방에 머물러 있으면서 정신적인 지주 역할을 했고, 중앙의 정치싸움은 이이첨이 주도했다. 이이첨 역시 임진왜란 당시 의병에 참여했고 공적을 세운 참전용사였다.

그런데 광해군 시대의 대표적인 간신이라면 바로 정인홍과 이이첨이다. 이 간신이라는 선입견을 잠깐 벗어던져 보자. 어째서 이렇게 되었을까. 반대 당파의 모함도 있었겠지만, 북인의 대쪽 같은 성미가 나쁜 쪽으로 작용한 것도 있었다. 북인에게는 용감하게 싸워 나라를 구해 냈다는 긍지가 있었다. 그건 분명히 칭찬받아 마땅한 일이었다. 하지만 이것을 이유로 남을 무시한다면 그건 문제였다. 북인들은 자신들만이 잘난 군자당(君子黨)이고, 나머지는 소인배로 여겼다. 마음속으로는 그렇게 생각할 수도 있겠으나, 이걸 공공연하게 말하고 다니면 당연히 분란이 일어난다. 그래서 광해군 3년, 이황의 문묘 종사를 놓고 큰 싸움이 벌어졌다.

광해군 2년 9월, 유생들의 거듭된 요청으로 이황, 이언적의 위패가 공자의 사당인 문묘에 모셔지고 제사를 받게 되었다. 이황은 지금이야 천 원 지폐에 얼굴이 그려져 우리에게도 익숙한 인물이고, 성리학을 세계적인 수준으로까지 끌어올린 거유(巨儒)이자 정치적으로는 남인의 시조였다.

그런데 정인홍은 존경하는 스승 조식보다 이황이 먼저 문묘 종사되니 마음이 편하지 않았던 것 같다. 그럴 수 있다. 이황과 조식은 동갑이었으며, 살아생전에도 서로를 인정하는 라이벌이었으니까. 거기까진 괜찮은데, 정인홍은 예전 선조를 비난했을 때의 날이 선 기세대로 이황을 흉보는 상소를 올렸으니, 그것이 바로 〈회퇴변척(晦退辨斥)〉이었다.

이황은 과거로 출신하여 완전히 나가지도 않고 완전히 물러나지도 않은 채 서성대며 세상을 기롱하면서 스스로 중도라 여겼습니다. 조식과 성운은 일찍부터 과거를 단념하고 산림에서 빛을 감추었고 도를 지켜 흔들리지 않아 부름을 받아도 나서지 않았습니다. 그런데 이황이 대번에

괴이한 행실과 노장(노자와 장자)의 도라고 인식하였으니, 너무도 모르는 것입니다.

정인홍의 상소에는 조식을 드높이고 이황을 폄훼하는 과격한 언사가 넘쳐 났다. 화나서 그럴 수 있겠거니 이해하기에는 광해군의 정신적인 스승이자 대북의 지도자인 정인홍이 공식 문서로 올리기까지 했다. 말의 무게가 다른 것이다. 〈회퇴변척〉으로 조선은 발칵 뒤집혔고, 전국의 생각 있는 사람이라면 누구든 이 문제로 말싸움을 벌였다.

계속 다투다 보면 차츰 험악해져서 네 편 내 편 가르는 게 싸움의 속성이다. 당파싸움이 심하다고는 해도, 이때까지는 이황과 조식, 양쪽 학파에 모두 출입하던 사람들이 있었다. 두 사람은 모두 존경받는 유학자이고 원수가 아니었다. 하지만 정인홍을 중심으로 한 북인들은 조식과 이황 중에서 양자택일을 강요했다. 우리 스승인 조식이 더 훌륭한 분이라며, 절대로 타협하지 않았다! 그러자 유생과 다른 북인들까지 여기에 반발했다. 성균관 유생들은 정인홍을 비난하는 파업을 벌였으며, 유생들의 목록인 〈청금록〉에서 정인홍의 이름을 삭제하기까지 했다.

광해군은 어떻게 해야 했을까? 팔은 원래 안으로 굽는 법이다. 광해군은 정인홍의 편을 들었다. 그러자 남인과 서인은 함께 광해군과 정인홍을 비난했다. 그러자 발끈한 북인들은 정인홍을 옹호했다. 이렇게 싸움이 계속되면서 상황은 더욱 나빠졌다.

이후로 정인홍은 스승 조식의 사당을 도성 안을 포함한 이곳저곳에 세우려고 했는데, 이것도 새로운 논쟁의 불씨가 되었다. 이 사건은 좋고 나쁜 것을 떠나, 진실로 정인홍의 타협하지 못하는 성미가 화근이었다. 당시 좌의정이었던, 농담을 잘하기로 이름난 오성 이항복은 이번 사건으로 정인홍을 슬쩍 돌려 비난했다.

"조식의 문하에 정인홍이 없었다면 조식은 더욱 존경받았을 것입니다."

한마디로 정인홍이 분란을 만들고 다니니, 조식의 이름에도 먹칠을 한다는 소리다. 정인홍에게 정치적인 욕망이 있었다기보다는 스승이 문묘 종사되는 게 목적이 아니었을까. 하지만 애정이 지나치면 주변 사람들을 질리게 만드는 법. 이 사건으로 대북은 다른 당파들과 척을 지는 한편, 고립되기 시작한다.

죽음, 이어지는 죽음

광해군이 즉위하면서 가장 먼저 문제가 된 것은 임해군이었다. 그전에도 문제를 벌이긴 했지만, 철부지 형은 동생이 왕이 된 이후로도 정신을 차리지 못했다. 광해군 즉위년 2월 14일, 역모 사건이 벌어진다. 임해군이 무사들을 모아 반역을 계획했다는 밀고가 들어왔는데, 솔직히 말한다면 임해군이 그런 계획을 할 정도의 지능을 갖췄을 것 같지는 않다. 어쨌든 임해군은 자신의 결백함을 외치는 대신 여장을 하고 달아나려고 했고, 다시 체포되어 엄중한 감시를 받으며 진도(珍島)로 유배 갔다.

선조의 아들은 서자만 12명이었는데, 멀쩡히 정신 박힌 사람보다 패악질을 부리는 말썽꾼이 대부분이었다. 실록은 임해군이 임진왜란 때 포로 생활을 한 덕에 성미가 더 거칠어졌다고 변명해 준다. '외상 후 스트레스 장애'라도 있었던 것일까? 하지만 그 일이 있기 전부터 백성을 괴롭혀서 일본군에게 잡혀간 것이니 그냥 천성이 못됐던 것 같다. 이런 못난이가 왕실 장남으로 태어났다는 것은 국가의 불행이었다. 술 마시고 말썽을 피우는 정도가 아니라 무뢰배를 모아놓고 힘을 겨루거나 잔치를 벌이며 놀았으니 '현재 역모 꾸미는 중'이라고 의심받을 짓을 골라서 했다. 그래서 홍문관과 사간원을 비롯한 신하들은 임해군을 죽여 화근을 없애자고 했다. 광해군은 그와 친동기간임을 내세우며 거절했다.

"임해의 일은 흉악한 무리에게 꼬임을 당한 것이지 본심은 아니었던 듯하다. 이미 밖에다 안치하였는데 어떻게 차마 법을 시행할 수 있겠는가. 윤허하지 않는다."

이처럼 광해군은 형을 아꼈던 것인가? 그건 또 아닌 것 같다. 광해군은 임해군의 종들을 잡아다가 국문을 하고, 20일에는 임해군을 강화도로 옮기게 했다. 이미 광해군이 왕이 되었다고는 하지만, 임해군은 선조의 큰아들이었으니 광해군의 왕위를 위협했다.

　이렇게 세상이 흉흉한 와중에도 임해군을 살리자는 의견을 낸 것은 영의정 이원익을 비롯하여 정구, 이항복, 이덕형 등이었다. 아무리 그래도 왕의 형제이니, 목숨만은 살리는 은혜를 내려 주자는 것이다. 그래서 역적을 죽여 없애자는 강경파와 목숨만은 붙여 놓자는 온건파가 나뉘는데, 당연히 전자는 북인이었고 후자는 그 외 당파였다. 이렇게 두 의견이 팽팽하게 맞선 가운데 곤란한 사건이 터진다.

　5월경, 광해군의 책봉을 위해 중국에 사신으로 갔던 이호민이 이런 말을 한 것이다.

　"임해군은 중풍에 걸려서 왕위를 이을 수 없습니다."

　분명 선대 왕인 선조의 큰아들 임해군 대신 둘째 아들인 광해군이 왕이 된 사정을 변명한 것이었지만, 덕분에 명나라는 조선의 사정을 의심하면서 한 달이 지나도록 책봉을 허락하지 않았다. 심지어 직접 조선으로 찾아와 임해군을 만나 자초지종을 물어보겠다는 말까지 했다.

　그러자 조정 분위기는 발칵 뒤집혔고, 당장 임해군을 죽이자는 쪽으로 기울어졌다. 6월에 결국 중국 차사가 조선으로 와서 임해군을 만났는데, 임해군은 자신은 죄가 없다고 호소하며 통곡했다. 그런데 정작 중국 차사는 그런 임해군의 호소를 듣는 둥 마는 둥 하고 금방 중국으로 떠났고, 광해군의 임금 책봉은 무사히 끝났다.

　중국 사신은 임해군이 왕의 그릇이 아니라는 것을 확인했던 것일까? 그게 아니라 조선으로부터 엄청난 뇌물을 받았기 때문에 입을 다물어 준 것이다. 바로 다음 해에 중국 관료들은 임해군의 일로 힘 써 준 게 많으니 뇌물을 더 많이 달라고 뻔뻔하게 요구했다. 한마디 로 조선이 얼마든지 뜯어낼 수 있는 호구로 널리 알려진 것이다. 이 문제로 승정원은 걱정하는 글을 올릴 정도였다.

사신이 다녀간 뒤로 은을 뇌물로 준다는 소문이 중국으로 퍼지자, 요동 (遼東), 광녕(廣寧)의 각 아문에서 본국을 노다지 소굴로 알고 차관을 계 속 보내오고 있습니다. 그리하여 지급하는 구식(口食)은 은으로 떼어 받 고, 마필(馬匹)은 주단(紬段)으로 징수하며, 또 개인 물품을 가져와서는 이익을 많이 남기게 해 달라고 요구하고 있습니다. 조금만 생각대로 되 지 않으면 번번이 성을 내는 바람에 위세 있는 호령에 겁먹은 수령들이 백성의 고혈을 짜내고 죄를 면하려는 관원들이 침탈한 나머지 서울이고 지방이고 감당할 수가 없어 원망하는 소리가 일어나고 있습니다.

하지만 걱정해도 막을 길이 없었다. 당장 책봉 받는 것이 급했던 광해군은 중국 사신에게 은 6만 냥의 뇌물을 건넸고, 사신들의 온갖 황당한 요구(은으로 사다리를 만들어 달라는 것)도 다 들어주었다.

그로부터 1년 남짓이 지난 광해군 1년 4월 29일, 임해군은 강화도 에서 죽는다.《광해군일기》에는 '죽였다'라고 기록돼 있다. 처음에 광 해군의 밀명을 받은 강화부사가 임해군에게 독약을 마시게 했지만, 그가 마시지 않자 목을 졸라 죽였다는 것이다. 그래서 광해군이 폐위 된 뒤 임해군의 아내가 관을 열어 보니 임해군의 목에 밧줄 자국이 남아 있었다고 한다.

사실이야 어떻든, 임해군은 그렇게 동생이 왕인 나라에서 죽었다. 똑같이 왕이 못 되었지만, 제명에 죽었던 양녕대군이나 월산대군과 달리 귀양지로 내몰려 죽은 것은 (혹은 죽임당한 것은) 국내외의 나쁜 상황과 본인의 부족한 현실 감각이 환상적으로 맞아 들어간 결과물이었다. 솔직히 임해군이 벌인 행패가 대단히 심했기 때문에 세자도 될 수 없었고, 주변의 원성도 심각했다. 아무리 그래도 사람이 하나 죽었다. 그리고 광해군은 피를 나눈 형제를 죽게 만들었다는 책임을 지게 되었다.

하지만 근친 살해의 굴레는 여기서 끝나지 않았다. 영창대군 차례가 아니라 다른 누군가가 또 있었다. 광해군 4년에 새로운 반역이 드러났다. 처음에는 군대에 가지 않으려고 문서를 위조한 대수롭지 않은 사건이었는데, 어쩌다 보니 선조의 일곱 번째 아들인 순화군의 장인 황혁이 외손자인 진릉군을 왕위에 앉히려는 역모로 밝혀졌다. 그래서 역모의 사정을 캐내기 위해 첩부터 노비에 이르기까지 모두 잡혀 가혹한 심문을 받았고, 진릉군을 죽이라는 상소가 빗발쳤다. 그 결과 역모의 수괴로 판명된 사람들은 찢겨 처형당하고, 100여 명이 처벌당했다. 진릉군도 살아남지 못했다.

이것이 겨우 가라앉은 광해군 5년 4월, 새로운 사건이 또 벌어졌다. 강변칠우라는 동아리가 있었다. 박응서를 비롯한 일곱 명이 만든

모임이었다. 이들은 모두 명문가의 서자 출신으로, 글솜씨도 꽤 있었건만 과거 시험을 볼 수가 없었다. 부디 서얼의 차별을 풀어 달라고 왕에게 호소했지만, 먹히지 않았다. 결국 현실에 절망한 강변칠우는 큰돈을 벌기 위해 장사에 투신했다. 그런데 생각만큼 일이 잘 풀리지 않자 강도가 되었다. 이들은 은 상인을 살해하고, 은 600~700냥을 훔쳐 흥청망청 놀았다. 예부터 특별한 벌이도 없는데 갑자기 씀씀이가 커진 사람은 의심받는 법. 곧 수사를 시작해 강변칠우들은 체포됐는데, 이때 박응서가 형조로 옮겨지기 전에 이상한 자백을 했다.

"우리는 천한 도적들이 아니다. 은화(銀貨)를 모아 무사들과 결탁한 다음 반역하려 하였다."

그러면서 증거로 반란 때 광해군을 몰아내자고 선동하는 내용이 적혀 있는 격문을 제출했다. 이로써 계축옥사의 피바람이 불기 시작했다.

매우 이상했다. 요즘으로 비유하자면 살인강도를 잡았더니 아직 심문을 시작하지 않았는데 갑자기 국가 전복 음모를 고백했다. 가만히 입 다물고 있으면 단순 강도살인죄가 될 것인데(물론 이것만으로도 충분히 무거운 죄이지만) 스스로 국가 반역죄를 고백하다니 이 얼마나 어리석은 일인가. 어리석었을까? 아니면 누군가의 음모였을까? 어쨌든 박응서의 실토 덕분에 은을 훔쳐서 모은 자금으로 흥의군(興義軍)을 일으키고, 광해군을 폐위하고 옥새를 인목대비에게 바쳐 영창대군을 왕으로 만들려 했다는 어마어마한 음모가 드러났다. 여기에는 인목대비의 아버지인 김제남도 참여했다고 하여 광해군 시대 최대의 끔찍한 옥사로 번진다.

알려진 사정은 이렇지만, 솔직히 사건의 전개나 역모에 참여했는데도 부주의하게 돈을 쓴 탓에 발각됐다는 사실은 실소가 나올 정도이다. 그래서《광해군일기》는 물론이거니와 사서 대부분에서 계축옥사가 조작된 것이었다고 본다. 사연인즉슨, 이이첨이 박응서에게 목숨을 보장해 주겠다며 대신 역모라고 고백시키고, 격문도 미리 지령을 내렸다는 것이다. 그리고 박응서는 '이왕 죽는다면 큰 이름을 날려야 한다'라고 생각하며 동참했다는 것이다. 꽤 그럴싸하게 들린다. 이제까지 본 대로 계축옥사는 대단히 어설펐거니와 밝혀지는 과정 역시 어색했으니까.

이처럼 수상하기 짝이 없는 역모의 불길은 당연하다는 듯이 영창대군을 목표로 스멀스멀 번졌다. 처음 은 상인에게 강도질했던 강변칠우의 다른 멤버는 자신들은 역모에 참여하지 않았다고 주장했고, 고문을 받으면서도 뜻을 굽히지 않았다. 하지만 끔찍한 심문이 여러 달 이어지자 하나둘 죄를 인정하기 시작했으며, 마침내 인목대비마저 모반에 참여했다는 실토가 나왔다. 고작 좀도둑질하면서 대비까지 연루된 역모를 벌였다니 이것이 말이 될 리가 없었다.

그러나 대비가 연루된 초대형 역모가 터진 이상, 조선은 끓어오르는 가마솥처럼 어지러워졌다. 마음을 가라앉히고 차분하게 생각을 할 겨를은 없었다. 사람들은 저마다 역모와 상관없다는 변명의 글을 올렸고, 혹은 죄인이 누구이고 역모에 관련되었느니 어떠느니 떠들어 대었다. 그리고 마침내 영창대군을 처벌해야 한다는 주장도 나왔다. 친형과 조카에 이어서 이복동생 차례였다. 이번에도 죽이자는 주장과 그래도 목숨만은 살리자는 주장이 맞섰는데, 광해군은 영창대군을 죽이는 대신 폐서인하고 강화도로 유배 보냈다. 하지만 2년 뒤 영창대군은 아홉 살 나이로 죽었다.

영창대군이 어떻게 죽었는지는 아직도 알 수 없다. 그중 가장 유명한 이야기는 실록에 실려 있다. 강화부사가 방의 군불을 너무 뜨겁게 지펴서 대군이 앉지도 못하고 창살을 부여잡고 울다가 숨을 거뒀다는 내용이다. 그 외에도 민담에는 잿물을 먹고 죽었다거나, 반대로 난방을 너무 안 해서 얼어 죽었다는 말도 있다. 사람 목숨은 하나뿐이고 죽었다 다시 살아나는 것도 아닌데, 이렇게까지 다양한 방법으로 죽임당한 사람은(?) 단종 정도가 있을 뿐이다. 그만큼 영창대군의 죽음이 분명하지 않았고 관심을 가진 사람들 모두 한마디씩 얹다 보니 이렇게 된 것이리라.

영창대군의 죽음은 광해군에게 또 하나의 커다란 죄가 되었다. 비록 광해군이 직접 영창대군을 죽이라는 명령을 내린 것도 아니고, 내렸다 하더라도 기록을 남기지 않았겠지만, 그때 조선 사람들은 모두 죄 없는 어린 왕자가 임금님 때문에 죽었다는 사실을 알았다. 그리고 이것은 아주 오래 기억되어 광해군의 훗날을 옭아맨다.

그나마 영창대군은 광해군의 동생이고, 선조의 아들이었기 때문에 이렇게 사람들이 기억하고 관심을 쏟은 것이었다. 영창대군 말고도, 그전에 있었던 임해군 말고도 정말로 많은 사람이 죽었다. 왜냐

하면 역모가 이어졌기 때문이다.

《광해군일기》를 보다 보면 역모가 정말 끊이지 않고 벌어졌다. 그런데 그 패턴이 상당히 비슷했다. 처음에는 사소한 사건이 있었다, 그런데 이걸 조사해 보니 갑자기 대형 역모가 드러난다. 관련자들은 모두 잡혀 와서 계속 문초를 받는다. 그래서 진상이 밝혀졌냐 하면 그건 아니고, 사건은 오리무중이고 관련자들은 무수하게 잡혀 오고 처형당했다. 이런 비슷한 일들이 계속 벌어졌다. 난데없이 드러나는 역모, 계속되는 문초 그리고 무수한 처형. 대체 누가 이런 지옥을 만들었는가?

《광해군일기》를 비롯한 사서에서는 대북, 특히 이이첨이 모든 악의 근원인 것처럼 설명하곤 하는데, 이는 반은 맞고 반은 틀리다. 이이첨 한 사람이 광해군 시절의 모든 환란을 초래했다면, 그걸 막지 못한 왕 광해군과 그 시대의 다른 사람들은 끔찍하게 무능하다는 말이니까. 무능은 결코 무죄가 되지 않는다. 그리고 정말로 막을 수 없었던 것일까?

광해군은 자신의 시대에 벌어진 혼란을 묵인했다. 역모가 벌어지고, 가혹한 수사가 벌어지고 그래서 사람들이 겁에 질려 입을 다물고 있으면, 나라 다스리기가 편리해지니까 내버려둔 것은 아니었을까?

사정이야 어떻든, 이런 상황이 빚어진 것은 광해군 개인의 사정은 물론이거니와, 당시 정권을 잡고 있던 대북의 강경한 성향이 나쁜 쪽으로 조화를 이룬 결과였다. 원래부터 광해군에게 영창대군은 굉장히 부담스러운 존재였다. 아들은커녕 손자뻘인 이복동생이었지만,

적장자라는 이유만으로 세 살의 나이에 광해군의 세자 자리를 위협하지 않았던가. 영창대군이 그대로 성장해서 성인이 되면 그를 새로운 왕으로 옹립하려는 음모가 벌어질 게 뻔했다. 정작 영창대군은 이복형 광해군이 자신을 꼭 안아 주고 사랑해 주기 바라는 천진난만한 어린아이였다. 어쩌다 태어나 버린 아이에게 무슨 죄가 있겠는가, 그저 나이와 주변 상황 생각하지 않고 주책을 부린 아버지가 나쁜 사람이지.

어쨌든 이렇게 민감한 영창대군 문제에, 광해군을 지지하는 대북의 강경한 성향이 결합하자 최악의 결과가 나타났다. 광해군 즉위 초기부터, 아니 그 이전부터 대북은 역적을 상대로 치열하게 싸워 왔다. 그건 나쁜 게 아니다. 그런데 정치란 지저분한 시궁창 속에서 사는 것과 같아서 올곧은 마음만으로는 해결되지 않을 때가 있다. 때로는 입에 발린 말도 해야 하고, 정적들과 손을 잡을 수도 있어야 한다. 하지만 그런 교묘하고 치사한 수를 쓰기에 대북은 너무나도 순수했다. 그 순수함은 임진왜란 때는 자신을 돌보지 않고 나라를 위해 싸우는 원동력이 되었지만, 정권을 잡은 이후로는 다른 당파와 타협을 거부하는 완고함이 되었다.

이이첨을 비롯한 대북 사람들이 그리고 광해군이 정권의 독점을 노렸던 악당이라면 차라리 이해하기 쉽겠지만, 그건 아니었다. 대북은 어쩌면 처음부터 끝까지 변하지 않은 것일 수도 있다. 그들은 임진왜란 때 왜군에게 그랬던 것처럼, 조선 내부의 역적과 싸우고 있었다. 본인들은 그렇게 생각했던 것 같다. 대북이 보기엔 감히 나라를 침범해 온 왜적들과 화평을 하려 했던 남인이나 임진왜란에 제대로 대처하지 못했던 서인은 모두 미덥지 않았다. 그러니까 우리가 나라를 지켜야 한다! 자칫 실수하면 소인배나 역적들이 이 나라를 위협할 것이다! 그러니까 계속 역적들을 찾아내고 싸워야 한다! 그러는 동안 대북은 광해군에게 충성을 바칠 수 있었고, 그 자신들 역시 만족할 수 있었다. 마침내 이이첨은 없는 적을 만들어 낸 게 아닐까. 광해군의 안전한 왕권과 대북의 안정된 정권. 이것을 위해서라면 역모를 이용해도 괜찮으리라 생각했던 것이리라.

따지고 보면 이런 일은 처음이 아니었다. 역모를 이용해 국내 정치를 긴장시키고, 신하들끼리 싸움을 붙이면서 왕권을 강화하는 것. 이런 방법을 가장 잘 활용한 것은 광해군의 아버지 선조였다. 정여립의 난이라는 정말 반역인지 가늠하기에 애매한 사건을 역모로 확정하여 수많은 사람을 도륙했고, 몇 년이 지난 뒤 또 그때의 처분이 불공정했다는 이유로 이번에는 당시 옥사를 담당했던 사람을 처벌했다. 결국 이편저편 모두 숙청해서 신권을 약화시켰던 것이다.

광해군은 아버지의 수법을 따라 한 셈이다. 그렇게 해서 광해군과 대북의 정권을 유지할 수 있었는지도 모르지만, 부작용은 심각했다. 정부는 신뢰를 잃었고, 대북이 아닌 사람들은 쫓겨나거나 진절머리를 내며 등을 돌렸다.

그래도 양심이 없어진 것은 아니었다. 광해군 시대의 대표적인 대신이면서 '역적들'의 처형에 줄기차게 반대한 사람으로 이원익이나 이덕형, 이항복 등이 있다. 특히 이덕형은 앞서 임해군에게 자신의 사촌이 살해당하는 일을 겪었건만, 그래도 임해군의 처형을 반대하는 대인배였다. 그런데 시간이 흐르면 흐를수록 이런 대신들마저 '역적을 옹호하니까 역적'이라는 말을 들으며 비난을 받았다. 당연히 그들은 영창대군이나 인목대비를 지지하는 게 아니라 과열된 분위기를 반대했을 뿐이었다. 하지만 당시 조정 분위기는 강경하고 또 살벌했다. 왕 앞에서 영창대군을 죽이는 데 찬성하지 않는 대신들을 성토하는 일까지 있었다.

이때 있었던 일화이다. 영창대군을 어떻게 하느냐를 의논할 때 정승이던 이항복과 이덕형은 남이 보이지 않는 곳으로 가서 단둘이 의논을 했다. 어릴 때부터 알고 지냈다는 이야기는 사실이 아니었지만, 워낙 죽이 잘 맞고 친하게 지냈던 그들이었다. 그리고 이번에도 두 사람의 의견은 같았다. 영창대군을 쫓아내더라도 죽이지는 말자고. 오래전 임해군이 처벌될 때에도 같은 의논을 했던 모양이다.

이덕형   조정의 여론이 이러니 장차 대신들에게 화가 먼저 미칠 것 같은데, 그대는 앞으로 어찌하겠습니까?

이항복   내 뜻은 무신년(임해군의 처벌이 논의되던 해)과 같네.

이덕형   그렇다면 죽을 겁니까?

이항복   《예기(禮記)》에서는 '내란(內亂)에는 관여하지 않는다'라고 하는데, 내가 하필 영창대군을 위해 죽겠는가.

하지만 당시 이덕형은 영의정이었다. 그러니 좋든 싫든 어떻게든 결정을 내려야만 하는 위치에 있었다. 그래서 이항복은 만약 이덕형이 영창대군을 살리자고 한다면 따르겠지만, 그렇지 않다면 반대할 수밖에 없다고 했다.

이때 이덕형은 웃으며 이렇게 대답했다고 한다.

"내 뜻입니다."

이렇게 원로대신 둘이 힘을 합쳐 영창대군을 죽이지 말자고 여론을 주도하자, 영창대군을 죽이자는 의견을 주장하던 이이첨은 크게 화를 내며 이덕형에게 따졌다. 이 이야기는 이덕형의 묘지문에 적혀 있는데, 작성한 사람은 이항복이다. 광해군이 폐위되기 전에 직접 쓴 것이니 그 모든 상황을 지켜보았던 이항복 자신의 경험담이다. 이로써 광해군 시대의 조정이 대체 어떻게 굴러갔는지를 짐작할 수 있다.

그리고 후폭풍이 몰아닥쳤다. 이항복 등이 영창대군의 처형에 반대하자, 어떻게 감히 역적을 옹호할 수 있느냐는 비난이 폭풍처럼 몰려왔다. 그 비난의 내용은 실록에 어느 정도 실려 있는데, 그중 이항복에게 쏟아진 비난들을 보면, '너무 많아서 셀 수도 없는 죄를 지은' 이항복을 참형에 처해 그 시체를 팔도에 돌려 보임으로써 임금을 업신여기고 의리를 무시하는 자들에게 본보기로 삼으라거나, 자기 말이 불충하다고 생각한다면 자신의 목을 잘라 이항복의 문에 매달아서 역적들이 기뻐하게 하라는 말도 있었다. 그 외에도 이항복은 서궁(인목대비)의 두령(頭領)이요, 역적의 우두머리라서 김제남이 역모를 하도록 유도했고 스스로 반란을 일으키려 했으니 당장 목을 베어야 한다는 주장도 있었다. 결국 이항복은 탄핵을 받아 관직에서 물러났다.

광기와 증오가 가득한 시대였다. 이렇게 하루가 멀다고 역모가 터지고 사람들이 싸워 대는데, 누가 나랏일에 의욕을 가지고 열심히 할 수 있을까? 그래도 광해군 때 대동법이 시행된 업적이 있지 않느냐고 말할 수 있지만, 대동법이 전국에 본격적으로 실시되기까지는 광해군 이후로도 100년이 넘는 시간이 필요했다. 이렇게 늦어진 것에는 나라를 운영할 동력이 죄다 역적 잡는 데 들어간 탓도 있을 것이다.

경색된 정국이 계속되자, 어쩌면 광해군 편이 되어 줄 수 있었던 많은 사람이 적으로 돌아섰다. 이런 상황에 염증을 낸 것은 반대파인 서인이나 남인만은 아니었다. 영창대군에게까지 역모의 불똥이 튀자 대북 안에서조차 반발이 일어났다. 대표적인 사람이 홍의 장군 곽재우였다. 그는 당파의 주장에 반대하면서 영창대군을 살려야 한다고 주장했다. 다른 대북 인사들도 정인홍에게 영창대군을 살려야 한다는 압력을 넣었고, 이것이 먹혀들어 가지 않자 결국 대북에 등을 돌려 중북이라는 새로운 갈래를 만들었다. 그리하여 광해군의 정부에는 왕과 '정권을 쥐고 있으나' 정말 한 줌뿐인 대북의 사람들만이 남는다.

이것이 과연 누구의 탓일까. 이렇게 역모가 거듭되는데, 그게 광해군의 뜻이 아니었을까? 어쩌면 대북(혹은 이이첨)의 정권 독점 음모에 말려들어 희생당했을 뿐인 허수아비 왕이었을까? 그렇다면 이렇게 끔찍한 시대를 만들고 진정시키지 못한 그의 우유부단함과 무거운 엉덩이에 죄가 있을 것이다.

광해군은 역모와 옥사가 벌어질 때마다 거듭 "차마 죽일 수 없다."라는 말을 반복했지만, 결국 모두가 죽임당했다. 상황이 이쯤 되면 과연 광해군에게 막을 의지가 있었는지 의심이 든다. 있기는 해도 강력하진 않았던 게 아닐까? 아무리 왕위를 위협한다고 해도 어린 동생을 죽인다면, 비록 어쩔 수 없는 선택이었다 해도 비난받게 된다. 세상에는 반드시 지키지 않으면 안 될 도덕이라는 게 있다.

광해군은 형제와 친척을 넷이나 죽게 했다. 친형 임해군과 영창대군, 진릉군 그리고 능창군도 죽었다. 이 모든 게 나라를 위한 어쩔 수 없는 선택이었을까? 하지만 어쩔 수 없는 선택이 한 번, 두 번, 세 번을 넘으면 감각이 둔해지고 걸음은 빨라지며, 마침내는 멈춰야 할 때를 알 수 없게 된다.

그래서 광해군의 궁궐에서는 하루가 멀다고 역모가 터지고 문초를 받는 사람의 비명이 울려 퍼졌다. 왕이 친국할 때면 영의정 이하 도승지를 비롯한 모든 관리가 모여서 지켜봐야 했다. 영의정 이덕형은 몸이 아파 국문에 참여하지 못했으니 파직시켜 달라는 말을 할 정도였다. 아무리 죄인이라도 고통받는 모습을 지켜보는 게 뭐 그리 좋았을까. 게다가 광해군 때는 너무 많은 역모가 벌어졌고, 국문 횟수만도 340번이 훨씬 넘었다. 폭력과 피와 비명이 가득한 현장을 지켜봐야 하는 고통을 상상하고 싶지도 않다.

영창대군이 죽었다. 그다음은 인목대비였다. 사실 인목대비가 그렇게까지 현명한 사람은 아니었던 것 같다. 그저 나이 많은 남편에게 귀여움을 받고, 세상 물정을 잘 모르는 채(이것은 평생 그랬다) 주변 사람들이 "대군마마가 다음 왕이 되셔야죠."라고 속삭이는 말에 귀가 팔랑거렸으니까. 그렇더라도 자식이 죽고 아버지를 비롯한 친정 식구들이 몰살당하는 비극을 당해도 싼 건 아니었다.

하지만 숙청으로 흥분한 여론은 그대로 인목대비를 겨누었다. 이번에도 어김없이 '대비가 역모에 가담하여 부모로서의 인연이 끊어졌으니 폐하자'라는 의견이 마구 올라왔다. 하지만 광란의 현장 속에서도 제정신을 찾고 있는 사람은 있었다. 계비라고는 하지만 어머니를 폐해야 한다는 극단적인 주장에는 마침내 대북의 영수이자 지방에 있던 정인홍까지 반대했다. 이제는 정말 한 줌 남은 대북 사이에서도 싸움이 붙게 된 것이다. 그러나 이것은 인목대비 유폐의 순간을 조금 늦췄을 뿐, 큰 변화는 없었다.

폐모를 반대한 사람들은 차례차례 제거되었다. 이덕형은 탄핵을 받고 벼슬자리에서 물러났다가 울화증으로 갑자기 죽었으며, 이항복 역시 인목대비의 폐위를 반대했기에 63세의 노구를 이끌고 북청으로 유배를 간다. 그동안 벼슬을 버리고 시골에 내려가 있었던 이원익 역시 반대하는 상소를 올렸다가 홍주로 귀양 갔다.

광해군 5년 11월, 인목대비는 경운궁(慶運宮)에 유폐된 신세가 되었다. 공식적으로 폐위하지는 않았지만, 사방을 군사들이 지켜 나오지 못했다. 먹을 것이나 입을 것조차 제대로 주지 않았던 게 가장 악질적이었다. 이렇게 인목대비가 유폐된 뒤, 대북은 이른바 일당독재

체제를 갖추게 된다. 그들 말고는 아무도 없는 정부가 만들어진 셈이다.

하지만 온 조선에 대북만 사는 것은 아니었다. 유생들을 시작으로 지방의 유학자들까지 대북의 전횡을 성토했다. 훗날 예송 논쟁의 열혈남자 윤선도는 당시 29세의 젊은 진사였는데, 대북이 역모를 빌미로 정권을 독점하는 것을 비판하고, 이이첨을 비난하는 장문의 상소를 올렸다.

이이첨 등이 '역적을 옹호한다'라는 말로 하나의 큰 그물을 만들어서, 그들과 더불어 악행을 저지르지 않으면 이로써 때려잡았습니다. 한번 걸리게 되면 해명할 말이 없으며 벗어날 계책이 없게 됩니다. 소인배가 착한 사람을 함정에 밀어 넣는 계책이 이렇습니다. 아, 두려운 일입니다.

언젠가의 정인홍이 그랬던 것처럼, 용감하게 사실로 비난하는 윤선도의 상소는 조선 사회를 발칵 뒤집었다(나중에도 뒤집었다). 물론 대북 정부에서는 윤선도를 사주한 사람, 곧 배후 세력이 있을 것이라고 주장하면서 계속 역적을 없애야 한다고 목소리를 높였다. 그러나 윤선도를 칭찬하는 상소도 벌떼처럼 올라왔으며, 종실 사람 19인이 모여 윤선도를 옹호하고 이이첨을 탄핵하는 상소를 올리기도 했다. 나라 안의 의견이 둘로 갈라졌는데, 이 의견을 중재하는 일은 없었다.

광해군은 윤선도를 외딴 섬으로 귀양 보냈는데, 실제로는 함경북도 경원에 보내졌다. 어디든 살기 힘든 곳이었고, 윤선도는 이곳에서 몇 년을 썩어야 했다. 윤선도가 처벌을 받았기에 이이첨과 대북의 세력은 여전히 흔들림 없음을 과시했지만, 더 많은 사람이 분노했다. 그즈음을 두고 '서인이 이를 갈고 남인이 원망하며 소북이 비웃는다'라는 평이 있었다. 곧 임금인 광해군과 그를 지지하는 한 줌의 대북만이 있을 뿐, 그 외의 모든 당파가 등을 돌렸다는 말이다. 그러다가 마침내 광해군과 대북 사이마저도 틀어지는 일이 벌어졌으니, 바로 후금 정벌이었다.

후금과의 전쟁

명나라는 끝내 주는 구두쇠이면서도 엄청나게 방탕했던 만력제 이후로 빠르게 멸망의 길을 걷고 있었다. 이를 부추긴 것은 훗날 청나라가 되는 만주족 나라, 후금의 등장이었다. 조선은 일찍부터 여진족과 이런저런 인연을 맺고 있었다. 군사적으로 충돌해서 싸우기도 하고, 때로 이쪽저쪽으로 선물을 주고받으며, 백성끼리 교류하기도 했다. 임진왜란이 벌어졌을 당시, 한 여진족 추장이 조선을 돕겠다고 나선 일도 있었다. 그러나 조선은 이를 거절했다. 만약 그걸 받아들였으면 역사는 어떻게 바뀌었을까. 그 추장의 이름은 누루하치, 훗날 청나라 태조가 된 바로 그 사람이었다.

그로부터 세월이 흐른 광해군 10년, 명나라는 후금의 대대적인 토벌을 준비하면서 조선의 출병을 정식으로 요청했다. 그런데 이때 광해군은 중국의 정세를 탐문한 결과 명나라가 이길 수 없겠다는 판단을 내린 모양이다.

명나라가 얼마나 싹수가 노랬는지는 이미 광해군이 세자 시절부터 익히 알았으리라. 게다가 당시 후금의 정보도 있었겠고, 무엇보다도 조선 스스로 코가 석 자였다. 당시 조선 조정은 인목대비의 폐출을 놓고 옳다 그르다 싸우는 중이었다. 그래서 광해군은 조선은 당장 싸울 여력이 없다고 하자는 전교를 내렸다.

우리나라는 세 곳의 변방을 방비해야 하는 만큼 스스로 지키기에도 겨를이 없다. 훈련되지 않은 외롭고 약한 군졸을 보내 중국 조정을 응원하게 한들 무슨 보탬이 되겠는가. 원컨대 우리나라의 사정을 깊이 생각하여 울타리만 굳게 지키도록 허락해 달라. 그러면 우리나라의 강역을 스스로 지킬 수 있을 뿐만 아니라 형세를 도우며 전후에서 응원하는 계책에 있어 혹 보탬이 될 수 있을 것이다. 이런 내용으로 말을 잘 만들어 그에게 지시하고, 또 인정(人情)을 많이 내려 그로 하여금 마음을 다해 주선토록 하는 것이 마땅할 듯하다.

이런 광해군의 의견에 반발한 이들이 바로 이제까지 광해군을 지지해 온 대북이었다. 후금은 오랑캐고, 명나라는 대국이다. 따라서 대국을 위해서 오랑캐를 공격하자. 그래서 이이첨을 포함한 대북의 의견은 오랑캐(후금)와 맞서 싸워야 한다는 것이었다.

하지만 광해군은 출병하면 안 되고, 군사를 보내도 그냥 국경선 안에서 방어만 하는 소극적인 출병에 그쳐야 한다고 여겼다. 이이첨이나 유희분, 한효순 등 당시 정권을 잡고 있었던 대신 및 대북 세력은 출병을 고집했다. 임진왜란 때 명나라에 입었던 은혜가 있으며, 출병하지 않으면 명나라가 조선을 책망할 것이라는 의견이었다(실제로 그랬다).

광해군은 이 핑계 저 핑계를 대다가 결국 11년 2월에서야 강홍립을 원수, 김경서를 부원수로 한 1만여 병력을 파병했다. 그렇지만 한 달 남짓 지난 3월 4일, 조선과 명나라의 연합군은 심하(深河) 싸움, 역사상 사르후 전투로 잘 알려진 싸움에서 크게 패하고 많은 사람이 죽었으며, 강홍립, 김경서를 비롯한 생존자들은 후금에 투항했다.

이 사건은 비록 패전이었지만, 쫓겨난 임금 광해군의 역사적인 인상을 바꾸는 데 가장 크게 기여했다. "현명한 광해군은 후금이 이길 것을 알았다. 하지만 군사를 보내지 않으면 명나라에도 밉보인다. 그래서 광해군은 강홍립에게 싸움을 피하고 투항하라는 밀서를 보냈다!"라는 것이다. 이런 주장은 1933년에 일본 학자가 논문으로 쓴 이래, 이제까지 수많은 학자가 연구하고 논의했으며 소설과 사극에서도 곧잘 다뤄지는 이야기이다.

때로는 국제 정세를 모르고 사대주의만을 외친 인조 대신 명나라와 청나라 사이에서 줄타기를 잘한 광해군이 계속 왕으로 남아 있었다면, 병자호란과 삼전도의 치욕도 없었으리라는 주장이 있다. 과연 그럴까.

분명히 조선으로서는 명나라와 후금(청나라)이라는 두 고래의 싸움에 휘말려 봤자 등만 터질 뿐이니 몸을 사리는 게 맞긴 했다. 그렇지만 명나라 눈치가 보이니 군사를 보내되, 싸우지 않게 투항한다면 두 나라 모두에게 미움을 사지 않을 수도 있었다. 그런데 이런 생각은 명나라가 망하고 청나라가 이긴다는 역사적 사실을 알고 있고, 또 남한산성에서의 패전의 치욕이 뼈아팠다는 것을 알았기에 나온 것일 수도 있다.

그리고 사르후 전투의 양상은 그렇게 간단하지 않았다. 이 전투에 참여했던 명나라 군대도 4개 부대 10만에 달했으며, 조선군 역시 1만 8천 명이었다. 그에 비해 누르하치가 이끄는 후금은 2만 5천 명에 불과했다. 상식적으로는 후금이 이길 수 없을 만큼 압도적인 전력 차이였다. 하지만 여기에서 후금은 철저하게 이겼고, 사르후 전투는 세계 전쟁사에 길이 이름을 남긴 명전투가 되었다.

그러면 여기에 휘말린 조선군은 어떻게 되었을까. 명나라 군대가 후금 팔기군에 박살이 나는 동안, 조선군은 동서남북 4개 부대 중 동쪽, 그러니까 동로군에 소속되어 있었다. 그리고 조선군은 순순히 항복한 게 아니라 치열하게 싸웠다. 상수 중에는 마지막까지 싸우다가 살해당하고 유하 장군이라는 별명을 얻었던 김응하(金應河)도 있었다. 조선군 전체 병력의 절반이 목숨을 잃었다.

패색이 짙어지자, 조선군 부원수이던 김경서(임진왜란 당시 김응서였으나 이름을 바꿨다)는 후금 장수에게 '조선은 어쩔 수 없이 출병한 것'이라고 교섭하고 항복했다. 그런데 이것으로 끝나지 않았다. 김경서는 강홍립과 함께 계속 청나라에 억류되어 있었는데, 자신이 보고 들은 청나라의 정세를 적어 몰래 조선으로 보내려고 했다. 하지만 강홍립이 이 사실을 청나라에 일러바쳤고 김경서는 처형당했다.

투항의 전모를 하나둘 알아가다 보면, 광해군이 내린 밀서의 정체가 무엇인지 알 수가 없다. 밀서니까 오직 강홍립 외에는 모르는 비밀이었다고 치자. 어째서 아무것도 모르는 부하들을 사지에 몰아넣거나 밀고했단 말인가?

게다가 죽임당한 김경서는 생각이 꽉 막히거나 명나라를 목숨같이 존경하는, 이를테면 임경업 같은 인물도 아니었다. 그는 임진왜란 당시 누구보다도 용감하게 싸운 장군이었고, 그러면서도 조선의 편으로 항복했던 일본군(항왜)을 보살펴 준 인물이었다. 다른 조선 사람이 항왜를 믿을 수 있도록 자기가 직접 항왜를 이끌고 작전을 수행하는가 하면, 그들에게 억울한 일이 있으면 나서서 항의하고 챙겨 주었다. 김충선을 비롯한 항왜들이 김씨 성을 많이 따른 것은 김경서의 성을 따온 것이었고, 외교에 재능이 있어 고니시 유키나가를 비롯한 왜장과 (전쟁을 하면서도) 연락을 주고받았다. 그런데 그랬던 그가 왜 죽어야 했을까.

사람들도 김경서의 죽음을 안타까워했던 것 같다. 고전소설《임진록》의 이본에는 이런 이야기까지 있다. 임진왜란 이후 강홍립과 김경서 두 사람이 함께 일본을 공격해서 왕을 사로잡았다. 하지만 강홍립은 일본 왕의 꼬임에 넘어가서 환락에 빠졌고, 김경서는 결국 그를 살해하고 자결을 했다는 것이다. 현실에서는 김경서가 처형당하고 강홍립은 천수를 누렸지만 말이다. 어쨌든 광해군이 정말 밀서를 썼는지 분명하지 않다. 그리고 설령 있었다고 해도 그것은 외국 땅에서 죽어 고향에 돌아가지 못한 1만 조선 병사의 피 위에 놓여 있었다.

여기에서 광해군 시대의 또 하나의 특징을 찾을 수 있다. 광해군은 부하나 주변 사람에게 설명하고 설득하고 이해를 끌어내는 것을 포기하고 '알아서 하게끔' 했다.

밀서가 있었다고 치자. 비밀문서는 아무에게나 함부로 보여서는 안 되는 것이다. 그런데 밀서를 이행하려면 어쨌든 다른 사람에게 명령을 내리거나 결정을 내려야 했다. 그러므로 '후금과 싸우지 말고 항복하라'라는 비밀 지령이 있었다면, 오로지 총사령관만이 알고 있고 부사령관을 비롯한 다른 병사들은 알지도 못하고 전쟁터에 투입된 것이다. 이 얼마나 위험천만한 정책인가.

광해군의 외교 정책은 목표는 좋았을지라도 그 방법은 결코 현명하지 못했다. 부하나 주변 사람들을 설득하는 대신, 무작정 추진해 나갈 뿐이었다. 그 와중에 수많은 희생이 있어도 상관하지 않았다. 사실 광해군 시대 내내의 국성 운영도 이런 식이었다. 이제까지 살펴본 대로 무수한 국청과 국문의 연속이었으니까.

그런데 사르후에서의 패전은 당시 조선 조정에 새로운 파문을 불러일으킨다. 그때까지 역모라는 명분을 마구 휘두르며 공포 정치를 시행했던 이이첨을 비롯한 대북의 세력이 위축되고, 광해군의 입김이 강해졌다. 패전을 예측했다는 것에 자신감을 얻은 광해군은 신하들을 강하게 힐난하며 몰아세웠다.

"우리나라의 지치고 나약한 병사들을 호랑이굴로 몰아댔으니 패전한 것은 당연한 일이다. 그러므로 작년에 우리나라의 사정을 갖추어 보고하라는 뜻으로 하교한 것이 한두 번이 아니었는데도 비국(비변사)이 강경하게 반대하며 즉시 하지 않았으니, 우리나라의 화는 작년에 시작된 것이다."

그동안 계속되었던 역모와 옥사는 광해군의 왕권을 강화하려는 의도였을지는 모르나, 그 이상으로 대북 세력이 강해져서 광해군 자신도 옴짝달싹하지 못하게 되었다. 하지만 정벌 실패 이후로 상황이 뒤집혔다. 여전히 강경파였던 이이첨이 후금 사신을 죽이고 국서를 태우자고 주장했지만, 광해군은 이를 거부하고 자신이 원하는 정책을 추진했다. 그렇게 광해군이 진행한 정책 중 하나는 중립적 외교 정책이고, 다른 하나는 교하(지금의 경기도 파주 일대) 천도 및 토목공사였다.

뜬금없는 천도라고 생각하겠지만, 나름대로 사정이 있었다. 임진왜란 당시 경복궁이 불탔고, 많은 건물이 훼손되었다. 광해군은 창덕궁을 재건하는 한편, 다른 궁전도 여럿 만들었다. 광해군은 열정적인 건축가였다. 문제는 전쟁 직후라 재정이 잔뜩 피폐해져 있었기에 돈 받고 벼슬자리를 팔아서 자금을 마련했다는 것이다. 나라 꼴이 어떻게 되었을까?

그래서 이런 대단위 토목공사는 광해군의 대표적인 실정으로 일컬어진다. 군사 정벌과 아직 사라지지 않은 전쟁의 여파로 나라가 허덕이고 있는데 궁궐을 건설하고 천도를 하는 것은 엄청난 부담이었다. 일설에는 광해군이 미신을 믿어 왕기가 있는 곳을 찾아다녔다는 이야기도 있다. 그런 말이 나올 정도로 왕성 건설이 너무 많이 벌어졌다. 그러다 보니 신하와 병사에게 줄 급료가 없어서 호조에서 큰일 났다고 호소할 정도였다.

그러나 광해군의 건설은 멈추지 않았으니, 다른 사람의 집을 빼앗아 궁궐을 건설하기도 했다. 그렇게 만들어진 궁궐 중 하나가 바로 경희궁이었다. 대체 왜 그렇게 궁궐이 많이 필요했던 걸까? 이것이 나라의 안정을 위해 내린 용단이었던 걸까? 당연히 신하들은 반대했지만, 광해군은 그들이 앞서 후금의 정세를 잘 읽어 내지 못했던 점을 들어 타박하며 궁궐 건설을 강행했다.

"요망한 변고가 삼궁(三宮)에 가득한 데다가 내전까지 편찮은 마당이니, 거처를 옮기는 일이 한시가 급한데 어떻게 역사를 중지할 수 있겠는가."

궁궐 건설과 후금 정벌이 무슨 상관이 있는지 의문이지만, 광해군은 이를 핑계로 모든 반대를 묵살하고 자기가 하고 싶은 대로 했다.

이 외에도 광해군은 자기 입지를 강화하기 위해 몇 가지 무리수를 감행했다. 광해군은 친어머니 공빈 김씨를 왕후로 책봉하고 존호를 올리게 했다. 선조에게는 어엿한 정비(의인왕후, 인목왕후)가 있었고, 더군다나 인목왕후는 유폐됐어도 멀쩡히 살아 있었다. 이것이 예절을 무너뜨리는 것이라는 반발이 있었지만, 광해군은 강행했다. 여기까지는 효도라고 생각할 수 있다.

그런데 후금 정벌 이후로 광해군은 자신을 지지하는 대북과 사이가 벌어졌고, 그들을 견제할 세력을 불러들인다. 그래서 이정귀를 비롯한 일부 서인들과 다른 당파 그리고 중북 등이 발탁된다. 이이첨 및 대북은 언제나처럼 그들이 반역에 참여한 이들이라며 공격했지만, 이번엔 광해군이 오히려 대북을 비난했다. 이즈음의 광해군은 대단히 냉소적이었고 신하들에게 내리는 말에도 가시가 잔뜩 돋아 있었다. 광해군 13년, 사헌부에 이런 전교를 내리기까지 했다.

너희들은 이이첨의 앞잡이가 아닌가? 비굴하게 굽실거리고 갖은 아첨을 하는 것은 너희들도 역시 늘 하는 일이다. 그런데 오늘에는 창을 거꾸로 잡고 죄를 주자고 청하고 있으니, 어떻게 된 일인지 모르겠다. 번거롭게 논하지 말라.

그래서 하늘을 찌르던 대북과 이이첨의 위세는 크게 꺾인다. 외통수에 몰린 대북은 일부 다른 당파와 화해하려고 노력했지만, 이미 까마득하게 떠나간 서인과 남인의 마음이 쉽게 돌아올 리 없었다. 이미 쌓아 둔 원한이 가득한 것은 대북은 물론, 광해군에게도 마찬가지였다. 그리고 이렇게 정치권에 다시금 임용된 서인을 중심으로 마침내 인조반정이 일어난다.

인조반정

    광해군 15년 3월 13일, 훗날 인조가 되는 능양군은 이귀, 김류 등과 함께 군사를 일으켰다. 최명길, 김자점 등과 합류해 군사 200여 명이 한밤중에 창의문으로 공격해 들어왔다. 광해군의 신하들은 놀라 뿔뿔이 흩어져 달아났고, 왕은 사다리를 타고 궁궐 담을 넘어 도망가 의관 안국신의 집에 숨어 있다가 잡혔다. 광해군은 반정이 벌어지자 오히려 이이첨이 주모자가 아닐지 의심했다고 한다. 그가 조선의 왕으로 지내면서 진심으로 믿었던 사람은 대체 누구였을까? 있기나 했을까?

    붙잡힌 광해군이 궁궐로 끌려갈 때 백성은 그 광경을 구경할 뿐 슬퍼하거나 도와주지 않았다. 그는 나라를 어지럽힌 폭군이었으니까! 조그만 가마에 몸을 싣고 인조의 뒤를 따라 경운궁에 가는 도중 광해군은 사람들의 조롱을 들으며 눈물을 흘려야 했다.

> 돈 애비[金爺]야, 돈 애비야, 거두어들인 금은(金銀)은 어느 곳에 두고 이 길을 가는가.

    광해군이 부정 축재를 했다는 비난이 근거가 없는 것은 아니었다.

광해군이 다스리는 동안 막대한 돈, 그중에서도 은을 긁어모았으니까. 변명의 여지가 있기는 하다. 우선 외교용으로 필요했다. 명나라 사신들은 끊임없이 무시무시한 양의 은을 뇌물로 요구했다. 훗날 청나라 사신이 조선에 왔을 때 명나라 시절의 수준에 맞춰 뇌물을 준비했더니 사신들이 경악했다는 일화도 있다. 광해군이 가죽 주머니 안에 4만 냥에 달하는 은을 채워 보관했던 것은 훗날을 위한 저축이었을지도 모르지만, 백성에게 그런 사실은 아무래도 상관없었다. 광해군은 사람의 동의를 구하는 인물이 아니었고, 꽤 많은 궁전을 세우기도 했기 때문이다.

인조는 분명 야심가였다. 앞서 똑같이 반정을 겪었지만 얼떨결에 왕이 된 중종과 달리 스스로 반정에 참여했으며, 자신의 정치적인 입지를 놓고 인목대비와 담판을 벌이기까지 했다. 원한에 가득했던 인목대비는 광해군을 죽여 목을 가져오라고 조건을 내밀었다.

그래도 귀양지에서 돌아온 이원익이 말렸고, 그렇게 광해군은 강화도로 귀양을 갔다. 마찬가지로 귀양을 가게 된 광해군의 아들 폐세자 부부는 절망한 끝에 자살을 시도했고, 다음에는 탈출을 시도했지만, 실패하고 처형당했다. 폐비 유 씨 또한 화병으로 죽었다. 하지만 광해군은 제주도로 귀양지가 옮겨져서 계속 살았다. 쫓겨났다고 해도 광해군의 편이 아예 없었던 것은 아닌지, 때로 북인 일파들이 광해군의 복위를 도모했다는 말도 나왔는데 이는 광해군 당시에 벌어졌던 많은 역모와 어딘지 닮아 있었다. 무엇보다 광해군을 제외한 조선은 급격히 빠르게 변해 갔다.

조선은 다시 전쟁에 휩쓸렸고 두 차례의 호란을 겪었으며, 인조는 얼음 위에 이마를 찧으며 항복했다. 그리고 소현세자와 봉림대군 등은 중국에 볼모로 끌려갔다. 그래도 광해군은 계속 살았고, 인조 19년에 마침내 세상을 떠났다. 16년을 세자로 있었고, 15년을 왕으로 있었으며, 18년을 귀양지에 있었던 인생이었다. 어떻게 이렇게 기구한 인생이 있었을까 싶지만, 그런 광해군의 나라에서 고생하다 죽어간 사람들을 생각하면 그렇게 불쌍하지만은 않다.

그런데 잘못된 것을 바로잡는다며 즉위한 인조는 결코 좋은 왕이 아니었다. 당파싸움은 계속되었고, 아들 소현세자의 의문에 싸인 죽음은 물론, 며느리였던 민회빈(愍懷嬪) 강씨가 자신을 저주했다며 처형했다. 또 세 명의 어린 손자를 광해군이 귀양 갔던 제주도로 귀양 보내 1년도 지나지 않아 둘이 죽게 했다. 이렇게 비정한 사람이 새로운 왕이 되었건만, 그럼에도 조선의 사람들도 그리고 청나라의 사람들도 광해군을 다시 찾지 않았다. 광해군은 67세의 나이로 세상을 떠나 경기 남양주시 진건읍의 초라한 묘에 안장되었다.

광해군은 진심으로 불행한 임금이었다. 그는 운명에 버림받은 듯했다. 난관을 애써 이겨 내도 첩첩산중이었고, 세자 시절부터 주변에는 아버지를 비롯해 최악의 인물들만 모여 있었다. 게다가 전쟁통까지 겪었다. 사람됨이 팍팍해지거나, 인간을 믿지 못하거나, 비상금을 챙기는 등의 행동들은 어쩔 수 없던 건지도 모른다. 하지만 이런 일이 몇 번이고 계속되다 보니 결국은 돌이킬 수 없는 지경에 이르렀

다. 왕에서 쫓겨나 귀양을 가는 광해군이 지은 시에는 지난날의 회한
이 짙게 배어 있다.

> 부는 바람 뿌리는 비 성문 옆 지나는 길
> 장독 기운 후덥지근하고 백 척으로 솟은 누각
> 창해의 파도 속에 날은 이미 어스름
> 푸른 산의 슬픈 빛은 싸늘한 가을 기운
> 가고 싶어 왕손초를 신물 나게 보았고
> 나그네 꿈 자주도 제자주(帝子洲)에 깨이네.
> 고국의 존망은 소식조차 끊어지고
> 연기 깔린 강 물결 외딴 배에 누웠구나.

아쉽게도 광해군은, 그를 지지했던 북인들은 '적당히'라는 것을 잘
모른 듯하다. 그들에게는 불가능한 일이었을지도 모른다. 가진 것이
원래부터 넉넉지 못했고, 전쟁으로 피폐해진 정신은 나 아닌 것을 이
해하거나 용인하거나 받아들일 여유를 가지기 힘들었다. 그래서 협
상이나 타협이 존재하지 않은 각박한 시대를 만들었다.

어쩌면 광해군의 공포 정치는 그 자신의 두려움에서 시작된 것일
수도 있다. 광해군은 세자가 된 이래로 단 한시도 편한 적이 없었다.
젊은 나이에 전쟁터를 돌아다녀야 했고, 아버지와 형제는 도와주기
는커녕 재를 뿌렸다. 대북이 강경책을 거듭해도 막지 못했던 것은,
여기에 적극적으로 반대했다가는 마지막 남아 있는 자신의 지지자들

마저도 사라질지 모른다는 불안함 때문이었을 것이다.

　이러한 두려움은 북인, 그중에서 특히 대북에도 마찬가지였던 것 같다. 앞서 이황의 문묘 종사로 벌어진 논쟁에서 정인홍을 비롯한 대북은 집중포화를 받고 고립되었으며, 그들의 원래 목표였을 조식의 문묘 종사도 성공하지 못했다. 정인홍이 결코 잘한 것은 없지만, 애초에 그런 궁지에 놓이니 절대로 정권을 다른 당파에 내주지 않으려 한 게 아닐까.

　이성이 마비된 그들은 괴물이 되었다. 광해군의 시대는 멸망의 내리막길을 향해 달려가는 브레이크가 없는 전차와도 같았다. 아무리 좋은 의도가 있더라도 드러내지 않으면 아무 소용없듯이, 광해군이 신하들을 믿지 않고 정말로 중요했던 명분이 사라지자 신하들은 그를 외면했다.

　그래서 가엾은 광해군은 모두에게 버림받았으며, 마침내 잊혔다.

역사 속 몰락한 왕 6
조선 인조

형편없는 시대를 잉태한 무능한 왕

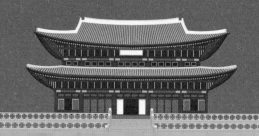

조선 제16대 왕 인조
仁祖, 재위 1623~1649년

1년 · 5월 22일, 폐세자 이지 탈출 실패, 폐빈은 자결하고 한 달 뒤 폐세자 처형
· 10월 8일, 강화도에서 폐비 유씨 사망

5년 · 1월, 정묘호란 발발

12년 · 광해군, 유배지를 강화도에서 제주도로 옮김

14년 · 병자호란 발발

15년 · 인조, 삼전도에서 항복. 소현세자와 민회빈 강씨, 봉림대군 등 청나라에 인질로 가게 됨.

19년 · 7월 10일, 광해군이 제주도에서 사망

23년 · 소현세자 사망

24년 · 민회빈 강씨 처형, 소현세자의 세 아들 제주도로 귀양

26년 · 소현세자의 아들 이석철(12세), 이석린(8세) 풍토병으로 사망

27년 · 인조 사망

역사에 폐가 되다

인조는 폐위당하지 않았다. 하지만 공식적으로 폭군인 광해군과 비교해서 나을 것이 대체 무엇인가. 그에 못지않은 형편없는 시대를 만들고, 이에 더해 다음 대에 어마어마한 폐를 끼쳤다. 자리에서 쫓겨나지 않았지만, 폭군이라는 이름에는 부족함이 없는 왕이었다. 비슷한 왕으로는 역시 선조를 들 수 있겠지만, 비교한다면 인조를 더 아래에 두어야 할 것 같다.

선조 치세에 일어난 임진왜란을 다룬 연구나 책은 아주 많지만, 인조 때 벌어진 병자호란은 그에 비하면 적다. 그나마 최근에는 드라마나 영화로 다루어지고 있는 정도이다.

어쩌면 당연하다. 임진왜란은 비록 초반에는 처참하게 졌지만, 이후에 반격했다. 무엇보다 영웅이 있었다. 그 누구도 부정할 수 없는 성웅 이순신, 또 곽재우나 유성룡, 오성과 한음 등등 이름만 대면 아는 유명한 사람들이 눈부시게 활약했다. 하지만 병자호란은 아니었다. 진 싸움이고, 나라의 왕이 처참하게 항복했으며, 관군들은 제대로 적군과 싸우지 못했고, 아군이 저지른 잘못이 너무 컸다.

그래서 역사를 좋아하는 사람마저도 웬만하면 입에 담기 싫어하는 왕. 시작하면 욕과 비난 말고는 딱히 할 말이 없어지는 왕. 업적은 고사하고, 생활이나 죽은 다음이나, 무엇 하나 이쁜 곳 찾기 힘든 왕이 바로 인조다.

물론 여기에는 개인적인 감정이 포함되어 있기는 하지만, 이제까지 역사를 공부하면서 알게 된 수많은 왕 중에서 나쁜 왕을 고른다면 다섯 손가락 안에 들 수 있을 만큼 특별하게 나쁜 왕이다.

인조는 병자호란 때 남한산성에서 포위당했다가 청나라 황제 앞에서 이마를 대고 엎드린 굴욕적인 항복으로 가장 유명하지만, 사실 인조가 도성을 버리고 도망친 것은 한 번이 아니라 세 번이었다. 솔직히 왕이 무릎 좀 꿇고 이마 좀 댄 게 뭐가 대수인가. 항복 '쇼'를 한 뒤에 인조는 청나라 잔치에 손님으로 초대받았고, 이후 한양으로 무사히 돌아갈 수 있었다. 인조가 가는 동안 청나라에 포로로 잡혀가는 백성이 울부짖으며 외쳤다.

"우리 임금이시여, 우리 임금이시여. 우리를 버리고 가십니까."

백성은 잡혀가고 인조는 계속 조선의 왕으로 남았다. 수많은 병사가 얼어 죽었고 굶주렸으며, 그보다 더 많은 백성이 죽거나 다치고 포로로 끌려가 노예로 팔렸다. 천신만고 끝에 돌아왔어도 몸을 더럽혔다며 가족에게 버림받았다. 이 모든 게 인조의 잘못이 아니라고 말할 수 있을지도 모르지만, 그때 조선 왕은 인조였다. 백성의 고통스러운 외침에 대답할 책임이 있었다.

인조는 선조의 서자 중 한 명인 정원군의 아들로, 왕손으로서의 이름은 능양군이다. 원래 동생인 능창군 쪽이 더 인망이 있었지만, 바로 그 이유로 능창군은 역모에 휘말려서 죽임당했다. 게다가 폭군 광해군은 정원군의 집에 왕기가 있다는 소문을 듣고 집까지 빼앗아 경희궁을 만들었다. 집도 뺏기고 아들마저 잃은 정원군은 새들새들 말라 죽고 말았다(불쌍하지만 정원군도 선조의 아들답게 패악질이 심하다고 알려졌으니 업보였을지도 모르겠다). 이렇게 된 이상 능양군은 다음 차례는 자신이라고 생각했던 것 같다.

광해군의 시대는 역모 고발만 수백 번이고, 국청이 벌어진 것도 그 수만큼이던 무서운 시대였다. 매일같이 고발과 고문이 계속됐고, '이러다 나도 죽겠다'라고 모두가 생각하게 되었을 때, 그들은 힘을 합쳐 커다란 파도가 되어 광해군의 나라를 뒤집어엎었다. 바로 인조반정이다.

그런데 인조반정의 진행은 (모든 쿠데타가 그러하듯) 매끄럽지 않았다. 반정의 핵심 인물이 이귀, 김류, 신기원, 김자점, 최명길 등이었는데, 반정을 벌이기 직전에 거사가 누설됐고, 김류는 망설이면서 몸을 뒤로 뺐다.《인조실록》에서는 김류가 "자신을 잡으러 오는 체포자들을 기다렸다가 붙잡으려고" 집에 있었다고 하는데, 결국 잡힐 것 같으니 무서워서 집 밖으로 안 나왔다는 말이다. 이 순간 용감하게 참여했던 것이 평안도 병마절도사 이괄이었다. 그리하여 1623년 3월 13일 야심한 밤, 원래 예상보다 훨씬 적은 고작 700명의 반정군을 이끌고 이괄이 진군하려던 차, 그제야 주변 사람의 재촉을 받은 김류가 나타났다. 이괄은 늦었다고 화를 냈으나, 처음부터 김류와 함께 반정을 모의했던 사람들이 편을 들어줘서 김류는 반정군에 참여할 수 있었다.

그리고 능양군은 반정군과 함께 돈화문을 뚫고 들어갔다. 궁궐을 지키고 있던 지휘관 몇몇과 이미 내통하기로 약속했기 때문에 큰 싸움 없이 왕성으로 들어갈 수 있었다.

반정의 북새통 속에서 창덕궁에 화재가 발생했고, 뒤늦게 사태를 눈치챈 광해군은 담을 넘어 도망쳤다. 능양군은 그동안 서궁(경운궁)에 갇혀 있던 인목왕후를 찾아갔다.

인목왕후는 처음엔 반정을 쉽게 믿지 못해 그렇지 않아도 다급한 반정군의 애간장을 녹게 만드는 고집을 부렸다. 하지만 반정을 일으킨 능양군(인조)에게는 인목왕후의 승인이 꼭 필요했다. 반정의 명분은 폐모살제, 어머니인 인목왕후를 폐하고 동생인 영창대군을 죽였다는 패륜이었다. 여기에 더해 수많은 사람을 역모로 몰아 죽게 만들고, 궁전을 만드느라 국고를 탕진했으며, 명나라를 배신하고 청나라의 편에 붙었다는 등 수많은 변명이 있지만, 가장 중요한 것은 선조의 왕비였던 인목왕후가 이 쿠데타를 승인하느냐 아니냐였다. 그에 따라 별 볼 일 없는 반역이 되느냐, 아니면 잘못된 것을 바로잡는 반정이 되느냐가 갈리니까.

6년 동안 유폐되었던 인목왕후에게는 선택의 여지가 별로 없었지만, 안타깝게도 그녀의 정치적 식견은 별로 좋지 못했다. 모든 왕실 사람이 정치를 잘할 필요는 없지만, 세조의 왕비였던 정희왕후나 인수대비라는 이름으로 더 잘 알려진 소혜왕후, 영조의 후비였던 정순왕후 정도였다면 밀고 당기기를 하며 반정이 부드럽게 진행됐을 것이다. 그런데 인목왕후는 광해군에의 원한이 지대했고, 고집불통이었다. 그런 문제들이 있긴 했지만 하늘의 운이 따랐는지, 어쨌든 반정은 성공했다. 광해군은 반정으로부터 이틀이 지난 뒤 체포됐고, 죽지 않은 채 귀양을 가게 되었다.

그렇지만 광해군이 아닌 많은 사람이 반정으로 죽임당했다. 대북파인 정인홍과 이이첨은 살아남지 못했고, 광해군의 편에서 위세를 부리거나 남을 괴롭혔던 사람들은 관리뿐만 아니라 궁인, 노비, 중에 이르기까지 하나하나 죽임당했다. 인목왕후는 유폐됐던 시절 자신을 괴롭힌 궁인 14명을 빨리 죽여 버리라고 특별히 요청하기까지 했다. 인조반정 직후에는 제대로 재판을 하거나 잘잘못을 냉정히 따지기보다는, 일단 죽이고 보는 혼란기 특유의 정신없는 분위기가 있었다. 이것까지 인조의 잘못이라 하기는 어려울 것 같다.

어쨌든 억울하게 죽은 사람들은 복권됐다. 영창대군과 인목왕후의 아버지 김제남, 죽은 인조의 동생인 능창군 그리고 그들을 변호했던 신하들도.

공을 세운 사람들은 공신이 되었다. 인조반정의 공신은 정사공신이라고 했는데, 그중 1등은 김류, 이귀, 김자점, 심기원, 신경진, 이서, 최명길, 이홍립, 구굉, 심명세였다. 이 중에서 제명에 죽지 못한 사람들이 여럿이었지만, 나중 일로 넘어가자. 그런데 공신을 책봉하는 것부터 삐걱댔다고 야사는 전한다. 왜냐하면 김류는 1등 공신이 되고 이괄은 2등 공신이 되었기 때문이다. 무너지기 직전의 반정을 일으켜 앞장섰던 이괄에게는 확실히 불만스러울 결과였다. 그렇지만 인조반정의 주역은 김류가 속한 서인이었고, 그들은 자기들끼리 꽁꽁

뭉쳐서 밀어주고 끌어 주는 의리를 발휘했다. 그 의리 덕분에 왕을 쫓아낸다는 일생일대의 거사도 가능했겠지만, 그 의리 때문에 밀려난 사람도 있었다. 염치없이 1등 공신을 받아간 김류의 잘못이었을까, 아니면 인조가 제대로 정리를 해야 했을까. 그런데 인조가 과연 공신 순서를 정하는 데 얼마나 큰 힘을 발휘할 수 있었는지는 알 수 없다. 최소한 원균을 1등 공신으로 밀어줬던 선조만큼의 영향력은 없었던 게 분명하다.

인조는 직접 반정에 참여한 만큼, 갑자기 왕이 된 사람치고는 나름대로 입지가 있었다. 난데없이 왕이 된 중종이나, 그 외 역모에 휘말려 죽은 다른 수많은 왕손에 비하면 말이다. 그러나 그런 인조보다 더 강력한 것이 서인이었다. 서인들은 살아남기 위해서 반정을 일으켰지만, 성공한 이후로는 쟁취한 막강한 권력을 남과 나누고 싶어 하지 않았다.

무엇보다 폭력과 피가 난무했던 폭군 광해군의 시대는 사람들의 마음에 크나큰 상처를 남겼다. 너무 많은 사람이 죽었고, 원한은 컸으며, 또한 반정으로 세상이 뒤집어지자 또 사람들이 무수하게 죽었다. 조금이라도 광해군의 편을 들었다는 이유로 억울하게 죽는 사람이 나왔고, 광해군을 왕으로 되돌리려는 사람도 있었다. 게다가 반정이라 해도 엄연히 폭력으로 정권을 바꾸는 것이었으니 사람들은 혼란스러워했다. 많은 밀고와 음모가 넘쳤다.

그래서 인조의 시대는 악의 시대를 물리치고 정의의 용사가 등장하고, 이후로 모두 행복하게 살았다는 시작과 끝이 없었다. 오히려 지금까지 힘들었는데, 앞으로 더 힘든 세상이 펼쳐질 테고, 서로 죽도록 물어뜯고 싸울 것이라는 지옥의 시작이었다.

첫 번째 도망

즉위한 지 채 1년이 되지 않아 인조는 한양을 버리고 공주로 도망친다. 외적이 쳐들어왔는가? 청나라가 몰려왔는가? 아니었다. 반란이 벌어진 것이니, 후세에 이괄의 난이라 부르는 사건이었다.

이괄은 인조반정 때 앞장서서 참여해 군사를 지휘했다. 그렇지만 늦게 도착한 김류에게 밀려났고, 반정공신에도 1등이 아닌 2등으로 책정되었다. 야사 등에는 여러 이야기가 전하는데, 이괄은 공신뿐만 아니라 앉을 자리도 김류보다 낮게 매겨졌다. 게다가 이괄의 아들은 반정에 참여했는데도 공신이 되지 못했고, 이괄의 동생도 관직을 받지 못했다. 상대적으로 김류의 아들 김경징(바로 병자호란을 화려하게 장식한 말썽꾼이다)은 2등 공신이 되어 이괄과 어깨를 나란히 했다. 이건 확실히 이괄이 억울할 만한 일이었다. 다른 누구도 아닌 자기 욕심에 빠져 강화도를 적에게 내줬던 김경징과 같은 등급이라니.

반정 이후 이괄은 중앙의 주요 관직이 아닌 부원수(副元帥)가 되었고, 도성을 떠나 영변으로 부임하게 되었다. 그런데 이것은 좌천이 아니었다. 당시 청나라(후금) 세력이 점점 커지고 있었기에, 외직이라도 나라의 운명을 짊어진 몹시 중요한 자리였다. 그러니 이괄을 괄시했다기보다는 그만큼 중요해서 맡긴 것이리라. 병력을 거느리는 일은 나라를 지키는 데 꼭 필요한 일이다. 그런데 반대로 그 군사를 이끌고 도성으로 진격하면 나라가 뒤집어진다. 조선 태조 이성계 역시 요동을 정벌하라고 준 병사를 위화도에서 돌리는 바람에 왕이 되지 않았던가? 그런데 예로부터 무장이 군사를 거느리고 외방에 나가면, 왕과 틈이 벌어지기 쉬웠다. 그리고 여기에 서인의 삽질이 곁들여졌다.

때는 반정 직후, 뒤숭숭한 시대이다 보니 온갖 밀고와 고발이 이어졌다. 그러다가 이괄의 아들 이전이 역모에 참여했다는 고발이 들어왔다. 수사한 결과 모함이라고 밝혀졌지만, 이귀 등 서인은 이괄의 처벌을 주장했다. 인조는 그래도 이괄을 믿었다. 하지만 서인이 계속 요구하니 '일단은' 이괄의 아들을 체포하게 했다.

《인조실록》에서는 인조가 끝까지 이괄을 믿었다고 하는데, 정말 그럴 수도 있고 혹은 이괄을 왕의 믿음을 배신한 악당으로 만들기 위한 서술일 수도 있다.

아무튼 이괄의 아들 이전은 아버지와 함께 영변에 있었다. 그런데 금부도사가 들이닥쳐 아들을 체포하려고 했다. 이괄이 순순히 받아들일 리가 없다! 아들이 잡혀가면 그다음은 이괄의 순서가 될 게 뻔하지 않은가. 자신에게 불똥이 튀는 것도 시간문제라고 생각한 이괄은 그래서 반란을 일으켰다. 반란 경력직인 이괄이 일으킨 반란은 실로 기세등등해서 관군을 차례로 무찌르고 한양으로 진격했다.

그렇게 이괄과 그가 거느린 군사들이 몰려오자, 인조는 한양을 버리고 도망쳤다. 이것이 첫 번째 도망이었다. 반란군 때문에 도성을 버리고 도망친 왕은 조선 왕조에서 거의 첫 번째였다(이전에 선조가 있었지만 이것은 외국의 침입이었고, 고종도 아관파천 했지만 도성 안에서 옮긴 것이었다). 어째서 인조는 한양을 버렸을까. 그야 자신이 광해군에게 한 것과 마찬가지로 내부에 내응하는 사람이 있다면 한양 함락은 눈 깜짝할 사이에 성공할 수 있었기 때문이었다. 실제로 내통하는 사람이 있었으니, 이괄의 난 때 잠깐 왕위에 올랐던 흥안군은 얼떨결에 왕이 된 게 아니라, 피난길에서 몰래 빠져나가 일부러 반란군을 찾아간 정황이 있다.

하지만 이괄의 난은 사흘 만에 무너졌고, 거세게 일어났던 기세만큼이나 빠르게 가라앉았다. 대체로 많은 반란군의 마지막이 그러하듯 이괄은 부하의 손에 죽었다. 하지만 그래서 진정한 반란의 정황을 알 수 없어졌다.

이괄의 난 와중에 감옥에 갇혀 있던 전 영의정 기자헌을 비롯해 수많은 북인이 살해당했다. 이유인즉슨 반란군과 내통할 위험이 있다는 건데, 정치적으로 혼란스러운 와중에 자주 벌어지는 학살이었다. 그렇다고 어쩔 수 없는 일로 넘어갈 수 있겠는가? 《어우야담》의 저자 유몽인을 포함해 죄 없고 아까운 사람들이 많이 죽었다. 이 일로 인조의 조정은 또 한 번 피로 물들었고, 사람들은 더 적어졌다.

이괄의 난을 보면 인조반정도 정말 아슬아슬하게 성공한 쿠데타였다. 이괄의 난이 무너진 것도 왕을 잡지 못했기 때문이고, 서울이 아닌 지방의 군세는 누구의 편도 아니었으며, 또한 쿠데타는 단숨에 성공하지 못하면 빠르게 내부에서부터 무너지기 때문이다.

그런데 문제는 이괄의 난을 진압하면서, 그나마 조선 안에 남아 있었던 유능한 장군과 병사들이 횡액을 당했다는 점이다. 반란군과 싸우다가 죽거나, 아니면 반란군이었던 장수들은 처형당했고 병사들은 무수히 목이 날아갔다. 이미 광해군 때 사르후 전투에서 수많은 조선의 정예 병사들이 죽은 다음이거늘 또 이런 일이 벌어진 것이다. 그렇게 조선 사람들이 서로 죽고 죽이는 사이, 나라 밖에서 몰려오는 강대한 적군들이 코앞에 도달해 있었다.

세계적인 영웅과 맞서다

인조가 잘난 왕이 아니라는 것과 별개로 이것은 인정해야 했다. 상대가 아주 나빴다. 운이 너무나도 없었다. 가끔 세계 역사에는 다른 설명이 필요하지 않을 만큼 영웅이 나타나기도 하는데, 칭기즈 칸이나 알렉산드로스 대왕 같은 인물이 있다. 그런 영웅들과 비슷한 시기를 산다면, 게다가 적으로 만났다면, 재앙이라는 말 외에 다른 표현을 쓰긴 어렵다. 다리우스 3세도 알렉산드로스를 만나지 않았다면 페르시아를 그럭저럭 잘 다스렸을지도 모른다. 금나라와 송나라, 중앙아시아 및 유럽의 국가 역시 칭기즈 칸이 없었더라면 평화롭게 살았을지도 모른다.

인조의 상대는 바로 그런 세계적인 영웅이었다. 춥고 척박한 벌판에서 고작 말 수십 마리를 바탕으로 일어나, 폭풍처럼 사방을 점령하며 중국 본토를 손에 넣고 청 제국을 세웠으니 말이다. 불과 수십 년 만에 이처럼 거대한 제국을 만들어 낸 것은 참으로 놀라운 일이었다. 그 기초를 닦은 것이 청 태조 누르하치였고, 그의 아들이 태종 홍타이지였는데, 홍타이지가 바로 병자호란의 주역이자 인조의 상대였다.

청나라는 유목 성향이 강한 여진족에서 시작했다. 가축을 몰고 여기저기 떠돌아다니는 미개한 야만인. 이것이 조선인이 여진족을 보는 시선이었다. 그랬던 여진족이 어느 날 갑자기 "오늘부터 우린 제국이니 날 황제라고 불러라." 하고 말한다면 어떻게 받아들일까. 인조를 비롯한 조선이 그들을 애써 무시했던 것도 어쩔 수 없다.

또 하나 인조에게 나빴던 점은 선대 왕이 광해군이었다는 것이다. 얼마나 실효가 있었는지 잘 알 수 없지만, 아무튼 광해군은 명나라와 청나라 사이에서 줄타기하며 중립 외교를 했다. 그런 광해군을 쫓아내고 왕이 된 인조는 광해군의 모든 정책을 부정했다. 광해군 때 억울하게 죽었던 사람들을 복권한 것이나 무리하게 진행하던 궁궐 건축을 중단시킨 것은 좋았으나, 그나마 제대로 진행했다고 할 수 있던 외교 노선을 친명 쪽으로 돌려 버렸다.

인조를 딱히 편들고 싶은 마음은 없지만 상황이 나빴다. 광해군 때도 강력했던 청나라는 태종 홍타이지 때 훨씬 더 세력이 왕성해졌고, 반정이라곤 해도 결국 찬탈을 통해 왕이 된 인조는 왕으로 인정받으려면 명나라의 눈치를 봐야 했다. 그 와중에 청나라가 자신들이 황제라느니 하며 명나라를 공격할 병사를 요구했다. 더구나 명나라 장군 모문룡은 병사들과 함께 평안도의 가도에 눌러앉게 되어 청나라의 성질을 돋우는 상황이었다.

그다음이 문제다. 인조 시대 전쟁으로 흔히 병자호란만 생각하지만, 전쟁이 하나 더 있었으니, 바로 1627년 1월 13일에 시작된 정묘호란이다. 이때 지휘관은 청 태종 홍타이지의 사촌인 아민이었다. 청나라의 병사는 3만으로 하루 만에 의주성을 함락했다. 당시 의주성을 지키고 있던 의주병사는 노량해전 때 삼촌의 곁을 지켰던 이순신의 조카 이완이었는데, 그는 마지막까지 싸우다가 전사했다. 의주성을 시작으로 후금은 파죽지세로 조선 땅으로 들어왔고, 아흐레 만에 용골산성과 안주성을 지나 평양마저 점령했다. 잠깐 혼동될까 다시 말해 두는데, 이것은 병자호란이 아니다. 그전의 정묘호란이다.

이렇듯 청나라가 빠르게 진군하자 인조는 또다시 도성을 버리고 강화도로 간다. 두 번째 피난이었다. 소현세자는 분조를 이끌고 전주로 피했으니, 임진왜란 때처럼 왕과 세자가 따로 떨어져 한쪽이라도 무사하게 하려는 전략이었다. 이렇게 한양은 다시 함락의 위기에 빠지는데, 뜻밖에도 청나라에서 사신을 보냈다. 명나라와 국교를 끊고 자신들을 형으로 섬긴다면 전쟁을 그만두겠다는 내용이었다. 인조와 조선 정부는 가슴을 쓸어내렸지만, 그러면서도 "어떻게 명나라를 저버릴 수 있겠냐."라고 두리뭉실 넘어가며 아무튼 청나라를 형으로 받들겠다고 약속하며 화친을 맺었다.

또다시 확실하게 말하자면 병자호란은 아직 시작도 하지 않았다. 이것은 정묘호란이다. 그렇게 해서 두 달 만에 정묘호란은 끝났다. 조선 그리고 인조는 확실히 이미지를 구긴 셈이었다. 도성은 무사했지만, 조선의 많은 장군이 전사하고 병사들도 죽었으며, 성벽이 무너졌다. 기마대가 주력인 청나라의 진군 속도는 무시무시했고, 거기에 당했으니 조선인 누구나 청나라의 강함을 알게 됐다. 인조도 알았을 것이다.

그런데 몇 년 뒤 조선은 청나라와의 국교를 끊었다.

결론이 이상하지만, 실제 역사는 그렇게 굴러갔다. 청나라는 나날이 세력이 강대해지고, 1636년에는 나라 이름을 후금에서 청으로 바꾸고 홍타이지는 황제가 되었다.

그러면 그에 맞춰서 무너졌던 성벽을 고치고, 길목을 막아 기병대가 움직이지 못하게 하는 등 대처를 해야 하지 않았을까. 그런데 하지 않았다. 뻔히 있는 방학 숙제를 안 하려고 무시한 어린애처럼!

정묘호란 이후 조선의 청나라 배척 분위기를 보면 한숨이 나올 뿐이다. 그동안 청나라를 미개하다고 우습게 보고 있었으니, 그런 나라가 잘 나가는 걸 보며 아니꼬운 기분이 들 수도 있다. 정보를 잘 모르고 못 배운 일개 백성이라면 더욱 그럴 수도 있다. 청나라 사신을 향해 욕하면서 돌을 던진다 해도 그럴 수 있다.

하지만 인조는 왕이었다. 수많은 정보를 받아들이고 가장 뛰어난 사람들의 조언이 있었으니, 다른 사람들보다 제대로 된 판단을 내릴 수 있어야 했다. 무엇보다 정묘호란 때 허겁지겁 도성을 버리고 달아난 적도 있었으니, 이런 일이 다시 벌어지지 않게 대비해야 하는 것 아닐까. 대체 무슨 배짱으로 아무런 준비도 하지 않고, 인재를 키우지도 않고, 청나라와 국교를 끊고 원수로 돌아섰는지 알 수 없다.

물론 정충신이나 최명길 등이 제정신이었고, 국제적인 안목을 가진 사람들이 인조를 말리기도 했다. 그 결과는 좌천이었다. 인조는 자기 입맛에 맞고 자기 듣기 좋은 말을 하는 사람으로 도원수를 갈아치웠으니, 사돈이자 반정공신이었던 김자점이 있다. 이후 병자호란 때 김자점이 어떤 일을 했는지 이야기가 길어지니 여기서는 굳이 말하지 않고, 인조가 잘못한 점에만 초점을 맞추겠다.

1633년 2월 14일, 인조는 다가올 전쟁을 직감하고 이렇게 말했다.

"이기고 지는 것은 병가지상사다."

맞는 말이지만, 정묘호란을 겪은 처지에서 할 말은 아니었다.

"오늘날 무사들이 만약 자신을 잊고 순국한다면 이 교만한 오랑캐를 무찌르기는 어려운 일이 아니다."

이순신 장군이 했던 말과 비슷하지만, 어쩌면 이렇게 무게가 다르게 들릴 수 있을까.

"오랑캐가 만약 침략해 오면 과인이 앞에 나아가 장사(將士)를 격

려함과 아울러 서로의 군민을 위로할 것이다."

이 말이 지켜지지 않았음은 이후의 역사가 증명했다.

다시 한번 말하지만, 상대는 세계사에 길이 이름을 남긴 정복자였다. 최고의 명군이 상대해도 이기기 어려울 수 있다. 그런데 반정을 통해 왕이 돼 권력과 명분이 약한 왕이, 앞장서서 싸우겠고 말하면서 정작 도망쳐 버린 비겁한 지도자였으니 이길 수가 있었겠는가. 조정에는 척화이니 화친이니 토론만 가득했고, 정작 전쟁 준비는 제대로 되지 않았다. 어떻게 그걸 아느냐고? 3년 뒤인 1636년 12월 1일 병자호란이 시작되면서 조선이 얼마나 형편없는 나라였는지 속속들이 드러난다.

임진왜란 때 일본군은 한 달 만에 한양을 점령했다. 놀라울 정도로 빠른 진격이었다. 그러나 병자호란 때는 이보다 더 빨랐으니 닷새 만이었다. 아무리 청나라 주력이 기병대라고 해도 너무나도 빨랐다. 대체 적군이 나라 안을 신나게 돌아다니는 동안 그것을 막을 조선 군대는 어디로 갔단 말인가. 갑자기 벌어진 전쟁도 아니고, 이미 정묘호란 때 크게 당해 봤으니 그들의 전법을 몰랐을 수도 없거늘. 게다가 조선은 아주 뼈아픈 전략적 실패를 하고 만다. 또 강화도로 피난을 하려고 했던 것이다.

당시 강화도 수비를 담당했던 김경징은 반정의 주역인 김류의 아들이었는데, 자기만 아는 형편없는 인간이었다. 강화도를 지키고 있었던 장신 역시 마찬가지로 공신이었던 장유의 동생이었다. 물론 형제와 자식의 능력이 출중할 수도 있지만, 김경징이나 장신은 아니었다. 특히 김경징은 김류의 외아들로 '광동(狂童)'이란 말을 들을 정도로 말썽이 많은 사람이었다. 결국 공신의 친인척이란 이유만으로 좋은 벼슬에 앉힌 것부터가 인조 시대 인사의 실패였다. 덕분에 강화도를 지키고자 온 힘을 다했던 강진흔 같은 사람은 억울하게 죽었으며, 여기에 휘말린 많은 선비와 여인이 바다에 몸을 던져 죽었다. 스스로 폭약을 터뜨려 자결한 김상용도 있었고, 수많은 아기들이 부모를 잃고 눈밭에 버려졌다고 했다.

이렇게 국토와 백성이 짓밟히는 동안, 인조는 몰려오는 청나라 군대를 피해 한양을 버리고 피난갔다. 이것이 세 번째였다. 하지만 너무나도 적의 진군이 빨랐기 때문에 강화도로 도망가지도 못했고, 남한산성에 갇혀 농성을 하다가 항복했다. 그렇게 조선은 청나라에 졌고, 소현세자 내외 및 봉림대군은 청나라에 볼모로 끌려갔다.

패전의 상처는 무척 컸다. 인명 피해와 재산 손실은 물론이거니와, 조선의 정신세계가 크게 휘청이는 엄청난 충격이 있었다. 이후로 수백 년 동안 조선 사람은 청나라를 받들 순 없다며 청나라 연호 대신 명나라 연호를 쓰는 정신 승리를 이어 나간다.

무엇보다 인조의 정신세계가 뒤틀린 것도 병자호란에서 패한 것이 계기였을 것이다. 한 나라의 왕으로서 다른 나라의 왕 앞에 무릎을 꿇는 것은 대단한 굴욕이었다. 물론 이전에도 명나라 사신이 황제의 서신을 가져올 때 절을 했지만, 이것은 정복자의 발 앞에 무릎을 끓는 것이니 굴욕의 차원이 달랐다. 물론 청나라는 조선을 멸망시키는 게 목적이 아니라 자기편이나 신하로 끌어들이려 했고, 항복을 한 인조는 청나라에 '손님' 대접을 받았지만, 현재 우리가 그러하듯이 인조의 머릿속에는 오랑캐에게 머리를 숙인 일만이 남았을 것이다.

이것은 조선 다른 사람들도 마찬가지였다. 김상헌을 비롯해 많은 이들이 관직을 버리고 떠났다. 오랑캐에게 항복한 왕을 섬길 수 없다는 이유였다. 조선에 청나라는, 아니 여진은 여전히 미개한 나라였으니 그런 청나라에 항복했다는 사실이 조선 사람에게 안긴 충격은 어마어마했을 것이다. 그런데 신하들이 떠나가니 인조는 더욱 분개했지만 막을 방법이 없었다. 그래서 인조의 나라는 광해군 때보다 더욱 작아졌고, 왕의 권위와 위세는 바닥에 떨어졌다. 그리고 절개를 지키고 벼슬을 하지 않은 재야 학자들이 왕보다 훨씬 더 강한 사회적 영향력을 가지게 되었다. 그들이 바로 산림이었다.

전쟁이 끝난 뒤, 조선은 어떻게 되었는가. 인조는 과연 전쟁 이후의 조선을 잘 수습했을까. 그랬겠는가? 이즈음을 다루는 사극이 병자호란 이후의 조선을 다루는 게 아니라, 심양으로 가 있는 소현세자에게 집중하는 것은 나름의 이유가 있다.

전쟁 이후 조선의 상황은 정말 처참했다. 차이가 있다면 병자호란 이후에 삼학사로 대표되는 척화파(청나라 반대파)가 처형당하거나 벼슬을 버리고 떠나갔기에 조선 도성 안에는 친청파만 남았다(주화파인 최명길도 있는데, 그는 청나라와 화친을 맺으면서도 뒤로는 명나라와 계속 소통하는 외교의 기본자세를 견지했다가 들통나자 모든 책임을 지고 청나라로 잡혀갔다). 그렇게 광해군을 쫓아내고 친명반청의 기치를 세웠건만, 정작 인조 자신은 광해군보다도 못한 지경에 놓였다.

인조는 과연 무엇을 했을까? 물론 인조는 연산군처럼 도탄에 빠진 민생을 본척만척하고 사치와 향락에 젖어 산 것은 아니었고, 그럴 형편도 되지 않았다. 수십 년간 계속된 전쟁 때문에 조선의 농토는 원래의 20%로 크게 줄어들었고, 수많은 사람이 죽거나 포로로 잡혀가 사람도 부족했다. 무엇보다 살아남은 사람들은 마음에 크나큰 상처를 입었다. 수많은 조선인 포로들은 조선 사신이 청나라로 올 때마다 자기 이름과 고향을 목청껏 외쳤지만, 그들을 귀향하게 할 힘이 조선에는 없었다. 돈 많은 사람들이나 몸값을 치르고 돌아올 수 있었다.

그나마 인조가 한 일은 조선의 세금 제도를 영정법으로 바꿔 단순화한 것이었다. 이미 국력이 바닥으로 떨어진 조선으로는 기존의 연분9등법을 시행할 수 없는 지경이었으니까 그랬다.

또 하나, 자기 아버지였던 정원군을 왕으로 격상시켰다. 정원군이 왕이 되면 왕권이 좀 더 강해지는 효과도 있겠고, 무엇보다 자기 기분이 좋지 않겠는가. 선조의 말썽꾸러기 아들이었던 정원군은 아들 덕에 왕, 원종이 되었고, 지금 그의 무덤은 수백 년 뒤 새로 지어지는 아파트 숲에 둘러싸여 한바탕 소란이 벌어졌다.

후세로 남긴 짐

　전쟁이 끝난 뒤, 인조는 여전히 조선의 왕이었다. 비록 국제적으로나 국내에서나 체면은 말이 아니었어도 말이다. 조선의 왕궁이라는 좁디 좁은 세계 안에서 인조는 절대적인 존재였다. 다음 왕이 나오기 전까지 말이다.

　그래서 9년 동안의 기나긴 볼모 생활을 끝내고 돌아온 소현세자를 푸대접할 수도 있었고, 제대로 된 장례를 치러 주지도 않았으며, 다음 후계자로 소현세자의 아들이자 원손이 아니라 둘째 아들인 봉림대군을 선택할 수도 있었다(소현세자를 독살했다는 소문이야 파다하지만 여기서 그 문제는 생략하겠다).

　그리고 며느리였던 민회빈 강씨를 죄인으로 만들었다. 처음에는 인조가 총애하던 후궁인 소용 조씨를 '누군가'가 저주했다는 사건이 있었고(자작극이었다), 인조는 민회빈 강씨의 궁녀들을 고문해서 범인을 그녀로 조작했다. 그렇게 민회빈을 유폐하고 난 뒤, 그다음에는 인조 자신의 식사에서 독이 발견되는 일이 벌어졌다. 인조는 이번에도 또 민회빈의 궁녀들을 죽을 때까지 고문해서 마침내 죄를 창조했다. 그녀가 자기 식사에 독을 넣었다고 우긴 것이다.

　이즈음의 역사 기록은 보는 것만으로도 기분이 좋지 않다. 아무리 권력이 무섭고 왕가가 살벌하다지만, 왕이 온갖 악의를 품고 뿜어 대는 욕설을 보면 너무하다는 생각밖에 들지 않는다. 사실이 그랬다. 김자점, 최명길 등등 당시 신하들은 반대했지만, 기어코 강 씨를 죽이려고 집념을 불태운 것은 인조 혼자였다. 그렇게 인조는 이기적인 사람이었다. 결국 인조의 어거지대로 친정 식구들이 모두 처형당하고, 강 씨가 죄인의 몸이 되어 궁궐에서 나와 이전 집에서 죽임당했을 때, 수많은 사람이 모여들어 집을 둘러싸고 슬퍼했다. 그들은 소현세자 내외에게 도움을 받았던 사람일 수도 있겠고, 죄 없이 죽는 걸 알고 있는 사람들이었을 것이다. 그렇게 강 씨를 죽이고 세 손자를 제주도로 귀양 보낸 인조는 신하를 불러 물어보았다.

"요즘 도성의 인심이 어떠한가?"

자신이 한 짓이 어떤지, 사람들이 어떻게 반응하는지 물어본 것이다.

신하들은 인조의 비위에 맞춰 강씨가 죽은 게 당연하다고 여기는 여론이 대다수라고 말했고, 그걸 들은 다음에야 인조의 얼굴이 풀렸다고 했다. 그리고 민회빈이 죽은 지 1년 뒤, 예전 궁녀였던 한 사람이 민회빈이 저주한 증거라며 궁궐 이곳저곳에 묻혀 있던 증거들을 파냈다. 어째서 그때는 없던 증거들이 갑자기 나오게 되었겠는가? 이렇게나 졸렬했다.

그런데 여기에 한 명의 인물이 있다. 인조의 말년을 다루는 사극을 보면, 언제나 악역으로 등장하는 조 씨가 그 주인공이다. 원래 궁녀 출신이었던 조 씨는 인조의 총애를 받아 두 아들과 딸 하나를 낳았고, 특히 딸 효명옹주는 당대의 권신이었던 김자점의 손자 김세룡과 결혼했다. 인조의 총애를 받아 소용에서 귀인으로 착착 품계가 올라가면서 조 씨는 막강한 권세를 누렸다.《인조실록》에 따르면 조 씨는 여기저기 험담을 하고 다니며 수많은 사람을 모함했고, 대표적인 희생자가 민회빈 강씨였다고 했다. 사극에서는 '반드시'라고 할 만큼 악역으로 등장하며, 더군다나 끝도 좋지 않았으니 진정한 악녀였다.

하지만 진정한 악의 축은 역시 인조였다. 따지고 보면 왕의 정비 인열왕후가 낳은 아들이 넷이나 되었고, 그중 소현세자와 용성대군(6세로 요절)이 죽었다 해도 봉림대군(효종)과 인평대군이 두 눈 벌겋게 뜨고 살아 있었다. 게다가 인조는 새장가를 들어 장렬왕후 조씨를 두고 있었다. 비록 장렬왕후의 나이가 어리고 자식이 없었으며 인조가 구박했다지만, 어디까지나 왕실이라면 등급이 있었다. 왕의 후궁인 소용 조씨와 그 자식들이 아무리 날고 기어도 정비인 장렬왕후와 적자인 봉림대군과는 급이 맞지 않았다. 원칙적으로는 그러했다. 그런데도 인조 말기에 그들이 크게 위세를 떨친 것은, 인조가 그것을 허락했기 때문이었다.

인조는 정말로 사랑도 분명하고, 미움도 분명한 사람이었다. 사랑하는 사람을 위해서라면 법과 원칙을 발로 걷어차고 기꺼이 모든 것을 안겨 주는 사랑 제일주의였다. 반대로 미워하는 사람에게는 마찬가지로 법과 원칙이 없이 끌어내려 흙투성이로 만들어 버리는 사람이었다. 인조는 죽기 직전에 사랑하는 조 씨를 귀인으로 책봉했다. 정식 왕비가 아닌 후궁으로서 오를 수 있는 최고 품계였다. 그래 봤자 뭐하나. 조 씨의 권력은 모두 왕이었던 인조에게서 온 것이었다. 인조가 죽은 이후로 조 씨의 위세는 추락할 수밖에 없었다. 애초에 조 씨는 일개 궁녀 출신이었기 때문에 친정도 별 힘이 없었고, 또한 딸을 시집 보냈던 김자점 역시 그동안의 업보 때문에 실각해서 유배를 가자 기댈 곳이 없어졌다.

효종이 즉위하고 나서, 조 씨는 장렬왕후를 저주했다는 이유로 처형을 당한다. 김자점의 며느리가 되었던 효명옹주까지 적극적으로 저주에 참여했다는 혐의가 있었다. 또 저주였다. 민회빈 강씨를 죽음으로 몰아넣었던 저주. 정말 그 저주가 먹혔는지는 분명하지도 않지만, 어쨌거나 죽여야 할 사람을 몰아넣는 핑계로는 확실히 소용이 있었다. 여기에 더해 사돈인 김자점과 그 아들들이 꾸민 역모마저 발각되었다. 이건 조작이 아닌 진짜였다.

조 씨는 자살을 명령받았다. 조 씨의 자식들도 죄에 연루되었지만, 효종은 아버지 인조의 부탁을 기억해서였을까, 이복동생들을 죽이지 않고 귀양 보냈고 '죽이지는 않은 채' 죄를 풀어 주었다. 아이들에게 무슨 죄가 있었겠는가. 조 씨 그리고 조 씨가 자제할 줄 모르고 뛰어놀게 자리를 마련해 준 인조의 죄였을 것이다.

아무튼 아버지가 남긴 적폐를 정리해서인지 아버지에게 효도했다는 점에서 효종이란 이름을 받았다. 그러나 인조가 남긴 가장 큰 빚은 효종이 죽은 다음에 폭발했다.

예송 논쟁의 씨앗

효종은 북벌로 유명하다. 하지만 형 소현세자와 함께 중국에 인질로 가서 청나라의 강력함을 직접 목격했던 그가, 정말 청나라를 상대로 이길 수 있다고 생각했을지는 모르겠다. 그러나 분명한 것은 있었다. 조선이 전쟁에서 지고 왕의 체면이 바닥에 떨어졌는데, 적어도 청나라와 싸운다는 캐치프레이즈라도 있어야 조선의 선비와 백성이 그나마 돌아볼 정도였다는 것이다. 북벌의 진실이야 어쨌든, 전쟁 이후 상흔을 치료하기 위해 효종은 여러 노력을 기울이다가 39세의 나이로 죽었다. 그의 '어머니'인 장렬왕후 조씨보다 말이다. 따지고 보면 장렬왕후 쪽이 다섯 살 어렸지만, 어쨌든 '아들'의 상복을 어떻게 입느냐가 문제였다.

인조 14년, 소현세자와 효종의 어머니인 인열왕후가 아이를 낳고 죽자, 인조는 새장가를 든다. 그 상대가 아들들보다 더 어린 열다섯 살의 장렬왕후 조씨였다. 그의 할아버지 선조가 인목왕후를 후비로 들이는 바람에 그리고 적장자인 영창대군이 태어나는 바람에 벌어진 생난리를 생각하면 꼭 그래야 했을까 하는 생각이 든다. 물론 선조는 적장자가 없어서 서자를 세자로 세웠다가 갑자기 적자가 태어났던 것이고, 인조는 적장자가 최소 세 명 이상은 있었기에 좀 다르다. 다행인지 불행인지 장렬왕후는 인조에게 거의 사랑을 받지 못했고, 자식도 낳지 못했다. 그러나 유교의 나라 조선의 법도상 장렬왕후는 왕비였다.

그리고 자식이 죽으면 부모는 상복을 입으며 슬픔을 표시해야 했다. 그런데 첫째 아들이냐, 그다음 아들이냐에 따라 상복을 입는 기간이 달라졌다. 여기서 의문이 생긴다. 효종은 첫째 아들인가, 둘째 아들인가?

이까짓 게 무슨 문제가 될까. 효종은 인조의 둘째 아들이 맞다. 그런데 문제는 효종이 '원래' 첫째 아들인 소현세자와 그 자식을 밀어내고 왕이 된 처지였다는 것이다. 물론 본인의 뜻이 아니라 아버지의 억지였지만, 아무튼 그렇게 되었다. 효종으로서는 이왕 왕이 된 이상, 적장자 취급을 받는 게 좋았을 것이다. 하지만 그때 사람들은 소현세자를 알았고, 무참히 죽은 그 자식들을 알았다. 비명에 죽어 간 민회빈 강씨도 기억했다. 그러니 이제 와서 효종을 첫째 아들로 삼는 일은 할 수 없었다. 적장자 계승. 현대인이라면 듣는 순간 눈썹이 찌푸려질 만큼 고리타분한 원칙이다.

어째서 이런 원칙이 생겼던가? 왜 첫째 아들을 후계자로 삼았던가. 그렇게라도 규칙을 정해 두지 않으면 모든 자식이 왕위를 놓고 골육상쟁을 벌였기 때문이다. 그런데 효종은 그 원칙을 깨고 둘째 아들이면서 왕이 되었다. 원통하기 짝이 없는 형과 형수와 조카의 죽음 위에 서서 말이다. 원칙과 명분 없이 마음대로 결정하면 겉보기에는 괜찮아 보인다. 힘으로 찍어 누르고, 사람들이 입을 다무니까 그렇게 보인다. 그러나 괜찮지 않았다. 말하지 않아도 알고 있으며, 말하지 않을 뿐이지 생각하고 있었다. 그렇게 대충 때워 둔 문제는 무르익어서 마침내 때를 만나면 터져 나온다.

상복의 문제, 그러니까 예송의 문제가 발생했을 때, 하필 당시 왕보다 더 막강한 권위를 휘두르고 있던 산림의 우두머리는 조선 최고의 꼰대인 송시열이었다. 다른 유학자들이라면 "그래도 효종이 왕이 되긴 했으니까……." 하며 좋은 게 좋은 거라고 슬쩍 넘어갔겠지만, 상대는 '본인도 본인 성격이 까탈스러운 걸 알아서 고민이면서도 고치질 않는' 송시열이었다. 여기에서 역시 그는 타협하지 않았다. 효종은 둘째 아들이라는 것을 분명히 했다. 그의 까탈스러운 성격만큼이나 견고하고 정순된 논리는 반대자의 입을 다물게 했다.

그래서 사람들이 보기에 예송 논쟁은 고작 상복 몇 년 입느냐로 싸우는, 정말 허울만 가득한 어리석은 논쟁으로 보이지만, 근원을 따지고 보면 아주 깊고도 필연적인 싸움이었다. 인조가 억지로 덮어 두었던 소현세자와 그 가족들의 핏값이 이제야 돌아오게 된 것이다. 소현세자 가족의 비극을 보고도 입을 다물었던 수많은 이들의 양심은 콕콕 찔렸을 것이다. 결국 1차 예송 논쟁은 송시열을 비롯한 서인이 판정승을 거두었다. 장렬왕후는 둘째 아들을 위한 상복을 입기는 했다.

그런데 몇 년 뒤인 1674년, 이번에는 효종의 왕비 인선왕후가 세상을 떠났다. 며느리보다 여섯 살 어린 시어머니는 이번에도 상복을 입어야 했다. 그런데 얼마나 입어야 할까? 송시열을 비롯한 서인은 이번에도 둘째 며느리를 위한 상복을 주장했지만, 아들 현종은 그럴 수가 없었다. 돌아가신 부모를 위해 최고를 마련하고 싶은 게 자식의 마음인 것이다. 지금도 무리해서 장례식 때 이것저것 하다가 빚을 크게 지는 사람들이 있는데, 왕이니 어떻겠는가. 나라가 시끄러워질 법하다.

현종은 송시열을 비롯한 서인을 내치고 할머니에게 마침내 첫째 며느리를 위한 상복을 입게 했다. 그렇게 왕실의 실제 권력이 승리하는 것도 같았지만, 정말 그랬을까. 예송 논쟁이 벌어진 이유 자체가 인조의 생때같은 변칙적인 왕위 계승이었다는 것을 생각하면, 그가 저지른 잘못이 참으로 깊고도 깊다. 자식들은 물론, 조선이라는 나라와 백성에게도 참으로 쓸데없는 짐을 주었다.

그런데 여기에서 쓸데없는 유산이 끝난 게 아니었다. 예송 논쟁의 폭풍이 끝나고 현종은 힘들게 조선의 왕 노릇을 했다. 경신대기근 같은 지구 차원의 엄청난 재해가 있어 남녀노소는 물론, 관리들까지 굶어 죽는 무서운 일이 벌어졌지만, 그것이야 기후 재앙이니 인간이 상대할 수 있을 리 없다. 그런데 이름뿐인 왕비로 살고 있었던 장렬왕후가 어쩌다 어린 궁녀를 곁에 들인다. 어린 궁녀의 성은 장이요, 이름은 옥정이었다. 그리고 명목상의 증조할머니인 장렬왕후를 만나러 왔던 세자(훗날의 숙종)는 그 궁녀를 보고 사랑에 빠진다. 그게 바로 조선 왕조 최대의 신데렐라 장희빈이었으니, 그 이후 벌어진 난리법석은 더 설명해 무엇하랴. 이 모든 것이 인조가 저지른 잘못이라고 하면 너무 억지일 수도 있겠지만, 결국 인조가 빼놓은 벽돌 하나가 여기 뛰고 저기 뛰면서 진흙탕을 만든 것 또한 사실이다.

그의 아들과 손자가, 조선 백성이 온갖 피해를 받았음을 생각하면, 역시 그는 폭군의 자리에서 앞자리를 당당히 차지할 수 있을 것이다.

아직 역적으로 몰리기 전의 김자점이 인조에게 한 말이 실록에 남아 있다.

외구(外寇)는 진실로 걱정할 것이 없습니다만, 왕께서 여러 신하들을 불신하여 이처럼 의심하고 서먹해졌으니 신은 나랏일이 결국 어떻게 될지 모르겠습니다.

이 말에 인조는 대답하지 않았다. 아마 수백 년이 지난 지금도 할 말은 없을 것 같다. 나라가 망하지는 않았지만, 정말 형편없는 왕의 시호에 '어질 인(仁)' 자를 썼다는 것이 지독한 역사의 아이러니를 맛보게 한다.

인조의 시대는 괴롭고 보기 힘들다. 차라리 몰락했다면 끝이 시원했겠지만, 제명을 살고 가서 이제까지 역사를 보는 사람의 화를 북돋우니, 이것도 역사의 폭군이 아니겠는가.

맺음말

역사의 오답 노트

이것은 역사의 오답 노트이다.

우리나라 역사 속 많은 왕 중에서 가장 어리석고 못난 왕들을 모아 정리한 것이니 말이다. '이렇게 하면 된다'는 아닐지언정 '이렇게 하면 반드시 틀린다'라는 사실을 전해 줄 수 있을지도 모른다. 물론 훌륭한 왕이 되는 것은 무척 힘든 일이겠지만, 적어도 왕의 자리에서 쫓겨나거나 수백 년 동안 욕을 듣는 위업도 아무나 할 수 있는 것은 아니다.

그런 의미에서 폭군들은 한 나라의 정치를 가장 확실하게 망친 화끈한 오답들이다. 물론 선대 왕이 미리 나라를 망쳐 놓았다는 둥, 외세의 침입이 있었다는 둥 변명을 붙일 수는 있다. 하지만 핑계는 어디까지나 핑계고, 시험은 결과로 말하는 법이다. 밤을 새웠다거나, 필기도구 챙기기를 잊어 버렸다는 이유로 시험을 잘못 볼 수야 있겠지만, 그건 본인 사정이다.

폭군의 결말은 대체로 오답이었다. 그런데 틀린 답을 채점하는 것은 그리 기분 좋은 일이 아니다. 설령 그 답안지를 내가 아닌 다른 사람이 쓴 것이라고 해도 말이다. 내 선조가 했던 한심하고 답답한 기록을 읽으면 하늘을 올려다보며 한숨을 쉬게 된다.

그렇다고 지금 신문 정치면을 보고 답답하지 않은 것도 아니다. 이렇게 스트레스를 받는데, 뭐 하러 나쁜 정치를 굳이 다시 살펴보느냐고 생각할 수도 있겠다.

하지만 그거야 당연하지 않은가. 오답 노트를 만드는 것은 어디가 잘못되었는지를 알고, 다시는 그 문제를 틀리지 않기 위해서이다. 물론 틀린 문제를 또 틀릴 수 있지만, 그래도 오답 노트를 만들 가치는 있다. 잘못된 답을 살펴보지 않고, 고치지도 않고 계속 반복한다면, 그야말로 어리석은 일이고 발전도 없을 것이다.

좋은 왕이 하늘에서 떨어지기만을 바랄 수밖에 없었던 옛날과 달리, 현재는 대통령의 임기가 정해져 있으며 국민이 투표로 뽑을 수 있다. 좋은 지도자가 오래가지 않는 것은 아쉬울 수도 있지만, 나쁜 지도자도 오래가지 않아서 다행이다.

그렇지만 역시 현실의 정치는 평온했으면 좋겠다. 못된 왕들이 나라를 뒤집어엎고 수많은 사람이 피해를 보는 일을 수백 년 치 보다 보니 일상생활에 분노가 늘고 짜증이 심해지는 부작용을 겪었기 때문이다. 수백 년 전 역사에 감정 이입하는 것도 우스운 일이다. 하지만 잘못된 정치가 백성의 일상을 망가뜨리는 것을 본 이상, 먼 옛날 춘추 전국 시대 때 나라의 앞날을 걱정했던 칠실녀(漆室女)가 되지 않을 수가 없다. 왜냐하면 결국 내 삶에도 피해가 올 것이므로.

그러니 시험을 잘 보려면 평소에 예습 복습을 철저하게 하고 오답 노트를 숙지하는 게 당연하지 않겠는가. 정치는 정치가만의 일이 아니다. 우리 평범한 국민은 투표권이 있으며, 참정권도 있고, 무엇보다 요구할 수 있는 목소리가 있다.

역시 춥고 덥고 바람 부는 데서 고생하는 것보다는 처음부터 좋은 답을 고르는 것이 좋겠고, 그럴 때 이 책에 실린 나쁜 왕들의 결말이 도움이 되었으면 좋겠다.

역사책에서 현재 정치를 이야기하는 것이 안 어울릴 수도 있겠지만, 결국 옛 정치가 역사가 되고 그것이 지금의 현실이니, 훗날 내가 사는 시대도 역사가 될 것이다. 그렇기에 부디 나쁜 정치에 내 삶이 무너지지 않게끔 예습과 복습을 철저히 하고, 다음 시험에는 좀 괜찮은 답을 고를 수 있었으면 좋겠다.

끝으로 이 책의 표지를 장식한 검은 사인검이다. 사인검은 예로부터 사악한 귀신을 베고 재앙을 물리칠 수 있다고 믿어졌는데, 과연 폭군과 그 폐해도 물리칠 수 있으려나.

이런 생각마저 드는 걸 보니 자야겠다.

평온을 바란다.

참고 문헌

고전

《노자》

《사기》

《삼국지》

《서경》

《한비자》

《한서》

《후한서》

마키아벨리, 《군주론》

플라톤, 《국가》

헤로도토스, 《역사》

단행본

김기흥, 박종기, 신병주 저, 《제왕의 리더십-역사학자의 눈으로 본 제왕들의 국가 경영》,
　　　　휴머니스트, 2007

신동준, 《연산군을 위한 변명》, 지식산업사, 2003

이성무, 《조선시대 당쟁사》, 동방미디어, 1999

이태진, 《조선시대 정치사의 재조명》, 범조사, 1985

임용한, 《조선국왕 이야기》, 혜안, 1998

정두희, 《조선초기의 정치지배세력연구》, 일조각, 1983

조여항, 《정인홍과 광해군》, 동녘, 2001

홍영의, 《고려말 정치사 연구》, 혜안, 2005

엘리아스 카네티 저, 강두식·박병덕 역, 《군중과 권력》, 바다출판사, 2002

르네 지라르 저, 김진식 외 역, 《폭력과 성스러움》, 민음사, 2000

논문

강맹산, 〈고구려족 초기의 두 개 고구려 국가〉, 博物館報8, 1995

姜信沆, 〈연산군 언문금압에 (諺文禁壓) 대한 삽의 (揷疑) – 국어학사상에 (國語學史上) 미친 영향의 유무를 (有無) 중심으로 –〉, 진단학보24, 1963

강은경, 〈고려후기 신돈 (辛旽)의 정치개혁과 이상국가〉, 한국사학보9, 2000

강혜영, 〈光海君朝의 文藝振興 政策〉, 한국도서관정보학회지25, 1996

금경숙, 〈고구려 초기의 중앙정치구조〉, 韓國史硏究86, 1994

금경숙, 〈고구려의 제가회의와 국상제 운영〉, 江原史學15, 2000

김경록, 〈공민왕대 국제정세와 대외관계의 전개양상〉, 역사와 현실64, 2007

김광수, 〈고구려 초기의 왕위계승 문제〉, 韓國史硏究55, 1986

金塘澤, 〈高麗 毅宗代의 정치적 상황과 武臣亂〉, 진단학보75, 1993

김당택, 〈고려 공민왕초의 무장세력 – 공민왕 3년 (1354) 원에 파견된 무장들을 중심으로 –〉, 韓國史硏究93, 1996

김범, 〈조선 연산군대의 왕권과 정국운영(政局運營)〉, 대동문화연구53, 2006

김수미, 〈백제 초기의 주군과 첨노〉, 先史와 古代18, 2003

김영관, 〈백제의 웅진천도(熊津遷都) 배경과 한성경영〉, 忠北史學11-12, 2000

김영관, 〈百濟支配勢力의 變遷〉, 忠北史學11-12, 2000

김영수, 〈고려 공민왕대 초반기(공민왕 1-5년)의 개혁정치와 반개혁정치의 대립〉, 韓國 政治 硏究6, 1997

김영수, 〈정치와 운명 : 고려말 공민왕의 정치적 방황에 나타난 풍수 도참과 유교의 대립을 중심으로〉, 한국정치외교사논총, 1997

김영수, 〈고려말 신돈의 개혁정치에 대한 연구(상)〉, 동양정치사상1, 2000

김영수, 〈고려말 신돈의 개혁정치에 대한 연구(중)〉, 한국정치학회보37, 2003

김영수, 〈고려말 신돈의 개혁정치에 대한 연구(하)〉, 한국정치외교사논총25, 2004

김영수, 〈왕과 정치 - 인간의 한계와 공민왕의 정치〉, 정치사상연구11, 2005

김종근, 〈高麗 恭愍王代 興王寺 亂에 대하여〉, 전남대학교 교육대학원, 1998

김창현, 〈고려 의종의 이어(移御)와 그에 담긴 관념〉, 역사와 현실53, 2004

김현숙, 〈고구려 초기 나부(那部)의 분화와 귀족의 성씨 - 삼국사기 고구려 본기내 (高句麗本紀內) 출현인명 분석을 중심으로 -〉, 경북사학16, 1993

김현숙, 〈고구려의 종족기원과 국가형성과정〉, 대구사학89, 2007

김형수, 〈공민왕(恭愍王) 폐위(廢位)과 문익점(文益漸)의 사행〉, 한국중세사연구19, 2005

김호동, 〈고려 무신정권하에서의 경주민의 동태와 신라부흥운동〉, 民族文化論叢2, 1982

문안식, 〈개로왕의 왕권강화와 국정운영의 변화에 대하여〉, 史學研究78, 2005

민현구, 〈고려 공민왕의 (恭愍王) 반원적 (反元的) 개혁정치에 대한 일고찰 - 배경과 발단 (發端) -〉, 진단학보68, 1989

민현구, 〈신돈의 집권과 그 정치적 성격 (上)〉, 歷史學報38, 1968

민현구, 〈신돈의 집권과 그 정치적 성격 (下)〉, 歷史學報40, 1968

박경철, 〈高句麗人의 '國家形成' 認識 試論〉, 韓國古代史研究28, 2002

朴丙鍊, 〈南冥學派 盛衰過程의 政治社會的 特性과 士林의 動向〉, 南冥學研究16, 2003

朴眞淑, 〈백제 문주왕대의 웅진 천도 배경〉, 百濟研究32, 2000

박진숙, 〈長壽王代 高句麗의 對北魏外交와 百濟〉, 韓國古代史研究36, 2004

朴天植, 〈高麗前期의 國子監 沿革考〉, 全北史學6, 1982

白仁鎬, 〈恭愍王 20년의 改革과 그 性格〉, 考古歷史學志7, 1991

변은숙, 〈공민왕 후기 신돈의 (辛旽) 등장과 전주 (銓注)〉, 명지사론4, 1992

宋洙煥, 〈甲子士禍의 새 해석〉, 史學硏究57, 1999

신수정, 〈李義旼의 出世 배경과 그 과정〉, 史學硏究74, 2004

서영일, 〈고구려의 백제 공격로 고찰〉, 단국사학회, 2007

신대철, 〈세종대 이후 연산군대의 향악과 당시〉, 한국 음악연구29, 2001

신명호, 〈선조말 광해군 초의 정국과 외척〉, 청계사학10, 1993

申炳周, 〈宣祖 후반에서 光海君代의 政局과 鄭仁弘의 역할〉, 南冥學硏究11, 2001

신천식, 〈조선조 연산군의 교육탄압정책과 교육사조〉, 명지사론7, 1995

신호웅, 〈공민왕대 신돈의 개혁정치와 우창비왕설〉, 梨花史學硏究30, 2003

여호규, 〈고구려 초기 정치체제의 성격과 성립기반〉, 韓國古代史硏究17, 2000

余昊奎, 〈漢城時期 百濟의 都城制와 防禦體系〉, 百濟硏究36, 2002

李謙周, 〈恭愍王代의 政治的 變革에 對한 一考察〉, 연구논문집10, 1979

이귀숙, 〈고구려(高句麗) 초기(初期)의 왕통변화(王統變化)와 주몽(朱蒙) 시조인식(始祖認識)의
　　　성립(成立)〉, 경북대학교 교육대학원, 2007

이도학, 〈高句麗 初期 王系의 復元을 위한 檢討〉, 韓國學論集20, 1992

이도학, 〈한성 백제의 역사와 문화 ; 『삼국사기(三國史記)』 도림(道琳) 기사(記事) 검토(檢討)를
　　　통해 본 백제(百濟) 개로왕대(蓋鹵王代) 정치(政治) 상황(狀況)〉, 先史와 古代27, 2007

이상배, 〈조선중기 익명서사건(匿名書事件)의 특징과 정치사회상 – 연산군 ～ 명종대를
　　　중심으로 –〉, 史林15, 2001

이숙경, 〈이제현세력의 형성과 그 역할 – 공민왕 저기 (1351～1365) 개혁정치의 추진과
　　　관련하여 –〉, 韓國史硏究64, 1989

李崇寧, 〈燕山君의 詩想의 考察〉, 동방학지12, 1971

李用柱, 〈恭愍王代의 子弟衛 硏究〉, 교육논총4, 1984

張志連, 〈光海君代 宮闕營建〉, 韓國學報23, 1997

張學根, 〈연산군의 재이론(災異論)에 대한 인식변화 – 군권, 언권 논쟁을 중심으로 –〉,
　　　慶南史學7, 1995

張熙興, 〈연산군대 환관정책과 내시부의 위상강화〉, 경주사학21, 2002

장희흥, 〈高麗後期 宦官制의 定着過程과 地位變動〉, 史學研究83, 2006

田祐植, 〈백제 한성시대 말기 첨노제의 실시와 전개〉, 북악사론5, 1998

정구선, 〈고려말 기황후(奇皇后) 일족(一族)의 득세와 몰락(沒落)〉, 사헌(史軒) 임영정(林英正)
　　　　교수 정년 기념논총, 2004

趙景徹, 〈백제 한성시대 불교수용과 정치세력의 변화〉, 韓國思想史學18, 2002

池斗煥, 〈朝鮮前期 王位 繼承 論議〉, 韓國文化研究6, 1993

陳商元, 〈조선전기 정치사건의 처벌과 伸冤〉, 歷史學報180, 2003

蔡守煥, 〈高麗 恭愍王代의 改革과 政治的 支配勢力〉, 史學研究55-56, 1998

채웅석, 〈명종대 권력구조와 정치운영〉, 역사와 현실17, 1995

河炫鋼, 〈高麗 毅宗代의 性格〉, 동방학지26, 1981

韓明基, 〈光海君代의 大北勢力과 政局의 動向〉, 韓國史論20, 1988

한희숙, 〈燕山君代 盜賊活動의 사회적 조명〉, 韓國學研究6, 1996

허권수, 〈仁祖反正으로 인한 南冥學派의 沈沒과 沙溪學派의 浮上〉, 南冥學研究所, 2003

洪榮義, 〈恭愍王 初期 改革政治와 政治勢力의 推移(上)〉, 史學研究42, 1990

洪榮義, 〈恭民王 初期 改革政治와 政治勢力의 推移(下)〉, 史學研究43-44, 1992

홍영의, 〈高麗末 恭讓王代 新興儒臣의 對立과 政治運營論(上)〉, 史學研究75, 2004

홍영의, 〈高麗末 恭讓王代 新興儒臣의 對立과 政治運營論(下)〉, 史學研究76, 2004

황운룡, 〈고려 공민왕대(恭愍王代)의 대원명관계(對元明關係) - 관제변개(官制變改)를
　　　　중심으로 -〉, 동국사학14, 1980

독재 군주의 최후

개정판 1쇄 발행·2025. 3. 28.

지은이   이한
발행인   이상용 이성훈
발행처   청아출판사
출판등록   1979. 11. 13. 제9-84호
주소   경기도 파주시 회동길 363-15
대표전화   031-955-6031   팩스 031-955-6036
전자우편   chungabook@naver.com

ⓒ 이한, 2025
ISBN 978-89-368-1251-5 03900

※ 이 책은 2009년 발행한 《폭군의 몰락》에 새롭게 내용을 덧붙인 개정판입니다.